KB190817

복 있는 사람

오직 여호와의 율법을 즐거워하여 그 율법을 주야로 묵상하는 자로다.
저는 시냇가에 심은 나무가 시절을 좇아 과실을 맺으며 그 잎사귀가 마르지 아니함 같으니
그 행사가 다 형통하리로다. (시편 1:2-3)

신데카메론

2021년 9월 1일 초판 1쇄 인쇄
2021년 9월 8일 초판 1쇄 발행

지은이   김광현 김지방 박정위 송수진 오수경 옥성득 이영석 이희제 최경환 최주훈
대표 기획 최종원
펴낸이   박종현

㈜ 복 있는 사람
주소 서울특별시 마포구 연남동 246-21(성미산로23길 26-6)
전화 02-723-7183(편집), 7734(영업·마케팅) 팩스 02-723-7184
이메일 hismessage@naver.com
등록 1998년 1월 19일 제1-2280호

ISBN 979-11-974676-6-0 03230

신데카메론

아직 오지 않은
교회와 세계에 관한
열 가지 이야기

복 있는 사람

한국 교회　과학과 기독교　N번방　저널리즘　공중보건　탈종교　분회파　공공신학　이주 소멸　루터교　대표 기획

옥성득　이영석　오수경　김지방　이희제　박정위　김광현　최경환　송수진　최주훈　최종원

차례

시간의 변신

『신데카메론』은 코로나바이러스감염증-19(이하 코로나19)로 인한 비자발적 멈춤의 시간에 줌^{Zoom}이라는 온라인 커뮤니케이션 매체를 이용해 전 세계에서 같은 시간에 모인 사람들이 나눈 열 번의 이야기입니다. 제목에서 알 수 있다시피 14세기 중엽 유럽을 휩쓸던 흑사병을 피해 시골한 별장으로 도망한 열 사람이 풀어놓은 이야기인 조반니 보카치오의 『데카메론』을 흉내 낸 것입니다.

오늘 우리가 겪는 전대미문의 팬데믹은 기존의 일상과 관념을 모두 재고하게 만들고 있습니다. 앞으로 전개될 열 가지 이야기는 서로 분야가 다르고, 전개되는 방식도 다르지만, 우리가 처한 자본 만능의 신자유주의 시대에 대한 성찰을 기반으로 한다는 공통점이 있습니다. 그 이야기를 풀어 가는 우리의 고민과 방향에 대해서 잠깐 나누고자 합니다.

마르다의 시간

몇 해 전까지 리젠트 칼리지에서 가르치고 지금은 미국의 어느 학교로 옮겨 영성 신학을 가르치는 한스 부어스마$^{Hans\ Boersma}$라는 교수님이 계십니다. 그분이 지난해 11월 쓰신 짧은 칼럼 하나를 읽은 적이 있습니다. 그 칼럼의 제목이 "마르다가 돌아왔다"Martha has made a comeback였습니다.

"점점 더 많은 사람이 마르다의 정신없이 바쁜 삶을 존경하고 추종합니다. 반면에, 마리아나 마리아처럼 딴 세계의 삶을 사는 것 같은 사람들은 시대에 뒤처진 것으로 간주합니다. 제가 말씀드리고자 하는 것은, 이렇게 성경적 우선순위가 뒤집힌 것은 근대화의 결과입니다. 혹은, 어쩌면 근대성이란 우리가 성찰적 삶을 외면한 부산물이라고 하는 것이 더 맞을지도 모르겠습니다."

누가복음 10장에 등장하는 마리아와 마르다 이야기를 교회 역사에서는 예수님을 따르는 제자의 삶을 대표하는 두 가지 방식으로 읽어 왔습니다. 몸을 부지런히 움직여 예수님을 섬기는 것도 영성의 한 표현이고, 때로 모든 것을 잠시 내려놓고 잠잠히 예수님 발치 앞에 무릎을 꿇고 시간을 보내는 것 역시 깊은 영성의 표현이지요. 그래서 수도원 전통은 마르다의 영성을 따르는 수도회와 마리아의 영성을 따르는 수도회 두 가지로 크게 나뉩니다. 전자의 수도회를 활동수도회Active order라고 하고, 후자를 관상수도회Contemplative order라고 표현합니다. 이 두 형태의 수도회는 동시대에 공존해 왔지만, 시대에 따라 마리아의 영성을 강조하는 시기가 있었고, 마르다의 영성을 강조하는 시기가 있었습니다. 이 흐름은 우리가 문을 열고 나가야 할 때와 골방으로 들어와 잠잠해야 할 때가 존재함을 보여줍니다.

한스 부어스마의 말을 뒤집어 얘기하자면, 중세 혹은 전근대는 마리아와 같은 성찰의 삶이 우선하는 시대였다는 것입니다. 그런데 쟈크 르고프Jacques Le Goff라는 프랑스 중세사가는 중세 유럽의 '시간' 관념의 변화를 추적하면서, 어떻게 마리아의 시대가 마르다의 시대로 전환되었는지를 보여주었습니다. 그리고 이것을 기반으로 근대 세계의 등장을 설명했습니다.

그는 중세의 시간을 교회의 시간Church's time과 그에 대응해 나중에 등장한 상인의 시간Merchant's time으로 구분했습니다. 교회의 시간은 수도회의 일과에 따른 시간입니다. 기도와 노동과 공부를 세 가지 큰 가치로 생각했던 수도원의 시간은 자연 절기에 따라 일출과 일몰을 기준으로 정해졌습니다. 교회의 시간은 본질적으로 자연의 시간이자, 농부의 시간이었습니다. 중세에 자연 채광을 받을 수 없는 밤 시간대로 일이 연장되는 경우는 거의 없었습니다. 여름에는 더 일찍 일어나고 더 늦게까지 생활하고, 겨울에는 좀 더 느슨한 일과를 누리는 자연의 시간이었습니다. 여름에는 노동 시간이 좀 더 늘었고, 겨울에는 잠잠히 침묵하고 기도하는 시간이 늘었습니다. 이 교회의 시간 속에서 인간은 자연과 더불어 살아갔습니다.

자연의 시간은 누구에게나 하루 24시간씩 주어진 동일한 선물이었습니다. 그런데 중세가 끝나 갈 무렵 유럽 사회에 큰 변화가 찾아옵니다. 상업과 도시 발달 등을 통해 원시적 형태의 자본주의가 들어오면서 과거 자연의 날씨를 기반으로 정해졌던 시간관념에 변화가 생겼습니다. 한밤중에 농사를 짓지는 못하지만, 옷을 만들거나 구두를 수선하는 수공업은 야간작업이 가능했습니다. 일하는 시간이 늘어나고, 노동자들의 노동 시간을 관리하기 위해 시계가 작업장에 배치되기 시작했습니다.

이제 자연의 시간을 기반으로 했던 교회의 시간은, 상인들이 인위적으로 만든 시간에 자리를 내어주게 되었습니다. 중세 유럽에서 교회가 상인들에게서 경계했던 것 중 하나는 시간을 담보 삼아 부를 축적하는 행위였습니다. '시간을 담보 삼아 부를 축적하는 행위'에는 어떤 것이 있을까요? 돈을 빌려주고 시간이 지남에 따라 고리로 이자를 받는 것이 대표적인 방식이었습니다. 그래서 교회는 그리스도인들이 고리대금업에 종사하는 것을 금했습니다. '시간은 돈'이 아니라 하나님이 모두에게 준 공평한 선물이었기 때문입니다.

상인 계층이 돈을 벌 목적으로 시간을 도구로 활용하면서 자연의 경계, 종교의 경계를 넘어서게 되었습니다. 중세 말을 향하면서 시간을 돈으로 보는 관념이 등장했습니다. 그래서 시간을 잘 관리하는 사람이 새로운 시대의 인간형으로 각광을 받았습니다. 최고의 미덕은 시간에 대한 감각을 가지고 적절하게 시간을 활용하는 것이었습니다. 시계는 상인들의 필수품이 되었습니다.

자연히 마리아처럼 하나님 앞에 소중한 시간을 떼어 놓고 묵상하고 성찰하는 삶은 사람들의 관심 밖으로 밀려났습니다. 이제, 시간은 하나님의 선물이 아니라, 우리의 몸이나 재산과 같이 관리하고 가꿀 재화가 되었습니다. 마르다처럼 이리저리 부지런히 몸을 움직이고 시간을 최대한 아껴서 일하는 것이 중요한 가치로 인정받게 되었습니다.

근대의 불면증

이러한 종교적 가치와 지향하는 영성의 변화를 잘 포착해서 제시한 책이 막스 베버가 쓴 『프로테스탄트 윤리와 자본주의 정신』입니다. 종교개혁 이후에는 구원이나 경건과 영성에 대한 재해석이 이루어졌습니다.

언뜻 보기에 자본에 대한 긍정과 영성은 상호모순으로 들립니다. 그런데 베버는 16-17세기 영국이나 네덜란드, 벨기에 등 칼뱅주의에 영향을 받은 지역의 중산 계급이 상당수 개신교인이었다는 점에 주목했습니다. 베버의 연구 결과에 따르면, 이 땅에서 무엇을 하든지 '하나님의 영광'을 위해서 하는 칼뱅주의적 직업관과 금욕적 생활양식이 유럽 내에 번영을 가져왔습니다. 교양을 갖추고, 검소하게 생활하며, 하나님을 두려워하는 것이 16-17세기 네덜란드 중산층의 이미지였습니다.

칼뱅주의자들은 모든 이가 구원을 얻는 것이 아니라 선택된 자들만이 구원을 얻을 수 있도록 예정되었다고 가르쳤습니다. 하나님에게 선택받았는지는 이 땅에서 자신들의 삶의 자세를 통해서 증명할 수 있었습니다. 베버는 '하나님의 부르심 안에서 쉬지 않고 일하는 것'이 선택된 자라는 확신을 얻는 최고의 방편이었다고 평가했습니다. 절제하는 삶의 태도로 열심히 일하니 자연히 그리스도인들은 더 풍요로운 삶을 살게 되었습니다.

마리아의 영성처럼 골방에 들어가 침묵하는 것만이 하나님과 교통하는 것이 아니라, 일상의 삶에서도 하나님을 체험하고 만날 수 있다는 마르다의 영성은 거룩한 것과 속된 것이라는 이원론의 경계는 무너뜨렸습니다. 그런데 신앙적 열심으로 절제하고 시간을 효율적으로 사용하면서 또 다른 딜레마에 부딪히게 되었습니다. 사람들이 인식하지 못하는 사이에 세속적 욕망이 신앙적 열심으로 분출된 것입니다.

이 세상에서 성공을 통해 하나님의 함께하심을 드러내고 재확인해야 한다는 강박을 안게 되었습니다. 그래서 한 역사가는 자본주의가 활발하게 꽃피우던 17세기 유럽의 개신교 국가에 근대의 불면증이라는 질병이 들어왔다고 통찰하기도 했습니다. 불면증이 무엇인가요? 시간을 최악으로 비효율적으로 소비하는 것이지요.

근대에 돌아온 마르다의 위세는 쉽게 사그라지지 않았습니다. 특히 국가를 포함해 누구도 우리를 책임져 주지 못하는 신자유주의 시대 속에서 개인은 더욱 쫓기는 삶을 살게 되었습니다. 자신이 통제할 수 없는 사회나 경제 구조에 관심을 기울이는 것은 어리석은 시간 낭비가 되었습니다. 왜냐하면, 모든 문제는 사회 구조적 문제가 아니라, 우리 개인의 능력, 역량의 문제로 간주되었기 때문입니다.

여전히 우리는 상인의 시간이 지배하는 시대에 살고 있습니다. 노동자가 노동한 대가는 노동한 시간만큼만 계산되지만, 그들이 파업한 시간은 자본가의 수익 손실을 기준으로 천문학적인 금액으로 변해 버립니다. 이 모순의 시간 안에 살면서 인간은 끊임없이 자신의 시간당 노동생산력을 높일 것을 요구받습니다. 그러나 우리는 압니다. 그렇게 해서 높여 가는 급여로 인한 소득 증가분과, 땅과 건물이라는 자본이 시간이 지남에 따라 벌어들이는 자본 소득의 증가는 결코 비교할 수 없다는 것을 말입니다.

그런데도 우리는 주어진 시간의 효율적인 활용이라는 미명하에 자본가가 정한 시간에 강박처럼 묶여 있습니다. 청교도적인 삶의 강박으로 인해 자본가들이 겪었던 근대의 불면증이 현대에 와서는 대다수 사람이 겪는 일반적 사회 질환이 되었습니다.

교회는 어떨까요? 교회는 하나님의 선물인 시간의 통제권을 교회 경계 너머에는 행사하지 못하고, 상인의 시간에 주도권을 빼앗겼습니다. 교회가 지켜 오던 전통적 시간관이 무너진 후, 중세 말 새로운 시간

관념의 등장은 상인의 활동, 특히 시간을 통해 부를 쌓는 활동을 용인하였습니다. 이런 근대에서 교회는 어땠습니까? 신자유주의 논리 구조가 한국 개신교의 대형교회 체제를 긍정하고, 교회와 목회자의 급속한 양극화를 초래한 것을 우리는 부정할 수 없습니다. 우리도 어쩌면, 무한경쟁 사회에서 살아남기 위한 욕망을 신앙의 이름으로 합리화해 왔는지도 모릅니다.

마리아의 시간

이런 우리 앞에 느닷없이, 벼락같이 마리아의 시간이 들이닥쳤습니다. 전염병으로 예기치 않게 우리에게 주어진 그 시간은 고용주의 시간도 아니고, 피고용주의 시간도 아닌, 모두를 당혹스럽게 하는 시간입니다.

이 벼락같은 사건이 우리가 일상적으로 해오던 모든 시간을 강제적으로 멈추었습니다. 우리는 모두 앞으로 어찌 될지 모르는 불안 속에 살고 있습니다. 당장 먹고사는 문제, 현실 문제에 대한 압박이 옥죄어 옵니다. 이런 현실 때문에 멈춰 서서 돌아보는 성찰을 배부른 소리로 여길지도 모르겠습니다. 또, 우리가 사는 자본주의나 신자유주의 체제를 뜬금없이 끌어들여 성찰을 얘기하는 것에 불편을 느낄 수도 있습니다.

우리는 이 전염병으로 인해 인간사회가 겪는 고통과 별개로 또 다른 현상을 목도합니다. 그것은 지금껏 우리가 당연하게 여겨 온 모든 것을 재고하게 만들고 있다는 것입니다. 락다운(활동 제한)으로 학교가 멈추고, 사회가 멈추고, 올림픽도 1년 늦춰졌습니다. 그런데 가동되던 공장이 멈추니 늘 희뿌옇던 하늘이 원래 푸른 하늘이었다는 것을 알게 되었습니다. 항상 동물원에서나 마주치던 숲속 동물들이 인간이 차지했던 그 거리를 활보하는 것을 보며, 그간 인간이 얼마나 이 지구를 독점해왔는지 비로소 깨닫게 되었습니다.

또한 지금껏 유럽과 북미의 자본주의는 신성불가침의 대상이었습니다. 우리는 단 한 번도 세계의 자본 교류가 중단되고 상품을 만드는 공장이 멈출 수 있다고 상상해 보지 않았습니다. 솔직히 저는 지금도 가끔 꿈을 꾸고 있는 것 같다고 생각합니다. 지금이야말로 우리가 상상해 보지 않았던 현실을 마주하고 냉정히 들여다보아야 할 때입니다.

전문가들은 오늘의 이 상황이 성찰하지 못하고 멈춤 없이 내달았던 인간의 탐욕이 원인이라는 것을 지적하고 있습니다. 그렇기에 이 문제는 질병을 풀어내는 의학과 과학만의 문제도 아니요, 그 질병이 퍼져나가는 사회 역학만으로 다 설명될 수도 없습니다. 우리의 삶의 태도와 방향을 결정하는 세계관적 고민과 성찰의 문제가 반드시 포함되어야 합니다.

고통스러운 현실을 마주할지라도, 그 현실을 넘어서는 합의된 '인류의 집단 성찰'만이 해답을 만들어 나갈 수 있습니다. 그러므로 더욱더 교회는, 더욱더 우리 그리스도인들은 현실과 현상을 넘어서 생각하고 읽어 내기 위해 애써야 합니다. 그것이 사회에서 교회와 그리스도인이 할 수 있는 특별한 기여이자 소명일 것입니다.

전문가들은 뉴노멀의 시대에는 우리가 바로 얼마 전까지 누렸던 그 삶으로 다시 영원히 돌아가지 못할지도 모른다고 말합니다. 적극적으로 해석해 보자면, 뉴노멀의 시대에 우리는 결코 이전과 같은 생활방식을 고집해서는 안 된다는 것이기도 합니다. 그간 당연시했던 편리와 편의, 과도한 소비와 탐욕을 내려놓는 것입니다. 그런데 그 일이 뉴노멀의 시대에 들어서면 몸에 밴 듯 자연스럽게 될 수 있을까요? 그렇지 않을 것입니다. 이를 위해서는 꾸준히 멈추어 서서 골방으로 들어가 세미한 음성을 듣는 훈련이 필요합니다. 마리아처럼 더 깊게 성찰하는 삶의 자세를 익혀야 합니다.

그리스도인과 교회의 역할은 시대의 흐름에 부합하는 최상의 효율을 따라가기보다는, 사람들이 한 번쯤 멈춰 서서 성찰하도록 도와주는 것입니다. 세상의 시간과는 다른 하나님의 시간을 얘기하는 것입니다. 누구도 하나님의 선물인 타인과 피조물들의 시간과 공간을 빼앗아 자신의 배를 채우지 못하도록 하는 것입니다.

그리스도인은 창조 세계의 청지기로서 겸손하게, 이 땅을 거쳐 가는 나그네로서 소박하게, 하나님의 피조 세계와 함께하는 삶을 추구하는 사람들입니다. 이제 우리 모두가 함께 살아가는 새 하늘과 새 땅에서 새 창조의 질서를 만드는 삶을 소망하며 그를 위해 애쓰면 좋겠습니다. 벼락같이 다가온 이 마리아의 시간을 분주함과 두려움보다는, 좀 더 우리를 성찰하는 시간으로 만들 수 있기를 바랍니다. 앞으로 전개될 열 번의 이야기와 오고 가는 질문을 통해 그를 위한 자그마한 단서를 찾아 나가고자 합니다.

2021년 8월
최종원

끝인가,
새로운 시작인가

교회 성장 패러다임에서
선교적 교회 패러다임으로

·

옥성득

옥성득

| 로스앤젤레스 캘리포니아 주립대학교(UCLA) 아시아언어문화학과 임동순·임미자 한국기독교학 석좌교수

서울대학교 영문학과와 국사학과를 졸업한 후 장로회신학대학교 신학대학원과 대학원에서 신학 수업을 이어 나갔다. 이후 미국으로 건너가 프린스턴 신학교(신학석사)와 보스턴 대학교 신학대학원(신학박사)에서 기독교 역사를 공부했다. 현재는 UCLA에서 한국 근대사와 한국 종교사를 가르치고 있다. 저서로는 『대한성서공회사』(전 3권), 『첫 사건으로 본 초대 한국교회사』, 『다시 쓰는 초대 한국교회사』, 『한국 기독교 형성사』(제37회 한국기독교출판문화상 대상) 등이 있고, 편역서로는 『언더우드 자료집』(전 5권), 『대한성서공회사 자료집』(전 3권), 『목판화로 대조한 그리스도와 적그리스도의 생애』, 『마포삼열 자료집』(전 4권) 등이 있다.

첫날 나눌 대화는 코로나19 이후 한국 교회에 대한 전망입니다. 우선 한국 교회 역사 이야기를 한 다음, 최근 상황을 분석하고, 미래 전망을 말씀드리겠습니다. 그러고 나서 질문과 답을 나누면 좋겠습니다.

요점을 먼저 말씀드리면, 첫째, 한국 교회에는 생각보다 변화가 많았고, 계속 성장한 것이 아니라 중간중간 쇠퇴하기도 했으며, 다양한 형태의 교회가 존재해 왔습니다. 앞으로도 지역별, 규모별, 교단별, 개교회별 다양한 변화가 있을 것입니다. 다만 매우 보수적인 교회는 변하지 않을 것으로 보입니다. 둘째, 가상공간에서 연결된 성도 간의 교제와 사회봉사가 증가할 것입니다. 전통적 형태의 소·중·대형교회가 바로 사라지지는 않겠지만, 교회 규모와 상관없이, 온라인 미팅 형태의 예배나 세미나 같은 교제가 증가할 것으로 예상합니다.

성장과 쇠퇴를 반복해 온 한국 교회

하나씩 살펴봅시다. 한국 교회에 대한 우리의 고정관념과 역사적 실상에는 차이가 있음을 먼저 지적하고 싶습니다. 우리의 고정관념은 한국 교회가 계속해서 급성장해 왔다는 것이죠. 특히 1960년대 이후 지속적인 성장을 경험해 왔기 때문에 그 관념이 굳어진 것 같습니다. 그래서 한국 교회가 최근 십여 년간 쇠퇴하자, 생전 처음 경험하는 것이 아닌가 하여 많은 목회자가 망연자실하고 정신이 없습니다. 하지만 한국 교회는 현재의 쇠퇴 이전에 네 차례 쇠퇴를 경험했습니다. 1차 쇠퇴(1910-1915년), 2차 쇠퇴(1924-1930년), 3차 쇠퇴(1938-1945년), 4차 쇠퇴(1950-1953년)를 경험했고, 2010년부터 현재까지를 5차 쇠퇴라고 할 수 있습니다. 고정관념이 아닌 다른 관점에서 보면, 한국 교회는 쇠퇴를 극복하고 성장을 이룩하는 회복력resilience을 지니고 있습니다.

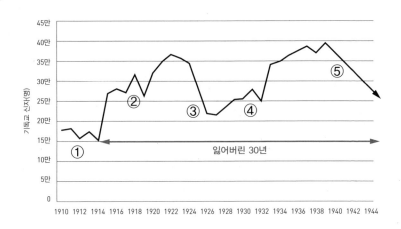

일제 강점기 한국 개신교의 교세 변화

　　일제 강점기만 더 자세히 보면, 표에서 보듯 총 다섯 번 쇠퇴를 겪었고, 말년에는 1910년대 초로 돌아가는 상황이 발생합니다. 일제 강점기에 있었던 쇠퇴 이후의 성장, 성장 이후의 쇠퇴 문제를 재해석하면 어떤 교훈을 얻을 수 있지 않을까 합니다. 1920년대가 특히 중요한데, 3번에서 보듯이 교세가 급락했다가 1920년대 후반에는 이를 극복합니다. 이런 역사를 공부하면 교훈을 얻을 수 있습니다. 그러면서 동시에 타락의 궤적을 따라갈 필요가 있습니다. 1920년대에 "조선의 예루살렘, 평양"이라는 담론이 나오면서 1930년대에 근본주의가 더 완고해지고, 결국 신사참배의 충격 앞에서 한국 교회는 무너집니다.

감리교회는 사실 이해하기가 쉽지 않은데요. 남북 감리교회 모두 1910년 이후에 학습자와 세례자가 증가하지 않고 정체됩니다. 감리교는 문명론과 교육론 등으로 상당히 많은 인재를 길렀는데, 왜 일제 강점기에 성장하지 못하고 침체했을까요? 북 감리회는 3·1운동에 적극적으로 참여했으나 이후 친일 행각으로 쇠퇴했고, 남 감리회는 소극적으로 참여했으나 1919년 이후에 약간 증가하는 모습까지 보입니다. 해방 이후 감리교회는 이런 정체를 반성하는데, 스톡스의 논문[1]에서는 감리교회가 기구주의, 제도교회, 보스 멘탈리티, 기회주의, 현재주의 등에 빠져서 영성을 잃어버렸다고 해석합니다.

반면에 장로교회는 일제 강점기를 사실상 승리주의 입장에서 바라봅니다. 1880년대에 장로교와 감리교가 같은 선에서 출발했는데, 50년이 지난 후에는 '30만 명 대 5만 명'으로 여섯 배 차이가 납니다. 장로교회가 이를 해석하기 위해 강조한 논리가 '네비우스 선교정책'Nevius Mission Plan입니다. 흔히 3자(자급, 자전, 자치) 정책으로 한 선교지에서 초기에 토착교회를 설립하여 신속한 복음화를 이루자는 교회 중심 선교 방법론입니다. 감리회가 중고등 교육을 통해 민족을 지도자를 양성하고 기독교 문명으로 나라를 복음화하는 왕국 모델을 채택했다면, 장로교회의 네비우스 정책은 그리스도만을 전하고 교회 지도자를 길러 신속한 복음화를 이루려고 했습니다. 장로교회는 네비우스 정책 때문에 우리가 승리했다고 자랑했습니다. 1930년에 클라크^{Charles Allen Clark} 목사가 시카고 대학에서 쓴 박사학위 논문에서 이 같은 주장을 펼칩니다.[2] 첫째, 감리교회에 대한 장로교회의 승리. 둘째, 장로교회 안에서도 서울 기독교에 대한 평양 기독교의 승리. 이 두 가지를 정당화한 논리였습니다. 한국 교회는 70년 넘게 이 네비우스 정책을 계속해서 강조해 왔죠. 이것은 보수적인 장로교회, 평양 서북교회의 논리를 그대로 받은 것입니다.

그런데 승리한 장로교회가 과연 건강했을까요? 1934년도 당시 30세였던 신학생 김택민이 기독신보에 8회 연재한 글이 있습니다.[3] 그의 "숫자로 본 조선교회"라는 글을 보면 네 가지 특징이 나타납니다. 강단신앙, 유물화, 명목신자, 대형화입니다. 그는 교회가 수적으로는 증가했지만, 앞으로는 쇠퇴할 수 있다고 예견합니다. 유물화는 보이는 교회 건물에 투자하고, 사람을 키우는 데 투자하지 않는다는 것입니다. 당시

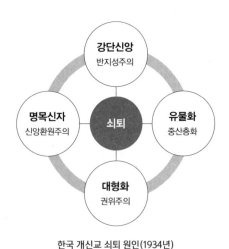

한국 개신교 쇠퇴 원인(1934년)

대형화는 1,500명에서 2,000명 되는 교회가 등장했음을 의미합니다. 대형교회들은 관리가 잘 안 되니까 내부에서 반대파가 등장합니다. 그들을 누르기 위해 목사의 권위를 강조하는 권위주의가 등장합니다. 유물화와 대형화가 결합하면 '목사교'가 되고, 목사교의 결론은 분쟁과 분열이지요. 1920-1930년대는 교회 분쟁과 분열의 시기였습니다. 내부 싸움으로 힘을 뺀 후 일제가 신사참배로 위협하자 교회는 대항하지 못하고 항복하고 맙니다.

강단신앙, 즉 목사의 설교에만 의지하는 반지성주의가 등장하고, 초신자들을 잘 관리하지 못하고 생활에 적용되는 신앙이 없다 보니 명목신자가 늘면서 만사를 신앙 문제로 환원하게 됩니다. 강단신앙과 명목신자가 합해져 결국 도피주의 경향이 강해지고 사회적 영향력을 상실합니다. 이는 1990년대 이후의 한국 교회 모습과 거의 흡사하다고 할 수 있습니다. 사실 한국 교회에서는 1945년 해방 이후 50년간 이 네 가지 현상이 서서히 심화하였었는데, 1995년경에 이르러 현저하게 드러나고 결합하면서 여러 문제가 나타나게 됩니다.

사람들은 종교에서 멀어지고, 교회는 부흥을 확신하고

문제는 한국기독교 전래 100주년인 1984-1985년에 발생한 큰 착각입니다. 한국 교회가 계속 성장할 것으로 보았습니다. 그 결과는 잃어버린 40년입니다. 당시에는 통일이 곧 온다고 믿고 본격적으로 양적 팽창에 몰두합니다. 그래서 신학교가 난립하고 경쟁적으로 교세를 자랑합니다. 지역별로 신학교를 세우면서 지역 패권을 확장해 갔습니다. 2008년이

분기점이었습니다. 그 이후 한국에서도 무종교인^{Religious None}이 증가합니다. 통계적으로 교회가 쇠퇴하기 시작한 시점이 2008년이고, 이를 인정하는 시점이 2010년입니다. 만일 2008년에 교회가 현실을 깨닫고 축소 지향이나 내실화로 갔다면, 오늘날 같은 급격한 쇠퇴는 완화되었으리라 생각합니다.

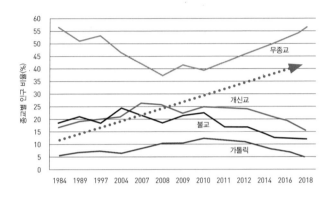

제4세대의 착각(점선, 1984-2008년)

다음으로 지난 25년간 감리교회 궤적을 살펴봅시다. 감리교는 세습 문제로 진통을 겪은 후에도 계속 성장하자, 이를 근거로 세습을 정당화했습니다. 하지만 거품이었습니다. 10년 만에 거품이 꺼지자, 감리교회는 양적으로 크게 줄어들었고, 내적 생명력도 사라져 40년 전 교세로 돌아갔습니다. '잃어버린 40년'을 보며 속수무책인 상황입니다.

한국 종교 전체를 보면, 3대 종교인 불교, 천주교, 개신교 모두 하락하는 추세를 막기 어렵다고 생각합니다. 개신교만 위험한 것은 아니고 불교, 천주교도 마찬가지입니다. "희망이 있을까요?" 현시점은 1920년대와 유사합니다. 그렇게 제가 약 2년 전에 썼습니다. 그때도 평양을

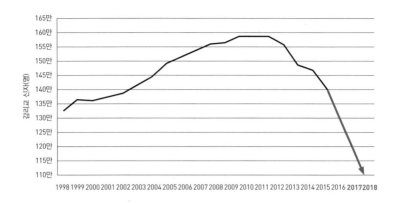

165만
160만
155만
150만
145만
140만
감리교 신자(명)
135만
130만
125만
120만
115만
110만

1998 1999 2000 2001 2002 2003 2004 2005 2006 2007 2008 2009 2010 2011 2012 2013 2014 2015 2016 **2017 2018**

착각의 결과(감리교회, 1998-2018년)

조선의 예루살렘이라고 자랑했으나, 사실은 교회 분쟁, 신구 세대 갈등, 신학의 보수화, 반기독교 운동, 교인의 대량 탈교회 현상, 목사나 교회 비판 언론, 목회자의 부도덕성 같은 부정적 특징이 그때 나타났습니다. 그 와중에 신사참배의 압박이 이어지자 1938-1945년에 교회가 변절하고, 일본의 제국주의 전쟁을 지원합니다.

　　마찬가지로 지난 20년간 세대교체 대신에 명성교회로 대변되는 세습이 광범위하게 이루어졌습니다. 여기에 최근 찾아온 코로나19의 충격이 더해졌습니다. 신사참배의 충격으로 붕괴했던 때와 흡사하게 한국 교회가 무너지지 않을까 우려됩니다. 많은 교단에서 공식적으로 "우리 교세가 줄었다"라고 발표하기 시작한 해가 2010년인데, 10년이 지난 2020년에 코로나19 팬데믹이 닥쳤습니다. 한국 교회가 급격하게 쇠퇴하는 상황 중에 코로나19가 찾아왔기 때문에 아마도 회복 불가능한 쇠퇴가 되리라 봅니다. 어떤 면에서 현재 한국 교회는 지난 3년간 '임사체험' 중이라고 할 수 있습니다. 현재는 아무런 대책이 제시되지 않는 상황입니다.

이제 현상적인 쇠퇴에 내재한 근원적인 원인을 살펴보겠습니다. 지금 우리는 막스 베버가 말했던 "근대성은 합리성을 증가시킨다"라고 믿었던 세계가 끝났음을 경험적으로 목도하고 있습니다. 피터 펠즈 Peter Pels 같은 인류학자들은 근대화로 인한 물성 materiality의 증가가 마술성 magicality을 증폭시킨다고 주장했습니다. 과학 문명이 발달한 현대 한국에도 점집이 교회보다 세 배나 많다고 합니다. 심지어 수많은 교회 역시 거의 무당집처럼 기복신앙을 전파하고 있습니다. 아무리 정보기술 관련 산업이 발전하고 과학을 이야기해도 한국인의 영성에 똬리를 틀고 있는 미신적 종교, 마술적 해결, 대박에 대한 기대는 줄지 않을 것으로 봅니다.

두 번째는 다원주의와 반종교주의가 늘어나고 비종교인이 증가하는 상황입니다. 동시에, 많은 한국인은 다중종교성 multiple religious identity으로 인해 실용적으로 종교에 접근하거나 불건전한 혼합주의로 갈 수도 있습니다. 무종교인 증가에 대한 반작용으로 신천지 교인 같은 종교중독자가 증가하기도 합니다. 이런 다양하면서 극단적인 현상이 공존하는 혼란스러운 시대가 되리라 봅니다.

세 번째는 세속주의에 물든 종교의 쇠퇴입니다. 교회를 떠나는 이른바 가나안 성도의 증가가 두 번째 경향이라면, 그들이나 교회 안에 남아 있는 교인 모두 세속주의에 매몰되어, 세상사를 비종교, 세속주의, 물질주의, 상업주의 관점에서 바라보고 행동하는 것이지요. 교회가 이에 대한 대응책으로 선교적 교회 운동을 펼치겠지만 역부족으로 보입니다.

코로나19 이후 한국 교회는

코로나19로 충격에 빠진 교회의 관심은 주로 '주일성수'인 것 같습니다. "주일성수가 무너지면 다 무너진다"라는 식의 이야기도 종종 들립니다. 제가 보기에 대형교회는 지난 30년간 주일성수를 파괴해 왔습니다. 예배를 상품화해서 주일 예배를 5부나 6부까지 드리고, 심지어 다른 지역에 있는 여러 교회가 한 목사의 설교를 동시에 화면으로 보면서 예배를 드리고 있습니다. 이어서 주일 저녁 예배 폐지와 토요일 열린 예배 신설 등을 통해 주일 예배를 이미 탄력적으로 운영해 왔습니다. 사실상 주일 오전 예배에 대한 신화가 붕괴하고 있었습니다. 그러다가 코로나19가 찾아오면서 주일성수 신화가 거의 붕괴하지 않았나 생각합니다. 개신교인의 정체성을 나타내는 표식이 주일성수였는데, 그마저 무너지면 남는 것은 무엇일까요? 그러면서 "예배냐 예배당이냐", "예수 그리스도의 부활로 성전체제가 종언되었는데 여전히 한국 교회에는 안식일주의와 성전체제를 고수한다"라는 주장까지 나옵니다. 물론 코로나19가 모든 교회에 부정적 영향만 끼친 것은 아닙니다. 교회가 앞장서서 사회 취약층을 돕기도 하고, 교회 간에도 미자립교회 월세를 대납해 준다든지, 작은 교회의 온라인예배를 지원하는 모습이 나타나고 있습니다.

코로나19 이후의 한국 교회에 관해 좀 더 구체적으로 전망해 보겠습니다. 첫째, 재택예배, 원격헌금, 화상 성경공부를 하다 보면 예배당에 가던 습관이 약해지면서 세대별로 다른 변화가 나타나겠지요. 예배당 중심의 교회 패러다임에 익숙한 60대 이상은 교회에 출석해 주일성수 하겠지만, 40대 이하는 가상공간으로 이동하고, 점차 교회에 대한 충성도는 줄어들 것으로 보입니다.

둘째, 교인 수가 격감할 것입니다. 어림잡아 5,000명 이상 교회는 1-2년 안에 교인이 약 25퍼센트 줄고, 1,000-5,000명 교회는 약 20퍼센트, 500명-1,000명 교회는 약 15퍼센트, 100-500명 교회는 약 10퍼센트 정도가 줄 것으로 보입니다. 그런데 오히려 50-100명 교회는 절반 정도가 줄고, 가장 취약한 50명 이하 교회와 가정교회들은 거의 절반이, 교회 자체가 사라질 것으로 보입니다. 이런 미자립 교회를 도울 수 있는 총회나 노회의 지원이 절실하지만, 그들이 제대로 작동하지 않으므로 대위기가 오겠지요.

셋째, 새로운 교회들이 출현할 것입니다. 20-40대가 출석하는 청년교회가 새롭고 다양한 모습으로 재조직되어 나타날 것으로 예상합니다. 어떤 교회가 될지는 더 토론하고 연구하고 상상해 보아야 할 것 같습니다. 찬양과 음악 중심의 교회가 잠시 성행할 수 있지만, 흥분된 감정이 기독교 지성으로 인도되지 못하면 오래가지 못할 것으로 봅니다.

넷째, 목회자의 20-30퍼센트 정도가 전업해야 할 것으로 전망합니다. 신학교는 입학생을 획기적으로 줄이고, 대신 기존 목회자 중에 전업하거나 선교적 교회로 가려는 이들을 재교육하는 프로그램을 신속하게 가동해야 합니다. 신학교를 졸업한 목회자 교육에 치중할 때가 되었습니다.

한국 교회 전체로 보면 코로나19로 인해 교인의 약 20퍼센트 정도는 줄어든다고 각오해야 합니다. 그러면 흔히 말하는 '900만 교인'이 700만 명이 되겠죠. 여기에 이미 나간 200만 명 정도의 가나안 교인을 빼면 실제로 한국 개신교 교세는 500만 명 수준이 됩니다. 헌금도 그만큼 줄 것으로 예상합니다. 대형교회라고 해서 안전하지는 않죠. 대형교회부터 흔들리고 중형교회까지도 재정적으로 큰 곤란에 빠질 것입니다. 가장 건강한 100-500명 교회도 10퍼센트 정도 교인이 감소한다고 앞서 예상했는데요. 그때를 대비해야 합니다. 실제로는 코로나19가 아니어도 매년 5퍼센트 정도 교인 수는 감소하고 있었습니다. 코로나19 사태로 인해 출석 교인이나 헌금이 약 20퍼센트 감소할 것으로 예상해야 합니다.

가나안 성도도 여러 층이 있지만, 다수는 결국 유연한 '무종교인'Religious None이 되리라 봅니다. 흔히 말하는 'CEO 신자'Christmas & Easter Only Christian도 많이 나오겠죠. 헌금만 하는 교인도 나타날 수 있습니다. 다양한 유형의 그리스도인이 등장할 것입니다.

자신만의 '미션'을 발견하는 교회로

그러나 외형적 교세나 생존보다 더 중요한 것은 본질적으로 '교회란 무엇인가'입니다. 결국 우리의 논의는 교회론으로 귀결됩니다. 사실상 이제는 교회가 선교지가 되었습니다. 이에 맞추어 교회를 개혁해야 합니다. 선교적 교회missional church가 되기 위해서는 교회를 먼저 선교해야 하는 상황이 왔습니다. 이제 우리가 기대할 것은 건강하고 겸손한 교회들이 새로운 모델을 만들어 작고 좋은 교회들을 형성하는 것입니다. 1900년대가 한국 교회의 창설기였다면, 해방 이후 한국전쟁이 끝나고 1953년부터는 재건기에 들어갑니다. 창설기와 재건기의 정신으로 2020년대를 선교적 교회로 거듭나는 전환기로 만들어 한국 교회의 잠재력과 회복력을 보여줄 때입니다. 그러나 1980년대 세대는 손쉬운 아파트촌 개척을 했고, 지난 10년 전부터는 새로운 개척이 어려워지자 부자 세습을 하고 있습니다.

현실적으로 두 가지 변수를 고려해야 합니다. 첫째, 경기 하강으로 교회는 어쩔 수 없이 20퍼센트 이상의 침체를 겪을 것으로 예상합니다. 둘째, 코로나19가 특히 노년층에 치명적이므로 평균 연령이 60세 이상인 한국 교회에서는 노인 활동과 프로그램이 위축될 수밖에 없고, 그에 따라 교회 활동도 상당히 축소될 것입니다. 재택근무가 늘듯이 재택예배나 원격목회에 대한 수요가 늘 것이므로 그에 맞춘 다양한 자료와 방안을 준비해야 합니다. 온라인 선교에 대한 고민과 투자도 필요하겠죠. 하지만 목회자나 교회가 행정적으로 주도하는, 이미 만들어진 자료를 바탕으로 이루어지는 예배나 프로그램보다는 평신도가 자발적으로 개발하고 마련한 프로그램이나 예배가 필요합니다. 교회는 이를 도와주어야 합니다.

코로나19 이후 교회는 건물이나 공간 중심 모임에서 온라인상의 시간 공유 공동체로 변해 갈 것입니다. 구원이라는 개념도 개인 중심에서 사회나 환경을 포괄하는 쪽으로 확대해야겠지요. 목회도 성장을 위한 행사 위주에서 균형 잡힌 치유나 회복으로 방향 전환이 이루어지리라 봅니다. 한국 교회가 지금까지 추구해 온 '행동주의 중심의 영성'이 '안식과 평화를 추구하는 영성'으로 바뀌어 가리라 전망합니다.

다시 말하면, '나의 미션은 무엇인가?', '나의 선교적 삶은 무엇인가?'를 질문하면서 '다른 사람보다 내가 먼저 선교적 삶을 살아야겠다'라는 방향으로 나아가야만 한국 교회가 살 수 있다고 봅니다. 하늘에서 주어진 복음과 이 땅에서 일어나는 여러 상황을 보면서, '나는 이 땅에서 어떻게 살 것인가'라는 물음에 답하는 것이 가장 중요하다고 생각합니다. 복음과 상황이 만나는 자리에서 나의 나 됨과 내가 할 일을 발견하는 것이 중요합니다. 하나님의 뜻을 이 땅에서, 현 상황에서 이루는 것, 그것이 선교입니다. 복음과 상황은 늘 있지만, 그 둘을 붙잡고 우리 스스로 선교적 삶을 만들어 가는 것이지요. 상황도 변하고, 복음에 대한 이해도 변하기 때문에 우리의 미션도 변합니다. 그래도 중요한 것은 자신의 미션을 분명히 하고, 그 미션을 살아 내는 것입니다. 자신의 미션을 발견하고 소중히 여기며 성취하려 애쓰고, 동시에 다른 사람의 미션도 소중히 여기며 동역하는 모습이 한국 교회에 더 늘어나면 좋겠습니다. 인간의 힘으로는 아무것도 움직일 수 없습니다. 그 불가능한 것을 움직이는 힘이 복음이요, 그때 선교가 나옵니다. 때로는 상황이 우리를 움직입니다. 새로운 복음, 새로운 상황, 새로운 미션을 발견하고 만들어 가는 것이 선교적 삶이라고 생각합니다.

Q1 전통적인 주일성수 신화와 성전체제가 이전부터 무너지긴 했지만, 이번 코로나19로 인해 한꺼번에 붕괴하는 측면이 있다고 하셨습니다. 그런데 제 생각에는 주일성수와 성전체제만이 아니라, 예배당이라는 물질적이고 고정적인 교회, 그 조직구성 자체가 상당히 붕괴하지 않을까 하는 생각이 듭니다.

옥성득 제가 제 경험에서 이야기했듯이, 문화마다, 지역마다, 세대마다 다르게 다양한 모습이 나타나겠죠. 그래서 일괄적으로 말하기는 어렵습니다. 성전체제가 종언되었다고 해서 몸에 밴 습관이 갑자기 사라지는 것은 아니니까요. 주일예배를 강조하는 교회는 그대로 계속 가겠죠. 제가 사실 염려하는 것은, 코로나19 사태 이후에도, 그 충격에도 불구하고 한국 교회는 크게 변하지 않을 것이라는 점입니다. 한국 교회가 지금껏 해오던 대로 구태의연하게 계속 가는 것이 문제입니다. 여러 가지가 붕괴하고 많은 변화에 충격을 받은 교회는 저마다 다르게 반응할 것입니다. 교회 규모도 다르고, 지역도 다르고, 여러 여건이 다르므로 다양한 형태의 교회로 발전할 것으로 보입니다. 그러나 거의 변하지 않을 가능성이 큽니다. 주일성수 패러다임이 무너지고 교회가 새로운 변화를 모색해 간다면 교회가 잘 대응하는 것입니다. 그런데 그렇지 않으리라는 전망 때문에 답답합니다.

Q2 우울하지만 정당한 지적 같습니다. 그 지적을 받아들이고 이대로 계속 나가지 않도록 각 지역에서 각자의 목소리를 내는 것이 중요하다고 생각합니다. 다만 좀 안타까운 것은, 주변 동료 목회자들 소식을 들어보면, 코로나19 사태로 어려움을 겪는 교회는 대형교회보다는 작은 개척교회나 소형교회들입니다. 그러면서 두 가지 반응을 보인다고 합니다. 우리가 변해야 한다고 반응하는 분이 있는가 하면, 현재의 힘든 상황을 정부 책임으로 돌리면서 오히려 더 보수화하는 분도 있습니다. 교회가 새로운 패러다임에 적응하려면, 교수님 말씀처럼 생각을 변화시켜야 하는데, 오히려 이 사태로 어려움을 겪는 분들이 더 보수화하는 경향을 보인다는 점은 걱정이 됩니다. 그래서 이 부분은 어떻게 전망하시는지 듣고 싶습니다.

옥성득 우울하게 전망하면, 기업의 40퍼센트가 도산한다고 하므로 한국 교회도 마찬가지로 40-50퍼센트 정도는 줄어들 수 있다고 생각하니다. 제일 취약한 곳은 역시 교인 수 50명 이하의 교회겠지요. 현재 한국 교회의 약 70퍼센트 정도를 차지합니다. 교인 수가 절반 이하로 떨어지면 이들 중에서 결국은 사라지는 교회가 상당히 많이 나오겠죠. 이것이 현실이라고 생각합니다. 반면, 대형교회는 교인 수가 삼분의 일이 사라지거나 심지어 절반이 줄어도 운영은 될 겁니다. 이것이 현실적인 전망입니다.

Q3   그런데 요즘 작은 교회 운동을 이곳저곳에서 많이 합니다. 작은 교회로 모이는 것이 더 유익하고 그 방향으로 나아가야 한다면서 작은 교회 운동을 하는데, 코로나19로 인해 작은 교회들이 많이 사라지면 더 큰 문제가 되지 않을까 하는 생각이 듭니다.

옥성득   예, 그렇죠. 그런데 작은 교회는 또다시 모일 수도 있습니다. 물론 5-10년간 투자한 것이 다 사라지니까 많은 젊은 목회자들이 절망하고 고통을 당하겠죠. 이는 일반 사회도 마찬가지입니다. 제 주변에도 자리를 완전히 잡지 못한 20대 후반에서 30대의 젊은 직장인이 많습니다. 이들 중 다수가 코로나19로 인해 실업자가 되었습니다. 한국의 작은 교회들도 같은 고통을 당하겠죠. 19-20세기 교회 모델이 기업 모델corporate model을 수용했기 때문에, 대기업은 나름대로 살길을 찾고 중소기업, 소기업, 가족기업은 무너지듯이, 작은 교회들도 무너질 가능성이 큽니다. 이들을 보호해 주는 사회안전망 자체가 허술하고, 교단이나 노회는 그 역할을 제대로 하지 못하고 있습니다. 이런 대파국과 전환의 과정을 거치면서 어떻게 보면 옛 패러다임이 무너지고 재편이 일어나리라는 기대도 있습니다.

Q4   저는 정치학을 공부하는 ○○○이라고 합니다. 교수님은 코로나19 이후에 물성이 있는 예배당 구조 자체가 근본적으로 변화할 것이며, 교회 모델이 엎치락뒤치락하면서 재구축될 수도 있다고 하셨습니다. 그런데 재구축되는 과정에서, 특히 전례적 실천을 강조하고 중요하게 생각하는 이들이 던져야 할 질문 중 하나는 "가상현실을 어떻게 생각해야 할 것인가"입니다. 우리가 지금 줌으로 만나는 것도 과학기술을 통한 새로운 모델인데, 가상세계에서 전례적 실천은 무엇이며, 신앙공동체의 삶은 무엇이어야 하는지를 좀 더 진지하게 탐구할 필요가 있다는 생각이 듭니다. 농경시대와 산업시대의 종교적 삶이 다르듯이 앞으로의 종교적 삶도 굉장히 다를 수밖에 없을 것입니다. 다시 말하면, 물리적 장소 문제를 어떻게 생각해야 할지, 더 근본적으로는 몸과 의식의 관계가 무엇인지가 궁금해졌습니다.

최근에는 전례적 실천이나 성육신적 습속을 발전시키는 것이 중요하다는 이야기를 많이 합니다. 이를테면, 제임스 스미스가 세계관을 욕망의 형성과 습관으로 연결하는 작업에서도, 계속해서 반복되는 몸의 실천을 강조합니다. 몸의 실천을 통해서 종교적 삶을 구성하는데, 이것이 코로나19 이후에는 크게 달라진 것 같습니다. 단지 대형교회인가 작은 교회인가만의 문제가 아니라, 이제는 가상세계를 어떻게 이해해야 하는지가 숙제로 다가왔습니다. 이 문제를 신학적으로, 과학과 신학의 관계 속에서 논의할 필요가 있는 것 같습니다. 오늘 다양한 분들이 모이셨으니 이런 문제에 대해 생각해 본 분이 계시면, 말씀해 주셔도 좋겠습니다.

옥성득   과학 분야에 대해서는 누가 대답을 해주면 좋겠는데요. 일단 먼저 짚어 볼 점은, 현재 한국 중대형교회 신자의 평균 연령이 60세가 넘습니다. 그래서 가상현실은 그들과 거의 상관이 없다고 생각합니다. 유튜브 정도는 활용할 수 있겠지만, 지금까지 해오던 대로 교회에 모이는 형태의 예배를 사모하고 계속하리라고 생각합니다. 그런데 40대 이하는 줌이나 온라인예배 등으로 만나고 교류하겠죠. 한국에 서는 무속인들이 활동 무대를 최근 온라인으로 빠르게 옮기고 있습니다. 젊은이들이 많이 찾으니까요. 교회보다 무속인들이 훨씬 빠르게 가상세계에 다가가고 있는 셈입니다. 교회도 천천히 따라가는 형태가 될 것 같습니다.

Q5 저는 시카고 게렛신학교에서 공부하고 있는 ○○○ 전도사입니다. 저는 현지 한인교회에서 중고등부를 맡고 있습니다. 지난주에 처음으로 온라인예배를 드렸습니다. 그런데 온라인예배를 마친 후 반응이 흥미로웠습니다. 세대를 막론하고 '아쉽다', '교회 가고 싶다'라는 반응보다는 '진짜 좋다', '정말 좋았습니다', '오늘 예배가 너무너무 좋았습니다'라는 댓글을 상당히 많이 남겼습니다. 물론 그간 교회로 모이지 못한 것에 대한 반응이기도 했지만, 한편으로 고민도 깊어졌습니다. 온라인으로나마 예배를 공유할 수 있다는 사실이 좋으면서도 코로나19가 지나간 다음에는 어떻게 해야 하나 하는 생각도 들었습니다.

　우리가 직접 만나서 진행할 때 의미가 있다고 여기는 것들, 성찬과 세례로 대변되는 교회 전례가 크게 요동칠 것 같습니다. 누구도 단정해서 말할 수는 없겠지만, 그 부분이 요동칠 때, 교회 건물에 대한 생각을 어느 정도 정리할 수 있을지, 또 전신자제사장 담론을 어떻게 다시 형성해 나갈 수 있을지가 과제입니다. 작은 교회 중에는 이미 온라인예배도 포기하고 예전처럼 예배서를 만들어 집마다 돌리는 곳도 있습니다. 이때 성도 입장에서는 그런 예배와 교회를 얼마나 수용할지가 문제입니다. 앞서 말씀하셨듯이 목사에게 의존하는 기존 교회 체제가 어떤 식으로 붕괴하거나 해체될 것인지에 관한 질문은 계속되겠다는 생각이 듭니다.

옥성득 　저는 기본적으로 더 우울하게 봅니다. 그동안 너무 예배당 체제에 시달려서, 쉬니까 편하고 너무 좋은데, 그러다 보면 충성도 자체가 사라질 수 있습니다. 우리가 온라인에서 이 웹사이트에서 저 웹사이트로 옮겨 가듯이, 많은 교회가 온라인으로 예배를 중계하면 그 시간에 굳이 그 교회에 가지 않아도 되고, 여러 예배 중에서 하나를 선택할 수도 있고, 더 나아가 1.5배 빠르게 또는 중간중간 건너뛰면서 단 몇 분 만에 설교를 들을 수도 있습니다. 지난 20-30년간 주일 텔레비전 설교를 선택해 보았듯이, 이제는 온라인예배도 굳이 한 교회에서 드릴 필요가 있나 하는 생각이 드는 거죠. 그럼 미국이나 다른 나라처럼 교회가 쇠퇴하는 상황에서 점점 종교성이 사라지고, 주일이 거룩한 날이었다가 전혀 그렇지 않은, 평범한 날이 되었듯이, 한국 교회도 점점 세속주의에 물들지 않을까 합니다.

이영석 　저는 서양사를 공부하는 이영석입니다. 교수님은 지금껏 한국 교회가 적어도 네 차례 이상 성장과 쇠퇴의 주기를 거듭해 왔다는 중요한 지적을 해주셨습니다. 저는 거기서 더 나아가, 20세기 세계 개신교 역사에서 나타나는 주기 변동도 생각하면 좋을 것 같습니다. 한마디로 이야기하면, 탄력성이 있는 중심 지역이 계속해서 변해 왔습니다. 스위스에서 네덜란드로, 스코틀랜드로, 영국으로, 미국으로, 오늘날에는 동남아시아, 아프리카 등지로 계속 중심이 이동했습니다. 이런 면에서 보면, 한국도 성장의 전성기는 지났다는 생각이 듭니다. 오히려 더 활력 있고 더 강한 영성, 그밖의 여러 현상이 세계 다른 곳에서 나타날 수 있습니다. 그렇다면 한국 개신교는 틀림없이 위축기로 접어들 수밖에 없는데, 코로나19가 겹쳐서 더 큰 충격을 받은 셈입니다.

　　또 하나 느끼는 것은, 19세기 말 영국 교회가 여러 사회적 도전에 대응했던 모습과 오늘날 한국 교회의 모습과 비슷한 점이 많습니다. 그때는 다원주의는 물론이고, 천문학이나 물리학 같은 과학의 발전이 굉장해서 교회에 큰 도전이 되었습니다. 이에 대한 기독교의 합리적 대응은 거의 없었다고 봅니다. 오늘날 가상공간의 발달은 현대 문명의 특징이 유목적이고, '터'라는 공간의 중요성이 희미해지고 있다는 방증입니다. 이렇듯 현대 사회의 흐름이 빠르게 변하고 있습니다. 그런데 고정관념에 붙들려 옛날 생각으로 대응하면 19세기 영국 교회가 그랬듯 뒤처지지 않을까 합니다. 어차피 위축기에 들어간 한국 교회가 이 상황을 어떻게 받아들여야 할지, 영성부터 시작해서 여러 가지를 재점검하고 덜 잃으면서 위기를 극복해 나가는 지혜는 무엇인지를 고민해야 할 때라는 생각이 듭니다.

옥성득 한국 교회에서의 공간의 이동과 이주migration에 관해 추가하자면, 개신교가 1880년대부터 서울에 들어왔다가, 그 무게중심이 평양으로 옮겨갔고, 일제 강점기에는 한반도를 벗어나 영성의 무게중심이 북간도나 시베리아로 옮겨갑니다. 그러다가 해방이 되면서 다시 남한으로 내려와 남한 교회들이 성장했고, 그 일부 세력이 지금 북미주로 와서 성장했습니다. 교회는 계속해서 그 무게중심이 움직이는데, 관건은 최전선frontline이 어디인가입니다. 앞으로는 숫자의 중심이 아니라 영성의 중심이 중요한데, 한국 교회가 가상공간 안으로 이동해 갈 가능성은 있습니다. 그런데 다시 말씀드리지만, 한국 중대형 교회 교인의 중간 나이는 60세가 넘었습니다. 이분들은 가상공간이 낯섭니다. 그리고 이분들의 시대가 적어도 한 세대는 더 이어질 것입니다. 그러니까 중대형교회는 별로 고민이 없는 겁니다. 일단 코로나19 사태가 마무리되면 원래대로 돌아가도 큰 문제가 없다고 생각합니다. 문제는 젊은 층과 작은 교회입니다. 이들은 한 번 무너지면 회복이 어렵습니다. 할 수만 있다면 가상공간을 잘 활용해 더 연결하고 더 잘 교육해야 합니다. 그 잠재성은 무궁무진하다고 생각합니다.

Q6 코로나19 이후의 교회에 대해 전망해 주시고, 과거의 흐름에 관해서도 이야기해 주셔서 감사합니다. 마지막 부분에서 행동주의 영성에서 안식과 평화를 추구하는 영성으로 변해야 한다고 말씀하셨는데 조금 더 듣고 싶습니다.

옥성득 한국에 들어온 미국 기독교는 유럽 기독교와 달리 교파주의면서 동시에 행동주의 성격이 강했습니다. 전도하고, 부흥집회를 열고, 사회봉사와 개혁을 위해 뭔가 끊임없이 사업을 하고 행사를 하는 기독교였습니다. 자전거 바퀴가 계속 돌아야 넘어지지 않는다는 식으로 쉬지 않고 교인들을 돌린 거죠. 그렇게 하지 않으면 뭔가 불안한 겁니다. 한국 교회는 지난 130년 동안 행동주의 교회로 발전해 왔습니다. 이런 특징이 우리에게 맞는 면도 있습니다. 우리는 뭔가 보이는 성과나 업적이 있어야만 신이 납니다. 이 모든 것이 행동주의에 해당합니다. 그런데 그 패러다임이 막을 내리면 그다음에는 무엇을 할지가 숙제로 남겠지요. 유럽 교회에는 수도원 전통이 있습니다. 명상하고 묵상하고 쉬면서, 굳이 과도한 행동을 하지 않고도 얼마든지 하나님을 섬기고 이웃을 섬길 수 있는, 안식과 평화를 추구하는 전통도 있습니다. 이제는 안식하고 침묵하는 영성으로 옮겨가야 하지 않을까 하는 희망을 표현한 것입니다.

Q7 저는 캐나다 밴쿠버에 사는 ○○○라고 합니다. 최근 팬데믹 사태로 인해 기존 대형교회나 교단 정치 등에 불만을 품는 젊은 세대나 가나안 성도들

이 늘어난다고 보셨는데요. 그런 세력이 코로나19 이후에 새로운 운동을 일으킬 확률은 있을까요? 그리고 또 다른 질문 하나는, 코로나19 사태가 한창일 때 서울시가 신천지 법인을 취소했는데 이를 바라보는 그리스도인들의 감정은 두 가지였던 것 같습니다. 하나는 '잘했다'였고, 다른 하나는 주로 보수우파에서 나온 반응으로 '종교탄압이다'였습니다. 이 같은 조치를 바라보는 그리스도인의 입장은 어때야 할지, 다른 대안을 만들어야 할지 궁금합니다.

옥성득 일단 보수교회가 신천지 문제를 별로 이야기하지 않는 것 자체가 악수를 둔 것으로 생각합니다. 정부에서 교회를 탄압한다는 식의 반응은 문제죠. 신천지 사태에는 단호하게 대처할 수 있었는데 그렇게 하지 못해서 오히려 수세에 몰리는 식입니다. 자신을 방어하기 위해 신천지를 비판하지 못하는 상황이 된 것 같습니다.

그리고 노인 세대와 젊은 세대의 차이는 언제나 있었습니다. 한국 교회도 1920년대부터 계속 신구갈등을 해왔고, 계속되리라 생각합니다. 젊은이들이 어떻게 방향을 잡을지는, 여러 가능성이 열려 있습니다. 좋은 목회자와 교인이 있는 교회는 이 기회를 활용해서 더 사회선교에 나서고, 선교적 교회로 나아가리라 생각합니다. 물론 교회 상황에 따라, 지역에 따라, 규모에 따라 다 다를 수밖에 없는데, 크게 보면 작은 교회가 좀 더 발 빠르게 움직일 수 있는 기동력이 있습니다. 하지만 위험도가 높지요. 교회에 충성하지 않아도 되는 상황이 왔기 때문입니다.

박정위 저는 오타와에 사는 박정위입니다. 사회과학을 공부해서 그쪽으로 질문 드리고 싶습니다. 코로나19로 인해 종교기관이 제대로 모이지 못하는 문제보다는, 감염 확산으로 발생하는 경제적 난국과 더불어 발생하는 불평등 심화와 관련해 종교가 어떤 역할을 할 수 있는지가 더 심각한 문제라고 봅니다. 종교활동 방식이 어떻게 변화해야 할지, 종교가 이 난국에서 해야 할 역할은 무엇인지, 이 두 가지를 함께 생각해 보아야 할 것 같습니다. 가상공간을 중심으로 하는 작은 교회들이 어려운 경제 상황 속에서 세상에 더 가까이 갈 수 있다면 새로운 모델이 될 수도 있겠지만, 만약 그렇게 되지 않으면 종교의 침체가 더 심화하지 않을까 하는 우려도 듭니다.

옥성득 박 교수님 말씀에 동의합니다. 그런데 한국 교회에 아직은 그런 모습이 없지 않습니까? 어떻게 생각하세요?

박정위 글쎄요. 현재 한국 교회나 한인 교회를 보면서 어떤 희망을 갖기란 물론 쉽지 않습니다. 한편으로는 지금의 변화가 그야말로 유례가 없는 변화라서 상당히 큰 위기이자 동시에 많은 가능성이 열리는 역사적인 전환점이 되지 않을까 하고 막연하게나마 기대하고 있습니다.

옥성득 역사적으로 보면 교회는 과학기술의 발전이나 사회문화적 변화에 가장 빠르게 적응해 왔습니다. 그래서 긍정적으로 보면, 가상공간이나 팬데믹 같은 급변하는 상황을 그래도 가장 잘 활용할 수 있는 종교집단은 개신교, 그중에서도 복음주의권이라고 생각합니다. 그런 면에서 교수님 말씀처럼 우리가 새로운 가능성을 모색해야 한다, 또는 실현할 수 있다고 긍정적으로 생각합니다.

Q8 저는 화학을 전공했고, 지금은 미국 애틀란타에 사는 ○○○입니다. 아까 하신 말씀 중에 온라인예배가 교회에 대한 충성도를 약화한다는 전망이

있었습니다. 한 교회에 충성하지 않아도 되는 것이죠. 온라인예배는 이번에 크게 활성화됐지만, 사실은 설교 방송을 통해 이미 사회 저변에 깔려 있었다고도 볼 수 있습니다. 물리적으로 출석하는 교회가 있고, 다른 곳에 우물을 하나 더 파서 본인들이 필요할 때 듣는 설교가 하나 더 있었던 셈이죠. 그래서 제 질문은 온라인예배를 어느 정도까지 예배로 받아들일 것인가입니다. 앞서 전신자제사장을 말씀하신 분도 계셨는데, 만약 그렇다면 온라인예배가 아니라 가정예배를 통해 교회 지체를 세우는 것이 더 적합한 방식은 아닌가 하는 물음이 생깁니다.

옥성득 첫째, 텔레비전 설교 방송을 오랫동안 해왔죠. 사실상 주일성수는 20년간 무너져 왔다는 의미입니다. 따라서 이번 사태가 교회에 대한 충성도를 더욱 낮추리라고 생각합니다. 둘째, 가정예배나 소모임 성경공부 등의 형태는 당연히 더 늘어날 것입니다. 하지만 계속 반복해서 미안합니다만, 젊은 층에서는 가능할지 몰라도 대다수 한국 교회에는 해당하지 않는 이야기입니다. 다만 온라인 가정예배나 소모임을 열린 예배 형식으로 만들어서 비신자도 참석할 수 있도록 하면, 또 그런 모임들을 잘 조직하면 새로운 운동으로 갈 수 있다고 봅니다. 유연하게 모였다가 흩어지는 방식으로, 인력이든 돈이든 필요한 곳으로 갈 수 있다는 면은 긍정적이지만, 한국 교회 전체가 이런 흐름을 적용하기란 쉽지 않다는 생각입니다.

교회사는 실패의 역사 같지만, 희망의 역사입니다. 코로나 사태가 장기화하면서 비종교인이 증가하는 가운데 쇠퇴하던 한국 개신교는 더 가

파르게 감소하고 있습니다. 양적 쇠퇴만이 아니라, 교계 지도자들과 대형교회들의 대응에 나타난 영적·질적 쇠퇴를 보면서 절망할 수도 있습니다. 그러나 바람 부는 언덕에서 울며 씨를 뿌리는 이들도 많습니다. 하나님은 밀가루 서 말 속에 심어 놓은 적은 누룩을 통해 일하십니다. 교회가 새롭게 되고 다시 한번 민족의 희망 공동체가 되리라고 믿습니다. 바이러스가 변이를 통해 생존을 모색하듯이, 그리스도인은 선한 누룩으로 생존하면서 세상 변화에 대한 믿음을 잃지 맙시다. 구수한 냄새의 빵을 먹을 그때를 상상해 봅시다.

합리적으로 사고할수록 약해지는가

19세기 말 영국 사회와 과학, 종교, 교육

이영석

이영석

| 서양사학자, 광주대학교 명예교수

성균관대학교 사학과를 졸업하고 동 대학원에서 문학박사 학위를 받았다. 케임브리지 대학교 클레어홀과 울프슨 칼리지 초빙교수를 지냈으며, 한국서양사학회와 도시사학회 회장을 역임했다. 2012년 한국연구재단 인문사회 우수학자로 선정됐다. 그동안 영국 사회사, 노동사, 생활사, 사학사 분야의 많은 논문을 썼다. 저서로는 『산업혁명과 노동정책』, 『다시 돌아본 자본의 시대』, 『역사가가 그린 근대의 풍경』, 『사회사의 유혹』(전 2권), 『영국 제국의 초상』, 『공장의 역사: 근대 영국사회와 생산, 언어, 정치』, 『지식인과 사회: 스코틀랜드 계몽운동의 역사』, 『역사가를 사로잡은 역사가들』, 『영국사 깊이 읽기』, 『삶으로서의 역사』, 『제국의 기억, 제국의 유산』, 『잠시 멈춘 세계 앞에서』 등이 있고, 번역서로 『영국민중사』, 『역사학을 위한 변론』, 『옥스퍼드 유럽 현대사』, 『잉글랜드 풍경의 형성』, 『전염병, 역사를 흔들다』, 『잉글랜드의 확장』이 있다.

제가 오늘 나눌 주제는 '19세기 말 영국 사회와 과학, 종교, 교육'입니다. 주로 1880-1890년대가 되겠습니다. 너무 거창한 제목 같아서 좀 그렇습니다만, 깊게 다루려는 것은 아니고 그 시기의 몇 가지 에피소드를 소개하려 합니다. 당시 영국 국교회Church of England의 쇠퇴, 과학 지식의 확산과 교육 문제가 어떤 관계를 맺고 있었는지를 살펴봄으로써 당대의 종교와 세속 사회와의 관계를 이해하는 데 도움을 드리고자 합니다. 세부적으로는 과학 지식의 보급과 공립 초등학교 설립, 그리고 대학의 불가지론agnosticism 등을 중심으로 살펴보겠습니다.

1880-1890년대에는 영국뿐만 아니라 현재 서유럽 사회 대부분에서 탈기독교화가 상당히 진행되고 있었지요. 바로 이 시기에 과학 지식이 유럽 사회에서 폭발적으로 증가합니다. 그래서 전문가는 물론이고 어느 정도 지적 호기심이 있는 독자층에서 과학 지식에 관한 관심이 굉장히 높아집니다. 그러다 보니 과학 지식과 성서적 세계관, 또 성서 해석 사이의 모순과 충돌이 많이 일어납니다. 그중에서도 진화론의 충격은 잘 알려져 있죠. 그 외에도 천문학 지식이나 열역학 분야의 새로운 발견이 성서적 세계관과 충돌하면서 여러 문제가 야기됐습니다. 그다

음, 19세기 후반에 진행된 초등교육 공립화를 주목해야 하는데요. 그 이전의 초등교육은 국교회와 비국교회 단체에서 설립한 학교에서 이루어졌는데, 여기에 추가로 공립학교가 증가하면서 종교교육이 문젯거리로 등장합니다. 마지막으로 소개할 에피소드는 당시 대학에서 불가지론이 확산하고 기독교에 대한 냉소주의cynicism가 널리 퍼진 현상입니다.

기독교에서 이탈하는 사회

먼저, 21세기 초 영국 사회의 탈기독교화를 보여주는 몇 가지 통계를 보겠습니다. 2006년 12월 23일 자 「가디언」의 조사를 보면 '기독교를 포함하여 종교를 가지고 있다'가 33퍼센트이고, '무종교'가 63퍼센트로 나옵니다. 그리고 '기독교가 사회 혼란의 주요 원인이다'라고 보는 비율이 굉장히 높습니다. 또 2008년 5월 8일 자 「더 타임스」는 2030년에 영국 국교회의 주일예배 참석자가 35만 명 선으로 줄어든다는 비관적인 전망을 내놓습니다. 결국 탈기독교화가 언제부터 시작되었고, 또 어떤 계기로 가속되었는지는 매우 논란이 많은 문제인데요. 로이 포터Roy Porter 같은 역사가는 18세기의 종교적 관용과 시장사회 성립에서부터 그 시작점을 찾고 있지만, 다수의 견해는 오늘 다루는 시기인 19세기 후반부터 1차 세계대전에 이르는 시기의 결정적 계기들이 탈기독교화 또는 기독교에 대한 무관심을 가속했다고 봅니다.

이제 19세기 중엽 영국 사회의 종교 실태를 살펴보겠습니다. 사실 이 무렵의 실태를 알려 주는 자료는 거의 없습니다. 그런데 1851년 영국 인구 조사에서 흥미로운 사실을 발견할 수 있습니다. 영국은 1801년부터 인구 조사를 10년마다 해왔는데요. 1851년 인구 조사 때 조사 항목에 실무자들이 종교 항목을 집어넣었습니다. 그러니까 "당신은 어떤 종교를 믿고 있습니까?"라고 묻는 거죠. 가구별로 전부 다 조사한 거예요. 그런데 이 질문의 통계는 1851년 인구 조사 보고서에서 빠집니다. 자칫하면 상당한 사회적 논란이 발생할 수 있다고 실무자들이 생각했기 때문이죠. 이 통계는 원자료 상태로 묻혀 있다가, 1880년대 들어와 알려지게 됩니다. 그러면 1851년 시점의 통계가 알려 주는 건 무엇일까요?

잉글랜드 및 웨일스 인구	17,927,609명
잉글랜드 국교회	5,292,551명
비국교회	4,536,265명
가톨릭	383,630명
국교회 대 비국교회 신도 비율	54:46

1851년 영국 인구 조사 자료 중 종교인구 항목 통계[1]

우선 대상으로 삼은 지역은 잉글랜드와 웨일스입니다. 총인구 중 55퍼센트가 국교회 또는 비국교회 신자로 나타나 있습니다. 국교회와 비국교회 신도의 비율은 54:46입니다. 이것을 어떻게 바라보아야 할까요? 국교회가 점차 쇠퇴하는 반면에 비국교회가 활력을 보여준다고 해석할 수 있습니다. 어떤 사람은 기독교를 국교로 정하고 있는 영국 사회에서 55퍼센트만이 그리스도인이라는 것은 종교가 쇠퇴하는 추세를 보여준다고 생각할 수 있습니다. 그러나 다른 한편으로는, 19세기 산업화가 이미 본격적으로 전개되고 시장사회가 성립한 시대에 아직도 이만큼의 사람들이 기독교 신앙을 가지고 있다면 어느 정도 현상 유지를 하고 있다고 볼 수도 있습니다. 단순히 이 통계만 가지고는 당시 영국 사회의 종교 실태가 어떠했는지 파악하기가 쉽지 않습니다.

지식인 사회나 상류층 사회, 부르주아층의 종교 실태가 어떠했는지 상세하게 알 수는 없습니다. 그렇더라도 총인구 중 절반 이상이 스스로 그리스도인이라고 인정하고 있으므로, 19세기 중엽 영국 사회에서 기독교는 여전히 지배적인 영향력을 행사했다고 보는 것이 타당합니다.

잡지의 시대

영국 역사가들은 19세기 후반을 '잡지의 시대'라고 부르기도 합니다. 『에든버러 평론』Edinburgh Review 같은 잡지는 19세기 초부터 출간되었지만, 같은 세기 후반에 여러 종류의 지식인 잡지가 널리 읽혔고, 특히 어느 정도 중산층에 해당하는 가정의 서재에는 대개 잡지 한두 종이 서재에 꽂혀 있었을 정도로 상당히 많은 사람이 잡지를 읽었습니다. 제가 주목하는 것은 보통 "리뷰"Review라고 알려진 평론지입니다. 1860-1870년대 이전에도 『에든버러 평론』이나 『계간 평론』Quarterly Review 등의 잡지가 있었습니다만, 좀 더 새로운 편집을 한 다양한 평론지가 등장합니다. 1860년대 나온 『당대 평론』Contemporary Review이 대표적입니다. 그다음으로 1870년대에 『19세기』Nineteenth Century가 나옵니다. 그와 동시에 이들 평론지와 잡지 간에 정기독자를 둘러싼 치열한 경쟁이 전개됩니다. 이 시기 지식인 잡지들은 제각기 독자층을 넓혀 가면서 그 영향력을 확장합니다. 19세기 후반의 이 대표적인 평론지들이 당시 정치, 경제, 사회, 문화는 물론이고 다양한 주제에 대한 담론을 주도해 나갔습니다. 그런

뜻에서 19세기 후반을 '잡지의 시대'라고 부르는 것이지요.

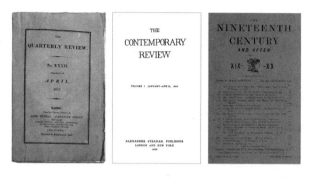

19세기 중엽 영국의 평론지(왼쪽부터 『계간 평론』, 『당대 평론』, 『19세기』)

그렇다면, 왜 19세기 후반에 이 같은 평론지가 급증했으며, 이들 잡지에 독자의 관심이 쏠렸을까요? 서두에서 잠깐 말씀드렸습니다만, 이 시대가 과학, 신학, 역사는 물론이고 그 외 여러 분야의 지식이 급증한 시대라는 점에서 힌트를 얻을 수 있습니다. 어느 정도 글을 읽을 줄 알지만 일상적인 일에 종사하는 일반 독자로서는 새로운 지식을 스스로 찾아 습득하기가 어려웠습니다. 어느 정도 지적 능력을 갖춘 독자들은 급증하는 새로운 지식을 좀 더 단순하고 쉽게 풀이한 요약본이 필요했고 또 이를 요구했습니다. 당시 평론지는 독자의 이러한 요구와 지적 탐구 능력이 있는 문필가나 전문직업인을 연결하는 접촉점 역할을 한 것입니다. 당시 이러한 평론지는 정치, 경제, 사회, 문화 등 현실 문제를 다루는 논설과 함께, 다양한 분야의 지식을 소개하는 논설을 경쟁적으로 실었습니다.

19세기 후반의 대표적인 정기간행물을 소개하겠습니다. 지령이 오래된『계간 평론』과『국민 평론』National Review은 보수적인 논설을 자주 실었습니다.『에든버러 평론』과 1860년대에 창간한『당대 평론』은 대체로 '리버럴'한 편이었고, 1870년대에 간행된『19세기』도 상당히 진보적이었습니다. 이 중에서도『당대 평론』과『19세기』가 시사적인 주제 못지않게 새로운 과학과 종교 문제에 관한 논설을 자주 실었습니다. 제가 오래전, 여섯 종의 평론지를 선정해 19세기 말에 20여 년간 게재된 논설을 분류해 그중 논란이 된 9개 주제를 다룬 책을 펴낸 적이 있습니다.[2] 실제로는 11개 주제의 논설을 수합했다가 두 주제는 포기했는데 그중 하나가 종교와 신학에 관련된 논쟁입니다. 저는 특히『당대 평론』과『19세기』에 실린 수많은 종교 관련 논설과 신학 논설을 수집했지만, 일부만 활용했을 뿐 대부분은 분석할 수 없었습니다. 당시에는 성서와 기독교에 관한 깊은 지식이 없어서 이들 논설을 심층적으로 분석할 수 없었습니다. 다만, 표토르 크로포트킨Pyotr Kropotkin의 과학 논설과 종교계의 반응, 그리고 초등학교 종교교육 등을 부분적으로 다뤘습니다. 그 두 글의 내용을 일부 발췌해 오늘 발표문을 구성했습니다.[3]

과학 지식의 영향-진화론, 천문학, 열역학

먼저 생각해 볼 주제는 '과학 지식의 영향-진화론, 천문학, 열역학'입니다. 대체로 18세기에 영어 '사이언스'science는 '체계화된 지식'을 뜻했습니다. 19세기에 이 말은 구체적으로 '자연에 관한 지식체계'라는 의미로 사용됩니다. 또한 '과학자'scientist라는 말은 1833년 케임브리지 대학교의 한 학술모임에서 처음 등장합니다. 1860년대에 이 용어가 널리

퍼지면서, '과학 연구에 종사하는 전문가'라는 의미로 사용되기 시작했습니다.

　19세기 후반에 과학에 대한 사람들의 관심이 고조된 것은 사회 분위기와도 관련이 있습니다. 1851년 5월 영국에서 최초로 만국박람회가 열렸습니다. 박람회 건물은 당시에 수정궁Crystal Palace으로 불렸는데요. 오늘날 기술로는 아무것도 아니겠지만, 불과 6개월 만에 철제 골조와 유리를 이용해 전시관 건물을 짓는 것을 보고 사람들은 놀라움을 금치 못했습니다. 전시관은 완전히 혁신적인 형태의 건축이었고, 과학과 기술에 대한 일반인의 인식을 바꾸는 데 큰 영향을 끼쳤습니다. 박람회 준비위원회는 흑자 경영을 했습니다. 위원회는 이 흑자기금을 바탕으로 그들이 슬로건으로 내세운 과학과 산업기술 센터를 건립하기로 의견을 모았습니다. 위원회는 런던 사우스 켄싱턴South Kensington의 박람회장 부지를 사들입니다. 거기에 우리가 오늘날에도 잘 알고 있는 '로열 알버트 홀'Royal Albert Hall, '과학박물관'Science Museum, '자연사박물관'Natural History Museum, '임페리얼 칼리지'Imperial College 등과 같은 여러 전시관과 교육기관을 세웁니다. 그러니까 박람회 이후에도 산업기술 문명을 홍보하는 중요한 활약을 한 셈이지요. 이러한 활동이 과학에 대한 사회적 관심을 높였습니다.

　과학 연구의 성과를 자주 다룬 평론지는 『19세기』였습니다. 당시이 잡지에 과학 관련 논설을 많이 발표한 사람으로는 존 틴덜John Tyndall, 토머스 헉슬리Thomas H. Huxley, 허버트 스펜서Herbert Spencer, 크로포트킨 등이 있습니다. 특히 1880년대 이래로는 거의 '이달의 과학'이라는 제목으로 과학 논평을 썼습니다. 영국으로 망명한 크로포트킨은 문필가로서 이국 사회에서 살아가야 했습니다. 그에게 지면을 자주 제공한 잡지가 『19세기』였고, 사실 『상호부조론』Mutual Aid도 이 잡지에 게재한 일련의 글들을 모은 것이죠.

잘 알려진 사실이지만, 찰스 다윈은 진화론이 기독교 신앙에 대한 도전으로 읽힐 것을 크게 우려했습니다. 진화론이 사회적으로 큰 반향을 일으킨 것은 헉슬리나 스펜서 같은 문필가이자 과학자이기도 하고, 또 사회이론가이기도 했던 사람들의 활발한 논설 활동을 통해서였습니다. 그 결과 1880년대에는 진화론이 과학과 사회과학의 정통론으로 대두할 정도가 됐습니다. 그 영향을 받아 『19세기』나 『당대 평론』은 성서의 구체적인 내용, 예를 들어 창조 신화부터 예수 대속의 의미 등 여러 주제에 대해 문제를 제기하거나 반론을 펴는 논설을 자주 게재합니다. 또 구약성경의 여러 내용에 대한 진위를 탐구하는 논설도 많이 실었습니다. 더 나아가 독일의 성서해석학이나 문헌학 연구를 소개하는 논설이나 번역 논설도 자주 등장합니다.

진화론 관련한 여러 용어가 유행한 것은 1880년대 일입니다. 예를 들어, '생존경쟁'struggle for existence 같은 용어가 대표적이지요. 찰스 다윈이 쓰기는 했지만, 다윈 자신의 조어가 아니라 토머스 맬서스Thomas Malthus의 조어로 알려져 있고요. 또 그 외에 헉슬리가 처음 사용한 '불가지론'agnosticism 등의 용어는 진화론의 물결을 타고 등장한, 탈기독교적인 세계관을 보여주는 유행어입니다. 스펜서가 처음 쓴 '적자생존'survival of the fittest이라는 표현은 다윈의 생물학적인 진화론을 사회진화론으로 확장하면서 구사한 용어라고 할 수 있지요.

제가 눈여겨본 것은 일련의 비기독교적 과학 담론에 대한 반론입니다. 영국 국교회 인사보다는 가톨릭의 존 헨리 뉴먼John Henry Newman 추기경이나 헨리 매닝Henry Manning 추기경 같은 이들이 주도적으로 반론을 제기하고 기독교를 옹호했습니다. 물론 이들은 국교회 내에서 '옥스퍼드 운동'을 주도하다가 후에 가톨릭으로 개종한 인물이기는 합니다. 이밖에 특이한 것은 당시 영국 총리를 네 번이나 지낸 윌리엄 글래드스톤William Gladstone이 성서해석 문제에서 대속 문제에 이르기까지 여러 주제에 대해 호교론적 논설을 자주 기고했다는 사실입니다.

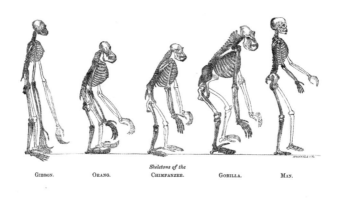

GIBBON.   ORANG.   *Skeletons of the* CHIMPANZEE.   GORILLA.   MAN.

　위 그림은 거의 통속적 진화론을 설파한 것으로 알려진 헉슬리의 책『자연에서 인간의 위치의 증거』*Evidence as to Man's Place in Nature, 1863* 속표지 그림입니다. 이 그림은 인간이 원숭이와 공동 조상을 지니고 있음을 비교해부학으로 보여주면서 인간이 이 세상에서 독특한 지위를 차지한다는 신학적 전제에 도전합니다. 이 그림은 당시의 통속적 진화론의 한 특징으로 볼 수 있습니다.

　천문학에 관해서도 간단하게 말씀드리겠습니다. 케임브리지 대학교 교수였던 윌리엄 허셜William Herschel은 다른 행성에 지적 생명체가 존재할 수 있다는 주장을 처음 했다고 알려져 있습니다(임마누엘 칸트도 같은 주장을 폈다고 합니다). 토머스 페인Thomas Paine은 18세기 말에 활동한 급진파 인사였습니다. 그는 새로운 천문학 지식을 접하면서 '대속의 계획'redemptive scheme이라는 중요한 신학적 전제를 부정했습니다. 또 천문학자이면서도 '복수의 행성에 지적 생명체가 존재할 수 없다'라고 주장한 인물도 있습니다. 케임브리지 대학교에서 철학과 신학을 가르쳤던 윌리엄 휴얼William Whewell은 천문학 지식에 밝았지만, 과학적 발견보다도 성서적 세계관을 더 존중했기 때문에 다른 행성이 있다고 하더라도 결국 지구에서만 인간이 살 수 있다고 강조하기도 했습니다.

열역학 지식 또한 성서적 세계관에 대한 중요한 도전으로 등장합니다. 열역학 제1법칙은 에너지 보존의 법칙이라 하고, 제2법칙은 엔트로피 증가의 법칙으로 알려져 있지요. 열역학의 여러 지적 발견은 상징적으로 성서의 아마겟돈 같은 역사의 종말에 대한 회의론과 연결됩니다. '에너지 보존의 법칙'을 따르면 종말이라는 관념에 물음표를 제기하게 되기 때문이죠. 그리하여 열역학 이론에 근거해서, 지구와 태양계는 일단 가동되면 영원히 움직이는 완벽한 기계 같은 이미지로 받아들여지기도 했습니다.

열역학 제2법칙, 엔트로피 증가의 법칙도 마찬가지입니다. 엔트로피 증가의 비가역성도 종말론적 사유에 대한 도전으로 받아들여졌습니다. 그런데 흥미로운 것은, 열역학 개척자 중 한 사람인 헤르만 폰 헬름홀츠Hermann Von Helmholtz는 기독교적 입장에서 정반대로 해석합니다. "우주의 에너지 총량이 변하지 않는다고 하더라도, 결국 그 전체 양 중에서 일하는 데 작용할 수 없는 양의 비중이 높아지므로, 언젠가는 모든 에너지를 이용할 수 없는 날, 바로 종말이 올 수 있다"라고 주장한 것입니다.

『19세기』의 글 중에 새로운 과학 지식과 성서적 세계관의 충돌에 대해 기독교 측의 성찰을 보여주는 기고문은 상당히 드문 편입니다. 특히 영국 국교회 인사의 글 가운데 그 같은 성찰을 담은 논설은 별로 보이지 않습니다. 제가 소개해드릴 한 사람은 『웨스트민스터 평론』 Westminster Review에 논설을 기고한 레온 램지Laon Ramsey입니다. 그는 저명한 지식인이 아니라 일반 독자로 보입니다. 그는 새로운 과학지식을 가지고 자신의 종교관을 어떻게 생각해야 할지에 대한 논설을 투고했습니다. 이 논설의 개요를 잠깐 소개하겠습니다. 램지는 절대적 의미의 종교성 대신에 종교의 변화를 당연시합니다. 시대에도 변화가 있듯이 종교도 변화해야 한다고 주장합니다. 이전 관행과 신앙으로는 변화하는 사회를 따라갈 수 없다고 본 것이죠. 그러면서도 종교의 도덕적 역할을 높이 평가합니다. 다만 사회의 새로운 변화에 대응하기 위해서는 신 개념도 이전의 인격신이자 유일신으로서의 최고 존재가 아니라, 우주의 근원적 주재자로서 모든 것을 주관하는 초월적 존재로 바뀌어야 한다고 주장합니다. 결국 종교의 유용성과 필요성을 강력하게 인정하면서도, 새롭게 변화하는 사회에 맞게 종교의 본질이나 교리 등을 바꾸어야 한다고 강조하고 있습니다. 아마도 어렸을 때부터 기독교 신앙이 있었고, 그러면서도 과학 지식에 일가견이 있는 당시 독자들 사이에 이런 정서가 상당히 퍼져 있지 않았을까 추측하고 싶습니다. 물론 램지가 그 시대에 아주 예외적인 인물이었을 수도 있겠지요.

초등교육 공립화와 종교교육

두 번째로 제가 다루려는 것은 '초등교육의 공립화와 종교교육' 문제입니다. 프랑스 같은 다른 유럽대륙 국가와 비교해 영국에서는 제도적 차원의 초등교육이 국가 주도로 발전하지 않았습니다. 오랫동안 국교회와 비국교회가 경쟁적으로 초등교육을 책임졌는데, 보통 주간학교day school 라고 불리는 초등학교가 국교회나 비국교회의 기부금으로 지역에 설립되었습니다. 노동자 계층의 경우에는, 일반적으로 노동자나 가족 중에 글을 아는 이들이 간이학교Dame's school를 세워서 아이들을 가르치기도 했습니다. 하지만 종교단체의 자체 재원과 기부금만으로는 새로운 교육시설을 확충하고 교사를 채용하는 데 한계가 있었습니다. 그리하여 1830년대부터 정부의 교부금 지원이 이루어졌습니다. 산업화 이후 국민 교육의 필요성이 높아지면서 1870년에는 초등교육법Foster's Act이 제정됩니다. 이 교육법은 학령아동의 초등학교 교육을 의무화하고, 기존의 종교단체가 운영하는 학교에도 학교운영위원회를 구성해 필요한 운영비를 정부가 보조하며, 주간학교가 없는 지역에는 정부가 학교를 신설한다는 내용을 담고 있습니다. 그때부터 종교단체와 관련 없는 공립학교가 늘어나게 됩니다.

그러자 공립학교에서의 종교교육이 문제가 됐습니다. 이 문제가 사회적으로 논란거리가 되고 사람들의 관심을 끌기는 했으나 해결책이 없었습니다. 오히려 유일하게 개선책을 들고 나온 이가 매닝 추기경입니다. 그는 영국 국교회, 비국교회, 가톨릭 종파가 공유하는 내용을 묶어 통일된 종교교육을 공립학교에서 실시하는 방안을 제시합니다. 그런데 그 방안이 더는 논의되지 않았습니다. 각 종파 간의 소통 부족 때문이었습니다.

마지막으로 제가 말씀드릴 에피소드는 '대학의 불가지론 풍조'인데요. 대학을 갓 졸업한 앤서니 딘^{Anthony Deane}이라는 젊은이가 『19세기』에 대학의 종교 수업과 채플 등 모든 것이 너무 위선적이라는 글을 썼습니다. 이 졸업생은 그 후 국교회 성직자로 살았습니다. 그는 당시 대학의 젊은 교수들이 냉소주의나 불가지론에 빠져 있다고 비판합니다. 그들의 영향력이 크다 보니 대학 신입생 대부분이 냉소주의를 자연스럽게 받아들였다는 것이지요. 딘은 대학 신입생들의 표어가 불가지론이라고 소개합니다. 신입생들은 대부분 주입식 교육과 감시로 진저리 나는 기숙학교를 마치고 대학에 와서는 선배들의 자유로운 사고방식과 생활을 모방하게 됩니다. 그 변화가 불가지론이라는 말로 상징됩니다. 그래서 불가지론은 지성의 보증서요, 기독교에 대한 조롱이야말로 문화의 징표라고 불린다는 것이지요.

딘이 보기에 종교교육을 기반으로 성립한 옥스퍼드 대학교나 케임브리지 대학교에서 국교회가 쇠퇴하는 것은 무엇보다 대학의 한 축을 맡고 있는 교수들 책임이 컸습니다. 당시 케임브리지나 옥스퍼드에서 대개 3년 학부 과정을 우등으로 마친 졸업생은 졸업하자마자 '칼리지 튜터'로 강의를 맡았습니다. 이 젊은 튜터들이 학부생을 지도하면서 종교에 냉소적인 태도를 보이고 종교 과목이나 예배에 대해서도 회의적인 태도를 조장했다는 것입니다. 이는 상당히 엘리트 의식이 강했던 젊은 튜터들 사이에 탈기독교 풍조가 만연했다는 사실을 확인해 줍니다. 종교에 대한 지성계의 냉소적 태도는 19세기 말 영국 지식층이 지넜던 정신세계의 한 단면을 보여줍니다. 과학지식의 보급과 확산은 지식인 사회에서 종교와의 공존보다는 냉소주의와 불가지론으로 나아가는 경향을 보였습니다.

기독교의 장기 침체

지금까지 소개한 세 가지 에피소드는 19세기 말 영국 사회의 기독교가 여러 가지 다양한 충격을 받았다는 점을 알려 줍니다. 문제는 이러한 충격에 대해, 특히 다수파라고 할 수 있는 영국 국교회의 적극적 대응이나 성찰이 최소한 당시 평론지에 게재된 논설에서는 별로 나타나지 않는다는 점입니다. 이것을 기독교 쇠퇴의 증후군으로 볼 수 있을지는 명확하지 않지만, 종교계가 당시 직면한 여러 도전과 충격에 대해 진지하게 고민하지 않았다는 인상을 줍니다. 국교회 성직자 양성기관의 전통이 강했던 케임브리지 대학교가 19세기 말에 양성 교육을 포기한 것은 상징적인 사건입니다. 킹스 칼리지King's College를 마지막으로 케임브리지 대학교의 모든 칼리지가 사제 교육기관의 전통을 벗어납니다.

마지막으로 한 가지만 덧붙이겠습니다. 첫 번째 시간에 옥성득 교수님은 한국 교회가 20년, 30년, 50년 주기로 성장과 쇠퇴를 거듭하는 국면 또는 중기 지속conjuncture의 주기 변동을 보인다고 말씀하셨습니다. 최소한 영국 사회에 관해서는 기독교 쇠퇴를 중기 지속보다는 장기 지속long durée 관점에서 바라보아야 할 것 같습니다. 유럽에서는 18세기 이후부터 탈기독교화가 장기간 지속적으로 진행되었다고 생각합니다. 오늘 살펴본 에피소드들처럼 그 장기 지속을 심화하는 중요한 역사적 계기가 여러 차례 있었습니다. 18세기에도 있었고, 19세기 후반에도, 1차 세계대전 후에도 있었습니다. 영국의 이러한 경험이 오늘날 한국 기독교의 현실과 관련해 어떤 시사점을 던져 줄 수 있는지는 다 같이 고민해야 할 문제라고 생각합니다.

👥

Q1 좀 광범위한 질문이긴 합니다만, 기독교가 국교 제도 같이 독점적인 종교가 되었을 때 성공한 적이 있는지 궁금합니다. 예컨대, 미국은 독립하면서 국가와 종교의 분리, 정교분리를 원칙으로 만들었습니다. 그 결과 다양한 교파주의가 발전했고, 세계 선교가 이루어지면서 진정한 세계 종교를 가능하게 하지 않았나 싶습니다.

이영석 영국 국교회는 잘 알려졌듯이 헨리 8세의 정치적 목적으로 가톨릭에서 개신교 종파로 분리돼 나왔습니다. 그렇지만 그 전에 잉글랜드에서 종교성의 폭발이라고 할 수 있는 현상이 있었습니다. 14-15세기 영국인들은 잉글랜드를 유럽의 예루살렘으로 자처했습니다. 주민들이 마을마다 채플이라고 불리는 예배당을 자발적으로 세웠습니다. 영주나 귀족이 노동력을 강제 동원해서 세운 것이 아니라, 일반 민중이 자발적 의지로 자신들의 예배당을 축조한 것이지요. 잉글랜드와 웨일스 전역에 예배당이 1만 2,000곳 이상 세워졌지요. 말하자면 전반적으로 기독교 신앙이 융성했던 시기입니다. 더욱이 잉글랜드의 정체성은 기독교와 밀접한 관련이 있습니다. 헨리 8세 이후 특히 엘리자베스 1세 시대의 국교회 등장과 맞물렸기 때문에 상당 기간 활력이 있었을 것이고, 국가 발전의 동력으로 작용했을 것입니다. 그러나 역사에서 영속하는 것은 없지요. 역사의 본질은 변화입니다. 오랜 시일이 흐르면서 국교회의 전통 자체가 화석화한 것은 아닐까요.

18세기 이후 미국 개신교의 주요 종파가 된 장로파, 침례파, 감리교만이 아니라, 그 밖의 다양한 종파들이 17-18세기 영국과 스코틀랜드에서 분출했습니다. 18세기 시점에서 바라보면 대서양 양안, 영국과 미국 동부 지방이 밀접하게 교류하면서 복음주의evangelicalism 운동이 활발하게 전개되었습니다. 영국은 국교가 상당한 비중을 차지하지만 비국교회의 전통도 아주 강했습니다. 다만, 오늘은 국교회 사례만 말씀드렸습니다. 비국교회보다는 국교회에서 19세기 말에 신도 수 감소와 종교적 활력의 쇠퇴가 더 분명하게 드러났기 때문입니다. 그 요인은 다양한 측면에서 찾아야겠지만, 오늘 살폈듯이 외부의 영향을 성찰하고 그 자극에 구체적으로 대응하려는 시도가 부족하지 않았나 합니다.

Q2 제가 흥미롭게 들은 내용은 마지막에 말씀하신 장기 지속의 문제인가, 아니면 옥성득 교수님 말씀처럼 국면적인 문제인가입니다. 데이비드 베빙턴David Bebbington이 쓴 『복음주의 전성기』The Dominance of Evangelicalism의 부제가 "스펄전과 무디의 시대"입니다. 그리고 19세기 말과 20세기 초를 복음주의 관점에서 보면, 케임브리지 대학교 학생들이 빈민가에서 주일학교를 시작하면서 IVF가 태동하고 세계선교운동이 시작되기도 하고요. 마틴 로이드 존스나 존 스토트 등도 떠오르는데요. 19-20세기 영국 상황만 놓고 보더라도 장기적인 침체 국면으로 이해하는 것이 맞을지요? 이른바 지성 세계에서는 반기독교 정서가 확산하고 기독교가 침체하지만, 교회는 적어도 수치상으로는 엎치락뒤치락했다고 봐야 하는게 아닌지 궁금

합니다. 베빙턴은 이 시기를 복음주의가 지배했던 시대로 보고, 기독교가 세계로 확산하는 계기가 그때 마련됐다는 내러티브를 제시합니다. 반면, 오언 채드윅William Owen Chadwick은 지식인의 담론이나 논설 등에서 19세기 유럽이 전통적인 기독교 세계에서 벗어났다는 탈기독교 내러티브를 주장합니다. 두 가지 다른 주장을 어떻게 이해하면 좋을지 궁금합니다.

이영석   장기 지속으로 볼지, '콩종크튀르'conjoncture(국면)로 볼지는 어려운 문제입니다. 적어도 19세기 중엽부터 지금까지 영국 사회의 기독교를 보면, 물론 여러 국면이 있습니다. 예를 들어 19세기 말에서 20세기 초에는 웨일스 부흥 운동도 상당한 반향을 불러일으켰고요. 18세기에는 공업지대에 뛰어든 웨슬리파 활동가들을 통해 노동계급 사이에 엄청난 부흥이 일어났습니다. 이런 여러 국면에 따른 상승이나 부흥을 무수히 목격할 수 있습니다. 지난 시간에 옥성득 교수님이 제시한 콩종크튀르는 이렇습니다. 최소한 20세기 초부터 얼마 전까지 한국 기독교가 걸어온 궤적을 보면, 증가하고 감소하고 강해지고 쇠퇴하는 국면이 있다고 해도 장기적으로는 상향하는 추세를 보여준다는 것이지요. 그러나 영국 사례를 보면, 적어도 19세기 중반 이후에는 중간중간 국면적인 부흥도 있었지만, 장기적으로는 지속해서 쇠퇴하고 있다고 봐야 합니다. 종교현상을 사회현상 중 하나로 놓고 보았을 때 그렇다는 것이지요. 다만, 종교성 정도라든가 내적 신앙의 여러 변화는 일반 역사학을 하는 저 같은 사람은 분석할 만한 역량도 안 되고, 어려운 문제이지요.

옥성득   아시아 모델과 유럽 모델이 다른데요. 한국과 중국과 일본에서는 크게 두 가지 특징이 나타납니다. 종교마다 지배적인 시대가 있었고, 한 종교도

오르락내리락합니다. 이것이 아시아 모델입니다. 왜냐하면 항상 정부가 종교를 통제하기 때문입니다. 한국 같으면 일제 강점기 36년간 일본이 통제합니다. 해방 이후 달라지지만, 1945년까지는 정부 통제하에 들어갑니다. 그리고 1910-1920년대에는 쇠락할 수밖에 없는 조건이 있었습니다. 이 교수님께서 말씀하신 여러 가지 쇠퇴 요인이 1920년대 한국에도 폭발적으로 등장합니다. 그 때문에 교회가 쇠퇴합니다. 유럽 모델에서는 초기부터 정점에 이르기까지 장기간 꾸준히 성장하다가 19-20세기에는 장기 쇠퇴가 일어납니다. 중간에 간혹 부흥이 일어나기는 하지만 꾸준히 쇠퇴했습니다. 그래서 한국 모델과 유럽 모델은 다르다고 말씀드리고 싶습니다.

Q3   영국의 19세기 후반을 '잡지의 시대'라고 하셨고, 매우 많은 과학 지식이 쏟아지면서 반기독교적 논설이 당시 평론지에 다수 실렸다고 하셨습니다. 하지만 이에 대해 국교회는 아주 소극적으로 반응했습니다. 그렇다면 이것을 사회 발전이나 과학 발전을 거스르는, 교회의 반지성주의적인 영향으로 봐도 되는지 궁금합니다.

이영석 저는 그것을 반지성주의라고는 생각하지 않습니다. 보통 역사가들은 '후방가늠자식'backsighted이라는 말을 자주 씁니다. 과거의 어떤 것을 먼 훗날에 되돌아보면 "아! 그때가 매우 중요했구나"라고 깨달을 수 있죠. 어떻게 보면 1880-1890년대에 여러 외부 자극과 도전에 대한 성찰이 적었던 이유는, 반지성주의 때문이라기보다는 오히려 종교활동에 충실해서 그랬을 수 있습니다. 이 문제에 대해 제가 분명한 결론을 내리기는 어렵습니다. 그런데 당시 논설을 전반적으로 살펴봤을 때, 오히려 강렬한 호교론적 입장에서 새로운 지식의 도전에 대응하려는 노력이 정치인이었던 글래드스턴이나 가톨릭의 뉴먼 추기경 등에게서 나왔다는 점을 저는 주목합니다. 당시 지식인 잡지 몇 종에 국한된 조사이지만, 적어도 국교회에서는 성찰적인 움직임이 부족하지 않았나 하는 인상을 받았습니다. 이를 단순히 반지성주의라고 말할 수는 없겠죠. 한편으로 저는 이런 생각도 합니다. 19세기에 영국 국교회에는 고교회파High Church도 있었고 저교회파 Low Church도 있었습니다. 그리고 국교회 젊은 사제들이 당시 빈곤층이나 하층계급에 대한 교회의 관심을 촉구한 사례가 많았습니다. 그 경향이 계속 이어져서 기독교 사회주의까지 나오거든요. 그런데 어쩌면 이것이 역사의 아이러니인지도 모르겠습니다. 많은 젊은 사제들이 빈민 구호라든가, 오늘날로 치면 일종의 사회복지 활동을 펼치지만, 나중에 결과적으로 보면 그런 활동들이 국교회 재건에 큰 도움이 되지 않은 것처럼 보입니다. 교회 갱신을 위해 노력해야 할 젊은 성직자들이 사회복지에 관심을 기울이다 보니 주객이 전도되었다고 평가하는 역사가도 있습니다. 국교회는 저교회 활동의 확산과 더불어 스스로 존립 근거를 계속 무너뜨렸다는 시각도 있습니다. 그래서 어떤 현상을 한 가지로만 규정하기가 매우 어렵습니다. 당시 비참한 하층민의 삶에 접근했던 저교회파의 많은 젊은 목회자들은 당연히 종교성을 가지고 접근했겠죠. 하지만 그것이 교회의 부흥과 갱신으로 직접 이어지는 효과가 있었는지는 또 다른 문제이기도 합니다. 이는 역사와 역사 현상의 다층적인 측면을 보여주는 것으로 생각합니다.

Q4   빈민 구제 등 사회복지 측면에서 교회가 노력을 많이 했는데, 그런 활동이 교회의 위상 정립에 긍정적으로 작용했는지는 불명확하다고 하셨는데요. 우연히도 오늘 집중해서 말씀해 주신 그 시대가 영국에 공중보건이

수립된 시기와 겹칩니다. 그리고 콜레라 같은 역병을 겪기도 합니다. 마침 우리가 지금 팬데믹의 위기를 겪고 있어서, 사회적으로 보건 위기가 찾아왔을 때 영국 교회의 역할이 어땠는지가 궁금합니다. 그리고 그에 대한 영국 사회의 반응은 또 어땠는지요?

이영석 의학사에서는 19세기를 전염병의 시대라고 부릅니다. 19세기 중엽에 콜레라가 여러 차례 창궐했고요. 또 아메리카 대륙은 황열병이 여러 차례 휩씁니다. 원래는 아프리카가 발원지인데 19세기 내내 아메리카 대륙을 엄습합니다. 그리고 페스트가 19세기 말에 전 세계에 걸쳐 유행합니다. 오리엔탈리즘이라고 볼 수도 있지만 유럽인이 판단한 콜레라와 페스트의 진원지는 인도나 중국입니다. 19세기 말에 페스트는 지금의 광둥성이나 홍콩에서 배를 타고 유럽으로 전파되거나 실크로드를 왕래하는 이슬람교도들의 순례 행렬을 따라 서아시아와 유럽으로 퍼져 갑니다. 20세기 초의 페스트 발원지는 만주 북부라고 알려져 있지요. 19세기에 여섯 차례나 팬데믹으로 유럽을 엄습한 콜레라의 진원지는 인도와 벵골 지방으로 알려져 있습니다. 19세기 전염병에 대한 종교계의 대응에 관해 제가 자세히 알지는 못하지만, 한 가지 대표적인 에피소드만 소개하겠습니다.

스노우John Snow는 근대 역학(疫學)과 위생학의 창시자 중 한 사람으로 꼽힙니다. 스노우는 1854년 런던 소호 지구의 콜레라 원인을 추적한 끝에 인근 양수 펌프가 원인임을 밝혀냈습니다. 펌프로 퍼 올린 오염된 강물로 콜레라가 확산되었던 것이지요. 그는 끓이지 않은 물을 마시지 말라고 주민을 상대로 계몽 활동을 펼칩니다. 이 지점에서 우리는 과학적 위생 담론과 종교의 만남을 목격합니다. 스노우의 역학조사와 계몽 활동은 소호 지구의 성누가교회 목사보였던 헨리 화이트헤드Henry Whitehead의 도움으로 가능했습니다. 화이트헤드는 원래 세균설보다는 독기설을 믿었지만, 스노우의 역학조사를 도왔습니다. 스노우의 의학지식과 화이트헤드의 빈민가 실태조사가 결합하여 양수 펌프가 발병 원인이라는 사실을 밝혀냅니다. 화이트헤드는 양수 펌프뿐 아니라 도심의 오수 웅덩이를 통한 개별발병 사례를 들춰냄으로써 근대역학의 탄생에도 선구적으로 기여합니다. 이후 국교회와 비국교회 목회자들이 전염병이 창궐하는 동안 방역 활동에 깊은 관심을 보였고 직접 헌신하기도 했지요.

19세기 중엽 전염병에 관한 영국의 의학 담론을 간략하게 소개하면 이렇습니다. 당시에는 황열병이나 콜레라, 페스트 등의 전염병이 불결한 독기에 의해 발병한다는 설과 세균설이 있었습니다. 그러다가 세균설이 완전히 확립된 때가 1880년대입니다. 중요한 것은 불결한 독기이든 세균이든 간에 결국 선박을 타고 전염이 된다는 사실을 확인한 것이죠. 그래서 일차적으로 유럽과 미국이 채택한 방법이 격리quarantine입니다. 외부에서 오는 모든 배를 항구에 열흘이나 2주 정도 격리해서 선원이나 승객을 모두 한 자리에 가두어 놓습니다. 배 안에서 죽는 사람도 상당히 많았죠. 전염병이 심해지면 경쟁적으로 격리 조치하는 현상은 지금과 똑같습니다. 그런데 과학지식이 발전할수록 정확한 전파 경로를 알아내 그 경로에 해당하는 곳만 제한적으로 격리하게 됩니다. 19세기만 하더라도 오늘날보다는 덜 하지만 세계화가 진척되고 있었거든요. 그래서 전염병의 충격을 중간 지점에서 막을 수 있다고 생각했습니다. 당시에 세계 전역으로 이어지는 교통망과 무역망을 가지고 있던 나라가 영국입니다. 아시아의 모든 항로는 결국 수에즈 운하를 거쳐 유럽으로 이어졌습니다. 수에즈 운하가 관건이었죠. 또한 당시에는 기선들이 항해를 오래

못해서 오늘날의 아덴, 콜롬보, 홍콩, 페낭, 싱가포르 같은 여러 도시를 중간 기착지로 이용했습니다. 이들 항구는 모두 영국이 건설한 도시죠. 영국으로서는 홍콩부터 시작해서 아덴, 수에즈 운하 등 영국이 영향력을 행사하는 도시들에서 선별적 격리가 가능했습니다.

아메리카 대륙에서는 황열병으로 인한 피해가 컸습니다. 남아메리카의 물자는 파나마 운하를 지나서 북아메리카로 올라가는데, 미국이 주도해서 선별적으로 격리합니다. 선별적 격리가 가능하려면 국제 공조를 통한 정확한 정보가 필요하죠. 그런데 1860년대 이후에 국제 전신이 일반화되기 시작했거든요. 국제 전신을 통해 발병지 정보를 확실하게 알면, 중앙에서 통제하고 격리하는 것이 가능해집니다. 이를 통해 아메리카 대륙에서 먼저 전염병 통제에 성공합니다. 이를 보고 유럽도 시도하려고 했는데 영국이 소극적으로 나옵니다. 왜냐하면 통제 대상 도시들이 영국과 이해관계가 있는 곳이었기 때문입니다. 그래서 오히려 이를 주도한 나라는 프랑스입니다. 그래서 19세기 후반 국제 공조를 통해 어떠한 문제를 해결하려는 노력의 주도권은 의외로 영국보다는 프랑스가 행사했다고 알려져 있습니다. 대표적인 예가 국제 도량형입니다. 미터법이죠. 올림픽도 마찬가지죠. 19세기 후반 세계 해저 전신망의 90퍼센트는 영국이 부설했지만, 국제 전신의 표준화는 프랑스가 주도합니다. 국제전신협회, 국제우편연합도 마찬가지입니다. 이들 기구의 본부는 대부분 프랑스에 있었습니다. 최근 언론에 자주 등장하는 세계보건기구WHO의 전신이 국제위생국인데, 콜레라에 대처하기 위해 프랑스가 주도해 개최한 일련의 국제위생회의가 20세기 초에 국제위생국 창설로 이어집니다. 2차 세계대전 이후 국제위생국이 지금의 WHO로 바뀌지요. 19세기 후반 일련의 국제공조 움직임이 당대 패권국가인 영국이 아닌 프랑스 주도로 전개되었는지 저도 궁금합니다. 중요한 연구과제가 아닐까 생각합니다.

어쨌든 코로나19 위기에 중요한 것은 국제 공조와 협조를 통해서만 이 문제를 해결할 수 있다는 점입니다. 제 단견이지만, 현재 팬데믹 상황에서는 국제 공조가 다 무너지지 않았나 생각합니다. 자국의 이익을 위해서 말이죠. 그래서는 해결할 수 없습니다. 언젠가 코로나19 팬데믹은 사라지겠지요. 그러면 분명히 WHO가 재조직되어 새로운 규범과 규율을 통한 국제 공조와 협력을 추구하지 않을까 기대해 봅니다.

Q5 제가 질문 하나 드려도 될까요? 오늘 언급하신 내용은 아닌데요. 이야기를 들으면서 갑자기 질문이 떠올랐습니다. 19세기 말은 영국이 세계 전역으로 뻗어 나간 시기였는데요. 그런 제국주의적 야망에 대해 당시 영국 국교회는 어떻게 반응했나요?

이영석 다양한 반응이 있었습니다. 비판하는 사람도 있었으나 19세기 말쯤 되면 세실 로즈Cecil Rhodes나 러디어드 키플링Rudyard Kipling 등이 강조한 '백인의 짐'whiteman's burden이라는 구호가 등장합니다. 영국의 제국적 확장을 합리화하는 의미가 깃들어 있었죠. 이처럼 다수는 합리화했습니다. 그러나 소수지만 비판하는 사람도 있었습니다. 국교회 내에서도 마찬가지였습니다. 국교회의 선교 운동은 18세기 말부터 시작되었지만, 선교를 통해서 오히려 제국주의의 병폐 등 부정적 측면을 상쇄하려는 선교사도 많았습니다. 단순히 종교적 열망으로 오지로 떠나는 선교사도 있었습니다. 19세기 선교 운동은 너무도 다양해서 한마디로 말씀드릴 수는 없는데, 아마도 다수는 영국의 지배를 당연시했으리라고 봅니다. 영국의 지배를 꼭 선하다고 생각하지는 않아도 이를 인정하자, 제국의 지배를 합리화하는 이념들이 등장합니다. 앞서 언급했던 사회진화론 등입니다. 다른 한편으로는, 백인의 문명화 사명에 근거해 의료 선교나 교육을 통해 기독교를 전파하고 동시에 그 지역을 문명화하는 것을 사명으로 생각하고 활동하는 선교사들도 있었습니다. 그래서 저는 그들을 후대의 시각으로만 재단하면 곤란하다는 입장입니다. 저는 당대 시각으로 그 사람들이 어떻게 행동했는지를 보아야 한다고 생각합니다.

유명한 일화 중 하나가 알베르트 슈바이처에 대한 장 폴 사르트르의 비판입니다. 사르트르와 슈바이처는 인척 관계입니다. 슈바이처는 독일인이고 사르트르는 프랑스인이지만, 독불 접경지대에 거주한 두 집안은 친인척으로 엮입니다. 사르트르가 슈바이처를 비판한 근거는, 슈바이처 자신은 선한 일을 하고 있다고 말할지 모르나 결국은 제국주의를 합리화하는 활동에 지나지 않는다는 것이었습니다. 그러면 우리도 슈바이처를 그렇게 보아야 할까요? 한 인간의 활동은 내면세계를 바탕으로 판단해야 하므로 우리가 섣불리 재단하기는 어렵죠. 그래서 저는 늘 역사학이 결론을 내리는 학문이 아니라, 문제를 제기하고 사실을 복잡하게 만드는 학문이라서 좀 재미가 없다고 생각합니다. (웃음)

Q6 말씀을 들으면서 저는 현실적인 생각이 좀 들었습니다. 19세기 후반에 진화론이 힘을 얻었을 때는 교회가 이론적으로 반박하고 토론할 수준이 안 되었습니다. 현재 영국은 19세기 영국과는 다를 것 같습니다. 아시다시피 알리스터 맥그래스 같은 학자들이 과학과 종교의 상호 이해를 위해 많이 노력하고 있습니다. 19세기 때보다는 과학과 신학 간의 대화도 훨씬

깊어지고 폭도 넓어졌습니다. 그런데 2030년에 주일예배 참석자가 35만 명 선으로 줄어든다고 하니 이런 생각을 하지 않을까 우려됩니다. "대화하고 토론해 봐야 무슨 소용인가? 교회가 텅텅 비는데." 그래서 지적 대화로 가기보다 전통적인 방식으로 가는 게 낫겠다는 판단도 할 것 같습니다. 혹시 그렇게 생각하는 분들에게는 어떤 답을 할 수 있을까요?

이영석 제가 기독교에 대해 전반적으로 깊이 알지는 못합니다. 역사를 공부하는 입장에서 설명을 해보죠. 지금 소아시아에 가 보면 초기 교회는 흔적만 남아 있지 않습니까? 역사적으로 보면, 종교의 중심은 끊임없이 변화했습니다. 문명도 마찬가지입니다. 문명 서진론도 있고요. 그런데 사람은 대개 자신이 당면했던 과거를 정상적인 것으로 생각하고 그것을 가치판단의 기준으로 삼습니다. 그를 기준으로 나머지 모든 것을 판단하려고 합니다. 기독교도 활력이 넘치는 곳은 변경에서 나타나지 않나 싶습니다. 그 변경의 생명력도 한두 세기 지나면 쇠퇴하고 또 다른 변경이 출현합니다. 그러므로 최소한 한국에서는 그러한 인식을 해야 합니다. 종교의 활력은 끊임없이 변경에서 나타납니다. 이를 기반으로 한국 사회의 기독교를 성찰해야 하지 않나 합니다.

오늘날 한국 교회는 이전에 비해 활력이나 생명력이 떨어질지 모르나, 전 세계에 흩어져 형성된 한인 디아스포라 교회를 새로운 변경을 형성하는 종교성의 분출로 이해할 수 있습니다. 공간적으로도 더 넓게, 시간적으로도 더 길게 보는 시각으로 현재의 교회를 살펴보는 것이 우리의 기독교 이해에 도움이 되지 않을까, 그저 막연하게 말씀드립니다.

19세기 후반 근대 과학지식의 확산 시기에 영국 종교계는 어떻게 대응했을까? 제가 내린 결론은 대체로 소극적이고 방어적이었다는 것입니다. 오늘날 서유럽의 탈기독교화는 장기 지속적인 추세이기는 하지만, 19세기 후반의 시기가 매우 결정적이고 중요했다고 생각합니다. 서유럽의 사례가 오늘날 한국 교회의 현실을 진단하는 기준은 될 수 없지만, 과거의 사례를 통해 오늘을 진단하고 성찰하는 것은 비단 역사학뿐만 아니라 종교계의 책무라고 봅니다.

성 착취 카르텔에 함께 대항할 동료를 찾습니다

우리에게 던져진 질문, 코로나19와 N번방

.

오수경

오수경

| 청어람ARMC 대표

대학 졸업 후 복음주의 개신교 단체에서 활동했으며 개신교 단체 대표라는 본업 외 자유기고가라는 '부캐'로도 활동하고 있다. '드라마는 아줌마들이나 보는 것'이라는 편견을 깨기 위해 개신교 월간지 『복음과상황』에 드라마 칼럼을 연재한 것이 계기가 되어 「주간 경향」, 「시사인」, 「경향신문」을 비롯한 여러 매체에 정기적으로 칼럼을 기고했거나 기고하고 있다. 페미니즘의 렌즈로 신앙을 재검토하고, 사회문화를 보는 것에 관심이 많으며 여성, 시민, 그리스도인으로서 종교와 사회 사이에서, 세대와 세대 사이에서, '젠더들' 사이에서 무엇을 할 수 있을까 고민하며 일을 하고, 글을 쓰고 있다. 함께 지은 책으로는 『일 못 하는 사람 유니온』, 『불편할 준비』, 『을들의 당나귀 귀』가 있다.

오늘 나눌 대화는 조금 거창하긴 하지만 지금 반드시 이야기하고 넘어가야 하는 주제, 코로나19 바이러스와 또 최근 한국 사회에 큰 충격을 주고 있는 'N번방' 사건을 중심으로 나눌까 합니다. 많은 분이 그러시겠지만 코로나19 이후에 대해 고민이 많으실 텐데요, 저 역시 마찬가지입니다. 우리가 다시 예전으로 돌아갈 수 있을지, 돌아갈 수 없다면 무엇이 어떻게 변해야 할지, 그런 변화에 따른 '뉴노멀'은 무엇일지 등 질문이 많아집니다. 간단하게 두 가지만 언급하고 지나갈까 합니다.

코로나19로 드러난 단면

첫째, 한국 사회에 관해서입니다. 코로나19 이후 한국 사회는 어떻게 변할까에 관해서 여성학자 권김현영이 페이스북에 남긴 코멘트가 굉장히 인상적이었어요. "신천지, 요양병원, 시설, 코인노래방, 대형교회, 콜센터, 유흥업소, 학원…. 2020년 한국 사회에 대한 인류학보고서 같은 키워드들. 구로 콜센터, 강남 유흥업소, 노량진 학원가, 이렇게 지역명까지 붙이면 사회적 지리학이 되겠다." 어떤 사회든 재난은 그 사회의 가장 어둡고 약한 면을 드러낸다고 합니다. 한국 사회에서 코로나19 초기 감염이 확산된 흐름을 살펴보면 한국 사회의 단면이 보입니다. 우선 신천지의 경우, 종교와 청년세대 문제를 건드리고 있습니다. 그다음 요양병원과 각종 시설을 중심으로 한 집단 감염은 복지와 돌봄 노동의 공백을 드러냈습니다. 콜센터 중심의 확산은 여성과 노동의 문제를 보여주고 있습니다. 이 콜센터가 있었던 지역이 구로구인데요. 한국에 사시는 분들은 알겠지만 주로 중·하위 계급에 속하는 분들이 계시는 노동 밀집 지역입니다. 더 면밀하게 살펴볼 필요가 있지만, 코로나19는 장기 불황을 가져올 수밖에 없고, 불황이 계속되면 사회의 가장 밑바닥부터 무너질 것입니다. 그렇다면 가뜩이나 심한 계급 격차가 더 심해지겠고, 각종 불평등이 더욱 심화할 것입니다. 그리고 각종 혐오는 더욱 거세질 것입니다. IMF 외환위기를 예로 들고 싶은데요. 그때 저희가 "으쌰으쌰"해서 국난을 극복한 결과가 정규직과 비정규직을 나누는 신자유주의적 질서였죠. 엄밀히 말해서 극복은 아니었던 것이죠. 시스템의 악화를 가져왔죠. 이 재난의 결과가 결국 사회적 격차와 불평등의 심화, 차별과 혐오의 확산이라면 그게 더 큰 재난이지 않을까 싶습니다.

그다음은 한국 교회 문제입니다. 이에 관해서는 두 텍스트를 가지고 왔습니다. 사회학자 엄기호는 저희 청어람에서 강의할 때 이런 질문을 했습니다. "한국 교회는 구원의 방주가 될 것인가, 재난의 배양접시가 될 것인가?" 저는 이번 코로나19를 경험하면서 세월호 참사 생각을 많이 했습니다. 그때나 지금이나 종교는 재난 앞에서 참 할 말이 없구나, 이런 생각을 하면서 절망하기도 했습니다. 세월호 참사 때 제 주변 여러 명이 교회를 떠났습니다. 재난에 대처하는 교회의 행태, 또 인간의 고난과 고통에 관한 텅 빈 신앙의 언어에 굉장히 실망했기 때문입니다. 코로나 상황도 마찬가지입니다. 앞으로 교회는 어떻게 변화해야 할지 고민이 됩니다. 요즘 예배를 온라인으로 드리느니 마느니에 관한 논란이 많이 벌어지고 있는데, 그런 논란을 넘어서서 종교가 사회에서 어떤 기여를 할 수 있을까, 교회가 사회에 어떤 언어를 제공할 수 있을까, 이런 질문이 필요해 보입니다.

두 개의 바이러스

이제 바이러스에 관한 이야기로 넘어가 보겠습니다. 조금 거창하지만 제목을 "두 개의 바이러스"라고 정해 봤습니다. 코로나19와 N번방은 어떤 공통점이 있을까요? 세 가지로 정리해 봤습니다. 첫째 '원인 없는 현상은 없다'라는 공통점이 있습니다. 둘째 '누가 감염되었는지 모른다'라는 공통점이 있습니다. 셋째 '백신이 필요하다'라는 공통점이 있습니다.

　N번방 사건을 보고 많은 분이 놀라셨습니다. 제 주변에도, 평소에 이런 문제에 전혀 관심이 없던 분들도 이 사건에만큼은 크게 분노하시며 소셜미디어에 국민청원 링크를 공유하시고 "N번방을 꼭 잡아야 한다"라는 이야기를 하시더라고요. 그런데 저는 그게 좀 의아했습니다. 'N번방이 그렇게 예외적인 사건일까'라는 질문이 생겼거든요. 오히려 우리 사회가 차곡차곡 쌓은 문화의 결과가 아닐까 하는 생각을 했습니다. N번방 이전에도 무수한 N번방들이 존재했다는 이야기입니다.

　시간을 좀 거슬러 좀 올라가 볼까요. 혹시 1997년에 한국 사회를 혼란에 빠뜨렸던 '빨간 마후라' 사건 기억하시나요? 10대가 직접 음란

비디오를 만든 사건인데 당시 엄청난 논란이 됐습니다. 14세 여중생과 17세 남고생 두 명이 실제 성관계를 나눈 영상이었는데요. 여중생이 빨간 스카프를 두르고 있어서, '빨간 마후라'로 불렸습니다. 그 동영상은 남학생들이 여중생을 일방적으로 촬영했고, 여중생의 동의 없이 유포했음에도 '빨간 마후라'라는 자극적인 이름으로 불리면서 여성의 문제로 환원이 되었죠. 심지어 남고생과 여중생은 같은 형량의 처벌을 받았습니다. 사회적으로는 논란이 되었지만 동영상은 청계천 불법 비디오 시장에서 엄청나게 팔렸다고 합니다.

그리고 그다음 해인 1998년에는 이른바, 'X양' 사건이라고, 한 여성 배우와 연인의 성관계 동영상이 유출된 사건이 있었습니다. 이 사건도 '빨간 마후라' 사건과 비슷합니다. 같이 성관계를 했는데 'X양' 사건으로 불렸어요. 결국 그 X양은 눈물의 사죄를 하면서 연예계를 은퇴했죠. 그런데 여기서 문제는 이 X양 비디오가 엄청나게 인기를 끌었다는 거예요. 당시 기사에 따르면, 음란물 암시장에서 유통 초기에는 100만 원까지 하던 이 비디오가 단 두 달 만에 만 원도 채 안 되는 가격으로 떨어질 만큼 거대한 시장이 형성되었다고 합니다. 정말 놀랍죠. 그로부터 몇 년 뒤에 다른 X양 사건이 터지게 되는데요. 이 사건이 터질 당시 초고속 인터넷망이 막 보급되기 시작한 시점이었거든요. 이때 이 X양 비디오를 보기 위해서 정말 많은 사람이 초고속 인터넷망을 깔았다고 합니다.

혹시 '야동 순재'라는 말을 기억하시나요? 「거침없이 하이킥」이라는 시트콤이 있었는데요. 이 시트콤에 이순재 할아버지가 야동을 보다가 들키는 에피소드가 나옵니다. 그때 붙은 별명입니다. 우리가 이렇게 '야동 순재'를 유머 삼아서 낄낄거리며 소비하는 사이, 당시 음란물 관런 검색사이트가 세 배에서 네 배 정도 증가했다고 합니다. 지엽적 현상이 아니라 전 국민적으로 일관되게 진행된 현상이라는 것이죠. 과연 이걸 소비하던 사람들이 특별한 괴물이거나 악마였을까요? '야동 순재'처럼 평범한 이웃이었을 겁니다.

이런 문제는 결국 산업과 연결이 되는데요. 더 살펴보겠지만, IMF 외환위기 이후에 유흥업소가 대거 등장합니다. 그리고 소위 룸살롱이라고 하는, 밀폐된 성매매 관련 업소들이 대거 등장합니다. 이런 룸살롱 문화는 최근 '버닝썬' 등으로 알려졌듯이, 코로나 시대에도 성행하고 있죠. 그리고 이 오프라인 산업은 인터넷의 발달로 더 발전하게 됩니다. 이 룸살롱 문화가 '소라넷'에 영향을 주었어요. 1999년도에 '소라의 가이드'라는 이름으로 소라넷이 생겼는데 그때 이 사이트의 목적이 성매매 업소 후기를 공유하는 것이었다고 해요. 이것이 나중에 소라넷으로 발전한 거죠. 소라넷이 얼마나 나쁜 곳인지 잘 아실 텐데요. 여성을 대상으로 한 성범죄를 불법 촬영하여 공유했죠. 결국 여성단체를 비롯한 시민사회의 끈질긴 문제 제기로 무려 17년 만인 2016년에야 비로소 폐쇄됩니다. 소라넷이 없어졌다고 해서 이런 문화가 없어졌을까요? 전혀 아니죠. 그 이후에는 소위 '웹하드 카르텔'이 전면에 등장하게 됩니다. 다들 '위디스크'나 '파일노리' 같은 드라마나 영화를 내려받는 사이트를 한 번쯤 이용해 보셨죠? 그런데 이곳에 드라마나 영화만 있었던 것이 아니라, 각종 불법 촬영물이나 성범죄 동영상들이 유통되고 있었고, 이 회사는 이런 동영상들을 팔아서 어마어마한 돈을 벌고 있었습니다.[1]

이런 불법 촬영물 문제가 심각해지니 유료로 삭제해 주겠다는 업체도 나타났어요. 여성들이 피해를 많이 보니까, 여성들이 돈을 내면 그

영상을 찾아서 삭제해 주겠다고 하는 이른바 디지털 장의업체도 나타나기 시작한 겁니다. 즉, 산업화하기 시작한 건데요. 사실 이 디지털 장의업체도 이 거대한 카르텔의 일부분입니다. 최근 이 웹하드 카르텔이 전면에 드러났고 수사로 이어지는 것 같았지만, 그 후에 '벗방'이라는 라이브방으로 발전하게 됩니다. 저도 원고를 쓰기 위해서 그 방들을 접속해 본 적이 있는데요. 사이버 포주가 여성들을 전시하고 이용자가 '별풍선' 몇 개를 쏘면 더 자극적인 행위로 성관계를 맺는 비밀 방을 알려주는 구조입니다. N번방 구조하고 똑같습니다. 그리고 '앙톡' 등과 같은 랜덤 채팅방도 있는데요. 접속하면 바로 채팅 상대와 연결되고 또 실제로 성매매로까지 연결되는 구조입니다. 이런 랜덤 채팅방의 피해자는 주로 청소년, 여성 청소년들입니다.

이렇게 해서 N번방이 드러나게 됐고, N번방 이전에는 카카오톡 채팅을 통해 활발하게 음란물을 공유하기도 했죠. 이렇게 무수한 'N번방들'이 온·오프라인을 가리지 않고 존재했는데 N번방이 사라졌다고 다 끝난 걸까요? 아니죠. '디스코드'라는 게임 채팅방을 비롯하여 다양하게 진화하고 있습니다. 2019년 문제가 된 '웰컴투비디오'라는 다크웹 dark web을 기억하시나요? 'N번방의 조상'으로 불리는 이 사이트는 소아 여성 성 착취, 성범죄 사이트입니다. 이 사이트 운영자가 한국의 손정우라는 20대 남성이었죠.

N번방 감염자는 누구

이렇게 N번방 이전에 무수한 N번방들이 존재했다는 것을 말씀드리기 위해서 제가 간단하게나마 역사를 정리해 보았습니다.[2] 이런 '성 착취 연대기'를 통해 제가 공유하고 싶은 첫 번째 문제의식은 우리 사회에 성 착취 문화와 산업이 존재했기에 N번방이 존재할 수 있었다는 겁니다. 두 번째 문제의식은 기술의 발달과 함께 이런 문화가 더 발전하고 있다는 것입니다. 앞에서 말씀드린 것처럼 각종 라이브방이나 채팅방, 다크웹은 유사한 종류의 사이트가 도대체 얼마나 있는지 가늠하기도 어렵고 나날이 발전합니다. 간단하게 말씀드리자면 아버지 세대에서 아들 세대로 대를 이어 성 착취 문화가 외피만 바꾼 채 이어지고 있다는 겁니다. 그리고 그 아들들은 성에 관한 왜곡된 관점을 학습하고 성폭행이나 성 착취 문화에 대한 감각을 가지지 못한 채 성장하고 있습니다. 아래 인용문은 제가 얼마 전 쓴 원고의 일부입니다.

> 이 카르텔은 생산자와 유통자와 참여자와 소비자의 유기적인 협업을 통해 성장했다. 그러니까 2020년 우리가 알게 된 N번방 속 남성들은 갑자기 나타난 괴물이나 악마가 아니라 우리 사회 속에서 차곡차곡 쌓아 온 서사의 결과다. '빨간 마후라' 비디오를 돌려보고 룸살롱에서 비즈니스하며 여성을 거래하던 아버지의 얼굴에서 여성을 성적으로 학대하는 것을 그저 게임으로 여기는 아들의 얼굴로 바뀌었을 뿐이다.[3]

이런 문제의식을 통과하지 않고 N번방에만 분노한다면 N번방 사건을 제대로 볼 수 없다고 생각합니다. 이런 문제가 대를 이어 방법을 바꾸며 반복되는 이유는 무엇일까요? 그동안 남성들은 사회에서 성에 대한 관대한 처분을 받아 왔기 때문입니다. 여자아이의 치마를 들친 남자아이에게 "좋아해서 그랬구나" 해주고, 여교사 앞에서 자위한 남중생들에게 "한창 그럴 나이다"라고 해주고, 초등생을 성폭행한 남고생들을 개선의 여지가 있으니 집행유예로 풀어 주고, 동기를 성폭행한 남대생 같은 경우, 앞날이 창창하니 용서해 주는 문화가 결국 이런 문제를 함께 키워 온 것이죠.

그렇다면 '감염자'는 누구일까요? N번방 남성들을 혹자는 26만 명이다, 아니다 1만 명이다, 이렇게 이야기들을 하는데, 그들은 도대체 누굴까, 너무 궁금했었는데, 얼마 전에 알게 되었습니다. 경찰이 디지털 성범죄자를 집중적으로 단속해 221명을 검거하고 그중 32명을 구속했다고 뉴스에 나왔는데요. 연령대별로는 20대가 103명, 10대가 65명, 30대가 43명, 40대 이상이 10명이었다고 합니다. 그러니까 10대와 20대가 76퍼센트를 차지하고, 10대가 30퍼센트를 차지하는데, 놀랍게도 이 중에는 초등생도 있었다고 합니다.

이들을 다음 세 가지 유형으로 조금 더 구체화해 봤습니다. 첫째 이들은 '디지털 네이티브'들입니다. 이에 관해서 제가 인상적으로 본 글이 두 개 있습니다. 텔레그램 N번방을 이용했던 사람이 어느 커뮤니티에 올린 글입니다. "제가 범죄를 저지른 것도 아니고 정당한 성인 컨텐츠를 이용료 내고 시청하는 게 무슨 잘못"이냐고 오히려 되묻습니다. 그다음은 조주빈과 N번방 창시자 '갓갓'의 채팅 내용입니다. "이게 게임이야. 노예가 1년 버티면 풀어 주고 도망가면 뿌리는 게임" 그러니까 여성을 성적으로 착취하는 일을 게임이라고 표현을 하는 거죠. 저는 이 두 글이 굉장히 충격적이었어요. 이를테면, 디지털 네이티브 세대에게는 여성들이 그저 게임 속 플레이어라는 거죠. 그러니까 플레이어를 돈을 내고 조종을 하면서 만능감을 느끼는 거예요. 내가 조종하는 대로 저 플레이어(여성)가 따라 주면 굉장히 기쁘고 즐거운 거죠. 그런 과정을 통해 자신의 자아가 굉장히 커지는, 부풀어지는 경험을 하게 되는 거죠. 디지털 네이티브 세대는 물성을 통하지 않고 바로 디지털로 인간을 접하기 때문에 인간을 존중하거나 인간을 인간으로 대하는 감각, 관계를 맺는 것 자체를 제대로 배우지 못한 세대가 아닌가 하는 생각이 듭니다.

다음은 '신자유주의 세대'입니다. IMF 외환위기가 1997년에 터졌으니까, 지금 10대와 20대는 태어나자마자 신자유주의 체제에서 자란 세대인데요. 조금 더 사회학적 관점이 필요하겠지만, 이 세대는 물질만능주의나 목적을 위해 인간을 도구화하는 방식에 익숙한 세대가 아닌가 하는 생각이 듭니다.

다음은 '구조의 피해자와 인셀'입니다. 현재의 10대와 20대는 남성 사이에도 '내가 구조의 피해자다'라는 의식이 팽배해 있고, 그게 사회적 갈등 요인이 되고 있습니다. 이런 피해자들은 너무 쉽게 여성을 향해 공격성을 드러내는 특징이 있습니다. 그리고 여성을 정복하거나 또 여성을 도구화함으로써 남성으로서의 자아를 찾으려는 성향을 보입니다. 최근 「조커」 같은 영화에서도 문제가 되었던 '인셀'은 비자발적 독신이라는 의미의 단어인데요. 이런 이들을 지배하는 정서는 '여성 혐오'입니다. 누가 N번방에 감염이 되었을까에 관한 질문에 대해 제 나름대로 이렇게 세 가지 유형으로 정리해 봤습니다.

코로나19와 N번방의 유착

이제 제 궁금증은 '코로나19와 성 착취는 어떻게 연결될까?'라는 문제로 이어집니다. 오랫동안 성매매 관련 연구를 한 여성학자 김주희의 평가에 의하면 1997년 IMF 외환위기 이후, 유흥업소 창업을 지원하는 대출상품들이 대거 등장했다고 합니다. 불황과 맞물려서 성 산업이 더 활성화되었다는 거죠.[4] 그렇다면 코로나19라는 불황은 성 산업과 어떻게 연결될까요? 얼마 전, 강남 룸살롱 집단 감염 사례가 발생했죠. 이 사례에서 볼 수 있듯이 성 산업은 한 번도 불황을 맞은 적이 없습니다. 물리적 거리두기가 강화되면 강화될수록, 집에서 생활하는 시간이 늘어나면 늘어날수록, 성 산업이 변했으면 변했지, 주춤하지는 않을 것입니다.

코로나19 이후 유일하게 타격을 입지 않은 분야가 있다고 합니다. 바로 게임 산업입니다. 즉 온라인을 통해서 모든 것을 해결하는 경향이 더욱 강해지고 있습니다. '오피'^{OP}라고 들어보셨나요? 오피스텔에서 이루어지는 성매매 행위입니다. 성 산업은 오피나 랜덤 채팅 등 더 '프라이빗'한 공간으로 숨어들 것이고 온라인으로 흘러 들어갈 것입니다. 지금은 N번방 사건이 들춰지면서 잠시 위축되는 것 같지만 더 고도의 기술에 집약적으로 투자해서 성 산업은 발달할 것이라고 감히 예측해 봅니다. 아주 슬픈 예측이고 빗나갔으면 하는 예측입니다. 그렇다면 백신은 도대체 어디에 있을까요. 한번 찾아볼까요.

두 가지를 이야기하고 싶습니다. 앞서 디지털 네이티브 이야기를 했는데, 이 이슈는 결국 기술의 문제와도 연결이 되는 것 같아요. 그러니까 10대와 20대 남성들이 플랫폼을 활용해서 성 착취 범죄를 공모할 때 그것을 감지하고 추적하여 신고하는 운동도 같이 일어났습니다. 즉, 디지털 네이티브에는 디지털 네이티브로 맞서서 싸우고 있는 거죠. 이를 테면 '한국사이버성폭력대응센터'나 '추적단 불꽃', '리셋' 등의 여성들이 N번방의 존재를 밝혀내고 디지털 성범죄를 지속적으로 공론화하고 있습니다. N번방의 존재를 처음 알린 곳은 '추적단 불꽃'입니다. 여기서 활동하는 분들은 기자를 지망하는 대학생들인데 대학생기사 공모전 준비를 하다가 우연히 N번방의 실태를 알게 되었고, 이곳에 잠입해 조사해서 경찰에 신고하고 여러 언론사와 협업해서 N번방을 공론화합니다. 이 사람들이 없었다면 우리는 N번방에 대해 전혀 알지 못했을 것입니다.[5]

그 후에는 '리셋'이라는 자발적인 여성운동이 일어났는데요. 이분들이 현재도 N번방과 같은 여러 '방'들에 잠입해서 신고하는 활동을 하고 있습니다. 즉 기존의 시민사회나 언론, 제도에는 한계가 있습니다. 기존 시스템이 문제를 감지하지 못할 때 이분들이 먼저 나섰다는 사실에 주목해야 할 것 같아요. 그럼 이들에게 모든 것을 맡겨야 할까요? "당신들 너무 잘하고 있습니다. 자랑스럽습니다"라고 칭찬만 하면 될까요? 「시사인」의 천관율 기자는 N번방 사건을 '협업적 성 착취'로 규정했습니다. 즉 만드는 사람, 공유하는 사람, 유포하는 사람, 소지하는 사람, 내려받는 사람 등 다양한 남성들이 협업해서 결국 성 착취라는 하나의 문화가, 카르텔이 형성된다고 본 것입니다. 이런 협업적 성 착취에는 협업적 대응이 절실하다고 생각합니다. 이에 관해 영화 「불새」의 김보라 감독은 "N번방 사건이 제대로 처벌받지 않는다면 공동체 안의 불신은 더욱 커질 것이다. 나는 이번 사건에서만큼은 남자들이 힘을 합쳐 싸워 주길 바란다. 우리에겐 '그나마' 나은 한국 남자가 아니라, 정말로 아름다운 한국 남자들이 필요하다"라는 말을 했습니다.

이 사건을 접한 많은 남성분이 함께 공분해 주신 건 정말 고마운 일입니다. 한편으로는 그 공분이 사실은 "나는 아니야"라는 나이브한 알리바이로 활용되지 않을까 하는 생각이 듭니다. 이런 대화를 나누다 보면, 어떤 남성분들은 "그러면 내가 잠재적 범죄자라도 된다는 거냐"라고 하면서 불쾌해하시는데요. 사실은 잠재적 범죄자가 되기 싫다면, 적극적으로 함께 나서서 이 문제를 해결하는 협력 주체가 되면 좋겠다고 강력하고 요청하고 싶습니다. 왜냐하면 성 착취는 단지 몇몇 피해자들만의 문제나 여성만의 문제가 아니라, 사회 전체의 신뢰 문제이기도 하고, 어떤 사람에게는 생존의 문제이기 때문입니다. 이 문제의식은 결국 페미니즘과도 연결됩니다. 여성도 존중받아야 할 인간이고, 더불어 살기 위해서는 성 착취 문화와 불평등한 시스템이 변해야 한다고 말하기 위해서는 페미니즘 지식과 운동이 중요하며, 이 같은 사실은 지속적으로 문제를 제기하고 싸워 온 여성운동 역사를 통해 다시 한번 깨닫게 됩니다.

결국, 이 문제는 법과 제도의 개선과도 연결됩니다. 앞서 언급한 '웰컴투비디오' 사건은 해외에서 먼저 널리 알려졌습니다. 알고 봤더니 운영자가 이미 잡혀서 한국에서 재판을 받은 후였습니다. 그런데 어이없게도 사이트 운영까지 했는데도 고작 징역 1년 6개월 형을 선고받았어요. 외국, 특히 미국에서는 불법 소지만 해도 징역 5-8년 형을 받습니다. 한국 같은 경우에는 양형 기준이 너무 낮아서 문제입니다. 그 이유는, 일단 한국의 법이 디지털 시대에 맞게 개선되지 않았기 때문이에요. 그러니까 디지털 관련 사건에 관해서는 법이 허술하고 낡았습니다. 결국 디지털 시대에 맞는 새로운 기준이 필요하고, 그에 맞는 교육이 따라야 합니다. 경기대학교 범죄심리학과 이수정 교수는 이런 이야기를 했습니다. "이 영상들은 포르노그래피가 아니고 성 착취물입니다. 기존의 모든 죄명을 다 모아서 최대한 양형이 나오게 판례를 구축할 필요가 있습니다. 반드시, 보기만 해도 이것이 비정상적이라는 걸 누구나 아는 사회가 되어야 합니다. 그러므로 소지죄뿐만 아니라 그냥 보기만 해도 처벌할 수 있는 규범이 꼭 필요합니다."

앞서 제가 공유했던 문제의식은 문화의 문제로도 확장됩니다. 우리나라는 소위 야동을 보는 문화나 남성들이 성적 호기심으로 부적절하게 행동하는 문화에 너무 관대합니다. "호기심에 그랬겠지", "그 나이 때는 다 그래"라는 말로 넘어가는데 이것이 죄라는 사실을 반드시 자각할 필요가 있고, 새로운 교육, 즉 포괄적 성교육이 절실하고, 그에 맞는 새로운 규범도 필요하다고 생각합니다. 디지털 시대에 맞게 오프라인뿐만 아니라 온라인에서도 무엇을 하지 말아야 하는지, 인간을 어떻게 존중해야 하는지를 가르치고, 특히 여성은 상품이 아니라는 사실을 계속 강조할 필요가 있습니다. 특히 성에 관해서 굉장히 보수적 관점을 가진 교회에서 이 문제를 좀 더 심각하게 받아들이고 함께 고민할 필요가 있습니다.

Q1 저는 이런 문제가 생길 때마다, 여러 해결책을 이야기할 수 있지만, 가장 시급하게 너무 약한 법적 처벌 문제를 해결해야 한다는 생각입니다. 오래 전부터 이야기해 온 문제인데도 변화가 없습니다. 현재 법적 처벌을 강화

하기 위해 어떤 노력을 하고 있는지, 그 결과가 어땠는지 혹시 아시는 분
계실까요.

오수경   범죄심리학자 이수정 교수는 "이걸 조직범죄로 간주를 해서 처리를
하면 굉장히 높은 형량을 내릴 수 있다"라는 이야기를 했는데요. 일
단 법의 기준 자체가 너무 낮은 문제도 있지만, 그 법을 해석하고 적
용하는 사법부나 법원이 굉장히 보수적인 관점을 가지고 있다고 저는
판단을 하고, 또 많은 여성단체에서도 그렇게 판단하고 있습니다. 그
래서 주요 판결이 나올 때마다 문제를 제기하는 여성단체들이 있어
요. 각종 성명서를 발표하거나 토론회를 열어 공론화 작업을 하고 있
습니다. N번방 사건처럼 성범죄자의 신상을 공개한 사례가 없었어
요. 그런데 이런 사례를 만든 것도 많은 사람이 참여한 운동의 결과
라고 보고 있습니다. 안희정 전 충남도지사 사건도 마찬가지입니다.
1심에서는 모든 게 무죄였다가, 2심에서는 완전히 결과가 바뀌어서
3년 6개월 실형을 선고받았습니다. 1심과 2심 사이에 무슨 일이 있
었는지가 굉장히 중요한 것 같습니다. 1심과 2심 사이에 '운동'이 일
어났습니다. 공대위가 만들어져서 모든 재판을 참관하며 문제를 제
기했고, 쟁점이 무엇인지 등에 관한 논의가 활발하게 일어났습니다.
그 결과 1심에서는 전혀 고려되지 않았던 '성인지 감수성'이라는 개
념이 2심에 도입이 되었고, 3년 6개월이라는 실형이 나오게 되었죠.
이것이 왜 중요한가 하면, 성인지 감수성 개념이 앞으로 적용될 판례
로 남았기 때문이죠. 계속 이렇게 바꾸어 나가야 할 것 같습니다. 제
가 앞서 언급한 '랜덤 채팅방'도 그것을 고발한 시민사회 운동이 있
어요. '십대여성인권연구소'에서 모니터링하고, 고발하고, 공론화하
는 플랫폼을 만들어서 제공을 하고 있는 것으로 알고 있습니다.

Q2　좋은 발표 감사합니다. 특히 이 문제를 협업적 성 착취로 파악하고, 그렇기 때문에 문제해결에도 협업적 접근이 필요하다는 지적에 100퍼센트 동의합니다. 근본적으로 이런 사건은 인간성이 말살되는 문제이기 때문에 보편적 가치를 회복한다는 점에서 다양한 부류의 사람이 공감하며 협업적 문제 해결에 참여해야 한다고 생각합니다. 그런 면에서 이제 확실한 해결책을 찾아나가려면 남성들을 어떻게 이 운동에 동참시킬지를 고민해야 합니다. 기저질환이 있는 사람일수록 코로나19 바이러스에 걸리면 치명적인데요. 어쩌면 한국 사회는 이미 심각한 기저질환이 있다고밖에 볼 수 없습니다. 교육이나 언론, 종교 측면에서 이러한 문제에 대응해 어떤 활동을 펼치고 있는지 궁금합니다. 특히 개신교 교단이나 대표적인 교회에서 이 사건에 대해 구체적인 입장을 발표하고 문제 해결에 힘을 모으는 모습을 보였는지 알고 싶습니다.

오수경　다시 한번 '협업적 성 착취' 개념은 「시사인」 천관율 기자가 쓴 개념을 가져와 적용한 것임을 말씀드리고 싶고요. "그러면 남성들은 어떻게 협업할 것인가?"에 관해 구체적으로 질문해 주셨습니다. "구체적으로 뭘 어떻게 해야 하는가?", "그러면 남성단체를 만들어서 뭐라도 해야 하는 건가?"를 이야기해 볼 수 있는데요. 일단은 페미니즘을 진지하게 배우면서 세상이 얼마나 불평등한 구조로 구성돼 있으며, 얼마나 많은 여성이 성 착취 문화에 노출이 돼 있는지에 관한 문제의식을 함께 공유하는 것만으로도 크게 도움이 될 듯합니다. 또 남성들은 여성들에게 굳이 "난 그런 사람 아니야"라고 어필할 필요는 없을 것 같아요. 중요한 것은 자신의 메시지가 어디를 향해야 할지 분명하게 설정하는 것입니다. 저는 그 목소리가 같은 남성을 향해야 한다고 생각합니다.

최근 제가 느낀 문제의식 중 하나는 이것입니다. 조주빈 관련 기사에 달린 댓글 중에 조주빈의 동창이 쓴 글이 있었습니다. 비속어를 써서 죄송하지만 그대로 옮기면, "이 XX, 원래 이랬다"라는 내용이었습니다. 그의 성향을 이미 알았는데 "좀 나쁜 XX네"라며 간과하고 넘어갔다는 겁니다. 실제로 남성 동성 집단에서는 누가 어떤 사람인지, 그 사람이 나쁜 사람인지 좋은 사람인지 이미 파악을 하고 있을 겁니다. 누가 N번방을 들락날락하는지, 하다못해 평소에 여성을 비하하는 말을 많이 하는지 등을 말이죠. 그럴 때 "그건 잘못된 거야"라고 이야기해 줄 수 있는 남성이 필요합니다. 이것이 하나의 협업 과정이 아닐까, 라고 생각합니다.

교회의 사례는 강의에서 굳이 언급을 안 했는데요. 그 이유는 '교회라고 뭐가 다를까? 오히려 교회가 더 심각하지 않나?'라고 생각했기 때문입니다. 제가 가끔 만나는 여성 신학생들이 있습니다. 그들에게서 이런 말을 듣습니다. "우리 학교에 일베 유저들 굉장히 많아요." 이 말은 왜곡된 여성관을 가진 사람이 신학을 공부하고, 전도사가 되고, 목사가 된다는 것입니다. 이것을 걸러 내는 장치가 없습니다. 게다가 한국 교회는 성범죄에 굉장히 관대합니다. 저도 복음주의 운동 단체에서 일하고 있지만, 교회에서 성폭력 피해를 당한 여성을 제대로 상담하고 지원하는 변변한 단체가 없습니다. 일반 사회에는 '한국여성의전화' 등 오랜 역사를 가진 기관이 있지만, 기독교 영역에서는 너무 없어요. 그리스도인들이 성폭력 피해를 당하면 일반 지원 단체에 연락해서 도움을 요청합니다. 일반 지원 단체에서 일하는 분들은 "기독교인들 상담 사례가 너무 많아요"라고 이야기합니다. 성폭력 피해를 담당할 부서나 기관이 한국 교회 내에 없다는 점을 부끄럽게 여겨야 합니다. 남성에게는 제대로 된 성교육이 필요한데 교회는 성교육의 시옷만 꺼내도 발을 못 붙이게 해요. 문란해진다고 생각합니다. 이런 보수적 문화가 오히려 성범죄를 더 키우는 것은 아닌지, 성범죄를 당연하게 여기게 하는 것은 아닌지, 돌아볼 필요가 있습니다.

Q3 강의 중에도 말씀해 주셨는데, 특히 20대 남성은 최근에 PC^Political Correctness (정치적 올바름)에 대한 반동으로 도리어 지금 이야기하신 주제에 대해 상당한 반감 내지는 피로감을 호소하기도 합니다. 남성 전체를 싸잡아서 이야기하는 것이 불편하다는 것이죠. 그래서 조금 더 섬세하게 접근하는 방안은 없을까, 조금 더 지혜로운 방안은 없을까, 하는 고민을 하게 됩니다.

오수경 PC에 대한 반감을 이야기하셨는데, 더 정확하게 말하자면 페미니즘에 대한 반감이라고 생각합니다. 전문 용어로는 백래시^Backlash라고 하는데, 어느 시대나 페미니즘에 대한 백래시는 존재했습니다. 더 자세히 알고 싶으시면, 수전 팔루디의 『백래시』에서 백래시의 유규한 역사를 확인할 수 있습니다. 한국 사회에서는 사회구조와 연관해서 "내가 더 피해자다"라는 의식이 있는 것 같습니다. 불행한 사실은 피해자와 피해자가 싸운다는 것입니다. 여성은 여성대로 사회구조의 피해자라며 싸우고, 남성은 남성대로 "야, 우리는 한 번도 권력을 가져 보지 못했어. 가부장 권력이 무슨 소용이야, 한 번도 그런 걸 가져 보질 못했는데"라며 자신을 피해자로 생각합니다.

실제로 저는 남성도 어느 정도는 구조의 피해자라고 생각합니다. 한국 사회에서는 여성도 여성성을 강요받지만, 남성도 남성성을 강요받으며 살아왔습니다. "남자는 울면 안 돼." "남자는 그런 거 하면 안 돼." "남자는 가정을 책임져야 해." 이런 문화 속에서 살아온 피해자로 볼 수 있습니다. 그럼 이런 피해는 누구에 의해 일어났는지를 질문해야 합니다. 페미니즘의 문제의식은 이런 피해가 가부장 체계에서 비롯했다고 봅니다. 그러니까 남성 중심의 가부장 문화가 여성을 피해자로 만들고, 남성도 피해자로 만들었다고 보는 거죠. 그런데 일부 남성들, 특히 20대 일부 남성은 그 피해의 원인을 여성에게 돌립니다. 이건 너무 이상합니다. 가령, 남성들이 "여자도 군대 가라"라고 합니다. 그런데 여성들이 남성들을 군대에 보낸 것은 아닙니다. 국가가 보낸 것이죠. 남성만 징집하는 징병제가 부당하다고 생각하면 여성이 아니라 국가를 향해서 문제를 제기해야 하는데, 여성 탓으로 돌리면서 공격을 합니다. 제가 말씀드리고 싶은 것은 여성과 남성이 협력해서 부당하고 불평등한 체제와 싸워 나가야 한다는 것입니다. 그래서 페미니즘을 함께 배우고 또 이런 문제의식을 공유하면서 함께 진지하게 고민하면 좋겠습니다. 20대 남성 관련 이슈도 단순히 젠더 문제로 환원하기보다는 사회구조의 전반적인 불평등 문제와 연결해 생각했으면 합니다. 노동 문제 등과 연관돼 있으므로 이 체제에 대항해 함께 싸워 나갈 여지는 없을지 고민해 보면 좋겠습니다.

Q4　제 주변 페미니스트 신학자들과 교제할 기회가 있어서 이야기를 나누다 보면 이런 말을 합니다. 결국 하나님을 아버지로 보는 부분, 그 아버지가 가부장제와 연결되는 부분이 특히 한국 기독교에 강하게 자리 잡고 있어서 문제가 되지 않나 하는 거죠. 성경도 남성 중심적이고, 여성을 재산의 일부로 취급하는 경우가 많습니다. 하지만 하나님은 분명히 남성과 여성을 동등하게 대하시며, 아울러 하나님은 성을 초월해 존재하십니다. 이런 부분에 대한 이해를 더 키워야 한다고 생각합니다.

오수경 네, 감사합니다. 이야기가 길어질 것 같아서 그 부분은 뺐는데요. 나중에 기회가 되면 기독교 페미니즘에 관해서도 이야기 나눌 수 있으면 좋겠습니다.

Q5 오늘 나눠 주신 문제점뿐만 아니라, 더 나아가 보수적인 법 체제에 근본적인 변화가 필요하다는 점까지 충분히 공감합니다. 제 생각에 이 문제의 출발은 본질적으로 성 상품화와 이를 통한 자본축적 메커니즘과 관련 있다고 봅니다. 성을 상품화해서 이윤을 추구하는 메커니즘이 사회 저변에 깔려 있어서 결국 공급도 하게 되고, 어떤 형태로든 소비도 일어나는 것이죠. 이 문제를 해결하려면 공급자, 즉 성을 상품화해서 자본을 과잉 축적하는 여러 관행에 대해 여론을 환기하고 사회운동이 광범위하게 일어나야 한다고 생각합니다. 이를테면, 미스코리아 대회라든지 지나치게 선정적인 광고에 대한 문제의식이 범사회적으로 일어난 적이 있는지 궁금합니다.

오수경 성 착취가 아니라 일상적으로 일어나는 성 상품화와 관련해 어떤 운동이 있는지 질문하셨는데요, 사실 그런 운동은 굉장히 많습니다. 저의 주 관심 분야가 대중문화라서 페미니즘 관점에서 대중문화를 어떻게 보아야 하는가, 라는 질문을 주로 하는데요, 그때 중요한 개념이 미디어 리터러시media literacy입니다. 페미니즘이라는 렌즈로 여성을 상품화하는 문제, 대중문화에 나타난 여성 비하나 여성 차별 문제를 어떻게 다룰지에 대해 제 나름대로 계속 글을 쓰고 발제도 하고 있습니다. 이러한 문제 제기는 다양한 곳에서 굉장히 많이 하고 있습니다. 특히 광고 영역에서 여성 차별적이고 여성을 상품화는 사례가 많습니다. 가령, 아이스크림 광고에 여자아이를 등장시켜 성적인 코드로 활용한 예도 있습니다. 소비자들이 문제를 제기했고,

광고주 측에서 사과하고 광고를 삭제했습니다. 이런 모니터링이 지속적으로 이루어지고 있습니다. 일례로 양성평등진흥원에서는 텔레비전 예능 프로그램이나 광고에서 여성을 어떻게 왜곡하는지를 모니터링하고 문제를 제기합니다. YWCA나 한국여성민우회도 참여하고 있는 교수들이 문제가 있는 내용을 계속해서 점검하고 바로잡으려 노력하고 있습니다.

🙍

"우리는 더 나아간 판결을 원한다." 텔레그램 성 착취 사건 '박사방' 항소심 선고가 열리던 날 여성단체가 낸 성명서 제목입니다. 지난 1년 사이 코로나에 관해서는 백신이라는 탈출구가 마련되었지만, 성 착취 문화와 산업은 날로 성장하고 있습니다. 다행히도 'N번방'을 통해 이런 문화와 산업의 일부가 드러났고, 'N번방'의 주범들이 중형을 선고받는 등 양형 기준이 개선되고 있습니다만, '더 나아간 판결'이 필요한 곳이 아직 많이 있습니다. 성 착취 문화는 경제, 문화, 정치 등 사회 모든 영역과 연결되어 있습니다. 또한 오래 지속해 온 가부장 체제와 그로 인해 발생하는 젠더 불평등의 결과이기도 합니다. 이런 문제들과 결별하고 '더 나아간' 사회를 만나기 위해서는 우리에게 '페미니즘'이라는 백신이 절실합니다.

한국에서
기자로 산다는 것

21년 차 저널리스트의 반성 혹은 변명

.

김지방

김지방

| 인터넷뉴스와 케이블TV 채널을 운영하는 미디어 회사의 대표

국민일보에서 기자로 21년 동안 일하면서 정부와 시민, 기업과 교회 등을 취재했다. 세상을 바꾸고 싶어 택한 직업이었지만 사람을 배우는 일도 벅찬 시간이었다. 2021년 봄 갑작스레 자회사의 경영을 맡았다. 이왕 책임을 맡았으니 기레기라는 오명을 조금이나마 덜어주고 싶은데 만만치 않다. 『정치교회』, 『적과 함께 사는 법』을 썼고, 『태극기를 흔드는 그리스도인』 등의 책에 참여했다.

저는 오늘 한국 언론에 관해 이야기를 나누려 합니다. 궁금한 현안이 많으실 텐데요. 저도 이왕에 나섰으니 언론인으로서 요즘 느끼는 심정을 허심탄회하게 말씀드리고 싶지만, 이 공간이 보카치오의 『데카메론』에서처럼 은밀하게 이야기를 나누는 숲속은 아니고, 누구나 들어와서 볼 수 있는 곳이기 때문에 조심스럽기도 합니다.

　미리 말씀드리지만, 제가 오늘 말씀드릴 내용은 수준 높은 앞선 강의에 비해 많은 분이 널리 공감하거나 합의하기 힘들 수 있습니다. 현직 기자로 살아가는 제 생각과 고민을 가능한 진솔하게 나누겠습니다. 언론 개혁이나 언론의 문제점에 대한 구체적인 내용보다는 '기자들이 왜 이렇게 욕을 많이 먹는지' 그 원인에 대해 조금은 방어적으로 설명해보겠습니다.

오늘 우리가 뉴스를 먹고 마시는 법

제가 아침에 일어나서 먼저 하는 일은 '네이버' 앱을 켜고 신문보기에 접속하는 것입니다. 신문기자도 신문부터 보지 않고 네이버부터 봅니다. 네이버 신문보기에 들어가면 종합일간지의 신문 편집이 1면부터 쭉 나와 있습니다. 신문사들이 오늘 아침 신문을 어떻게 만들었는지 일목요연하게 볼 수 있습니다. 거기서 쭉 신문들을 살펴본 다음, 두 번째로 하는 일이 소셜미디어나 인터넷 커뮤니티에 가서 사람들이 오늘은 어떤 이슈를 이야기하는지 살펴보는 것입니다. 그 후 출근해서 회사에 도착하면, 취재기자는 취재처와 관련해 새로운 소식이 뭐가 있는지 사람들하고 연락하면서 확인하고 찾습니다. 데스크는 기자들이 올리는 보고 내용과 또 나름의 네트워크를 활용해서 다음 날 지면을 구상합니다. 기자의 하루는 이렇게 아침부터 바쁘게 시작해서 마감 때까지 거의 정신없이 흘러갑니다. 하루하루가 이렇습니다.

기자들이 이렇게 하루 단위로 살아가다 보니 막상 우리 사회에서 벌어지는 큰 변화에는 둔감할 때가 많습니다. 비유하자면, 발밑에 있는 조개를 줍다가 밀려오는 밀물을 못 보는 경우라고나 할까요. 기자들 나름대로는 매일 열심히 일하고 숨 가쁘게 지내는데도 결과적으로는 큰 흐름을 놓쳐 일을 그르치거나 욕을 먹는 경우가 많습니다. 오늘 이 자리에 모인 분들이 기자들의 이런 처지를 조금은 이해해 주십사 하는 말씀을 먼저 드리고 싶습니다.

아침에 소셜미디어나 인터넷 커뮤니티를 보면, 온라인 기사를 가져와서 나름대로 품평하고 댓글로 반응하는 분들이 참 많습니다. 아침부터 저녁까지 마치 정해진 일과처럼 언론을 살피고 퍼 나르고 반응합니다. 그리스도인들이 아침에 성경 읽고 묵상하고 기도하듯이, 요즘 사람들은 뉴스를 가지고 큐티를 하는 게 아닌가 하는 생각마저 듭니다. 뉴스가 자기 입맛에 맞으면 "아침부터 취한다"라고 하고, 논조가 만족스럽지 않은 기사가 있으면 링크나 주요 내용을 공유해서 "기레기들이 오늘 또 이런 기사를 썼구나", "오늘도 기레기들이 기레기짓을 했다"라며 욕하기도 합니다.

성경 큐티와 뉴스 큐티가 다른 점이 바로 여기에 있습니다. 일반적으로 우리가 성경 같은 경전을 읽을 때는 자기 생각은 좀 내려놓고 성경이 무엇을 말하는지 듣고, 또 성경에 뭔가 질문을 하거나 찬찬히 성경 본문을 읽으면서 뭔가 답을 찾으려고 하지요. 하지만 요즘 뉴스를 읽는 분들은 뉴스를 통해 새로운 소식이나 생각을 접하려 한다기보다는, 자기 생각을 투영해서 오히려 더 강화한다는 생각이 듭니다. 뉴스가 어떤 사실을 전하든, 자기 생각을 온라인에서 다시 확인받기 위해 퍼 나르고 품평할 소재로만 여기는 독자가 많아진 듯합니다. 물론 뉴스를 경전처럼 깊이 묵상하고 따르라는 말은 아닙니다. 뉴스의 질이 언감생심 그런 수준에 미치지 못하는 거야 당연하지만, 뉴스가 전하는 사실과 시각이 최소한의 존중도 받지 못할 때는 사실 좀 답답합니다. 기자들은 사실을 확인하고 정확하게 전하려고 애쓰는데도 그런 노력은 독자들에게 전달되지 못하고, 오히려 (기자들이 보기에는) 편파적으로 사실을 왜곡하거나 지나치게 곡해하는 내용이 더 많이 받아들여지는 모습을 볼 때면, 우리 사회의 공론장이 어쩌다 이렇게 됐을까 싶어 한숨이 나오기도 합니다. 독자를 탓하고 싶지는 않습니다. 당연히 공론장을 일터로 삼는 언론인 저부터 가장 큰 책임을 느낍니다. 오늘 이 자리에서는 차분하게 언론 현상을 관찰하고 무엇부터 고쳐 나갈 수 있을지 이야기하고 싶습니다.

언론은 왜 제 역할을 못 할까

지난 4.13 지방선거 며칠 전에 방송인 김용민 씨가 하는 유튜브 방송에 열린민주당 비례대표로 나선 주진형 씨가 나왔습니다. 잘 아시다시피 주진형 씨는 한화투자증권 대표이사를 지낸 경제전문가입니다. 이분은 자신이 정치에 뛰어든 이유를 방송에서 이렇게 설명했어요.

> 민주당이 경제 현상을 너무 단순하게 보더라. 경제를 자본과 노동이 대립하고 있는 어떤 투쟁의 장으로 보고 있더라. 근데 이렇게 보는 것은, 경제전문가인 내가 보기에는, 경제를 너무 단순하게, 납작하게 이해하는 것이다. 경제는 훨씬 더 복잡하고 다층적으로 움직인다. 그런데 우리나라의 경제개혁이 잘 안 되는 이유는 경제 안에만 있는 것이 아니고 정치권력 그리고 언론 때문이다. 그리고 언론이 자신의 광고주가 되어 주는 대기업, 그리고 자신들의 이익을 보장해 줄 수 있는 정치권력에 좌우되고 있다. 그 때문에, 언론이 제 역할을 못 한다. 언론이 제 역할을 하면, 경제의 문제점을 짚어 주면서 경제개혁이 가능한데 언론이 제 역할을 못 하고, 검찰이 제 역할을 못 하기 때문에 경제개혁도 안 되는 것이다. 그래서 내가 정치에 뛰어들게 되었다.[1]

그 이야기를 들으면서, 참 맞는 말씀이긴 한데 주진형 씨가 하는 이야기 역시 언론을 너무 납작하게, 단순하게 파악한 것이 아닌가 하는 생각이 들었습니다. 오늘날 대한민국 경제를 재벌이 이익을 독점하고 노동자들이 거기에 저항하는 구도로 설명하면 너무 단순한데다 현실을 개선할 대책을 내놓는 데 실질적인 도움도 안 되겠지요. 마찬가지로 언론 문제 역시 재벌이 광고주니까 언론사주가 그들과 이해관계를 같이 하고 있어서 개혁이 안 된다는 진단은 지나친 단순화가 아닐까 생각합니다. 그것이 핵심적인 문제인 것은 맞지만, 언론의 문제 역시도 훨씬 더 다양한 결이 있고, 그것을 세심하게 살펴볼 수 있어야 언론의 변화나 개혁이 가능하다고 생각합니다.

그저 모든 것을 구조의 문제로 환원해 버리면, 한국 언론이 그동안 한국 사회의 변화에 끼친 영향을 제대로 설명할 길이 없습니다. 예를 들어, 우리가 겪었던 '박근혜 대통령 탄핵 사건'을 보죠. 이때 JTBC를 비롯해서 TV조선, 한겨레신문, 조선일보 등이 초반에 결정적인 기여를 했습니다. 구조적 문제만 생각하면, 어떻게 언론이 이런 역할을 할 수 있었는지 설명할 길이 없어집니다.

그뿐만 아니라, 1987년 개헌 당시 언론의 역할, 또 좀 더 거슬러 올라가면, 1960년 4·19혁명 때 언론이 한 역할 등은 구조적 문제만으로는 설명할 수가 없죠. 이런 사건은 언론이 굉장히 예외적으로 제 역할을 한 사례일 뿐이라는 시각도 있을 수 있지요. 하지만 예외적이라고 하기에는, 한국 사회의 변화에 중대하고 심대한 영향을 준, 언론의 수많은 기여가 있습니다.

또 이렇게 얘기할 수도 있겠지요. '그때 언론과 지금 언론은 다르다.' 그런데 1987년의 동아일보와 지금의 동아일보는 사주가 같습니다. 박 대통령 탄핵 때의 JTBC와 지금의 JTBC도 사주가 같습니다. 물론 앵커는 바뀌었지만. 대기업이 주요 광고주인 점도 같습니다. 저는 구조적인 요인이 핵심 문제이긴 하지만, 현장에서 구체적으로 언론의 활동을 위축시키거나 언론이 제 역할을 못 하도록 왜곡시키는 몇 가지 사항을 함께 살펴봐야 한다고 생각합니다.

평계에 불과할지 모르지만, 저는 세 요인으로 정리해 봤습니다. 역사적 요인, 환경적 요인, 그리고 팬덤이라는 요인입니다. 먼저 역사적 요인부터 설명드리겠습니다.

역사적 요인

한국의 근대 언론은 독립운동으로 시작했습니다. 최초의 한글 신문 제호가 "독립신문"이었고, 신문의 목표는 민족의 목소리를 대변하는 것이었죠. 「조선일보」와 「동아일보」 창간도 1919년 3·1운동 이후 민족의 심정을 대변할 언론기관이 필요하다는 공감대에서 이뤄졌습니다. 현대사에서는 민주화의 열망을 담아 1988년에 창간된 「한겨레」 역시 어떤 운동의 흐름에서 창간된 언론입니다. 더 크게 보면 제가 몸담고 있는 「국민일보」 역시도 1987년 이후 민주화 열기 속에서 그 수혜를 받아 창간되었습니다. 다시 말해서, 한국 사회에서 대중이 언론에 요청하는 것은, 예전부터 지금까지 '지사적 저널리즘'이었습니다. 구체적으로 민족 독립이나 민주화, 지금 같으면 기득권 세력의 개혁을 바라는 자신의 심정을 언론이 대변해 주고, 언론이 그런 역할을 해주기를 바라는 마음이 큽니다.

현대의 산업화하고 상업화한 언론이 지사적 저널리즘을 감당하기는 어렵습니다. 현대의 저널리즘은 한국만이 아니라 전 세계적으로 지사적 저널리즘이나 정파적 저널리즘보다는 '객관주의 저널리즘'을 표방합니다. 다시 말해 '팩트' 기반 저널리즘을 추구합니다. 매스미디어

서재필이 창간을 주도한 최초의 순한글 신문인 독립신문.
지사적 저널리즘을 한국 언론의 지향점으로 제시했다.

자체가 하나의 거대한 사업체가 되었기 때문에 그렇습니다. 언론은 정부 기관이나 공익 기관이 아니라 상업적인 회사이기 때문에, 현대 사회의 다양한 대중을 상대로 저널리즘이라는 상품을 팔아야 합니다.

그렇기에 매스미디어는 어느 한쪽의 욕구에만 기댈 수 없는 토대 위에 있습니다. 그래서 시장성을 최대화해서 언론사 경영을 지속하려면 지사적 저널리즘이 아니라 객관주의 저널리즘을 추구해야 합니다. 이것이 미국이나 유럽에서는 19세기와 20세기 초부터 시작된 현대 저널리즘 사조(思潮)입니다. 제 생각에는 한국의 미디어 산업도 1987년 이후, 아니면 적어도 1997년 IMF 외환위기 후부터는 객관적인 저널리즘을 추구하면서 발전해야 했습니다. 그런데, 여러분과 제가 다 알다시피, 한국의 대다수 언론은 특정 정파의 편에 서는 경향이 강하고, 그 경향이 최근에 오히려 더 강해지는 모습을 보이고 있습니다. 저는 그 요인이 지사적 저널리즘을 요구해 온 역사의 경험이 왜곡된 채 남아 있기 때문이라고 생각합니다.

현재 한국 주류 매체의 저널리즘을 살펴보면, 지사적 저널리즘을 추구했던 예전의 태도가 정파적 저널리즘의 모습으로 남아 있습니다. 그러면서도 언론사는 상업적 토대 위에 있는 기업이기 때문에, 겉으로는 객관주의나 객관성, 중립성을 강조하는 저널리즘을 표방합니다. 이런 두 가지가 질서 없이 뒤섞여 있습니다. 두 가지가 잘 맞물려 긍정적 효과를 내면 좋은데, 부정적으로 작용하는 경우가 더 많은 듯합니다.

언론이 어떤 판단을 내려야 하는 순간에는 객관적이어야 한다는 명분을 내세워 사실만 단순하게 보도합니다. 그래서 언론이 제 역할을 못 한다는 욕을 먹지요. 또 어떤 때에는 언론이 중립적이고 객관적인 모습을 지켜야 하는데 그렇지 못하죠. 지난 4.13 지방선거가 그랬습니다. 언론이 더 중립적이고 심층적으로 보도하려고 노력해야 하는데, 그렇게 하기보다는 너무 쉽게 정파적 저널리즘으로 흘러가 버렸죠. 이럴 때 언론은 너무 정파적이라는 비판을 받습니다. 저는 현장에서 일하면서 객관적인 저널리즘과 정파적 저널리즘이 뒤섞여서 언론의 불신을 더욱 키우고 있음을 많이 느낍니다.

환경적 요인

그러면 한국 언론은 왜 객관적인 저널리즘, 좀 더 심층적이고 탐사 보도하는 저널리즘을 발전시키지 못했는가 하는 질문이 생깁니다. 여기서 두 번째 문제인 환경적 요인을 얘기해 보겠습니다.

한국 언론들이 우왕좌왕한 듯 보여도 여러 언론인이 애쓰며 심층취재 같은 객관주의 저널리즘을 조금씩 발전시켜 왔습니다. 나름대로 수준을 높이려고 노력도 하고 있고요. 물론, 한국 사회의 전반적인 흐름보다 조금 뒤처진 면이 있겠지만요. 제가 가끔 한국기자협회 홈페이지에 들어가서 '이달의기자상'에 출품한 취재 보도 내용을 살펴보는데요. 그 보도를 보노라면 동료 기자들이 참 대단하다 싶습니다. 신문, 방송, 지역 언론, 온라인 매체 할 것 없이 숨겨진 사실을 드러내고 자료를 분석해 새로운 현상을 밝혀내려고 얼마나 애쓰는지 모릅니다. 이런 노력은 왜 돋보이지 않고 안 좋은 부분만 더 두드러지고 불신받나 싶어 한숨이 나옵니다.

요즘 언론이 전례 없이 경험하는 변화가 바로 '저널리즘의 온라인화'입니다. 대략 2000년부터 이러한 상황이 벌어졌는데, 저널리즘의 온라인화는 이전에는 상상도 못 한 변화를 가져왔습니다. 온라인화를 가장 먼저 겪은 산업 분야가 바로 뉴스 저널리즘 분야라고 생각합니다. 그 중에서도 신문 저널리즘이죠. 최근에는 유튜브를 통해 방송에까지 확장되었습니다. 온라인화, 디지털화는 이제 언론만이 아니라 유통, 통신, 정치, 심지어는 금융과 통화까지도 변화시키고 있습니다. 코로나19 사태는 급기야 교회까지도 온라인화라는 변화의 물결을 비껴갈 수 없게 만들었습니다.

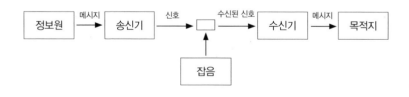

샤넌과 위버의 수학적 언론 모형(1949).[2]
한쪽의 정보를 다른 편의 독자에게 일방적으로 전달하는 매스커뮤니케이션 현상을 설명한다.

저널리즘의 온라인화로 생겨난 변화를 두 가지 모형으로 설명해 보겠습니다. 하나는 단선적인 저널리즘 모형인데요, '섀넌과 위버의 수학적 모형'The Shannon-Weaver Mathematical Model이라는 커뮤니케이션 모델입니다. 이 모델은 온라인화 이전의 전통적인 저널리즘 현상을 설명해 줍니다. 매스미디어가 작용하는 방식을 한눈에 보여줍니다. 이 모델에선 우선 정보원Source이 있습니다. 정보원에서 메시지Message, 즉 뉴스가 생성됩니다. 그다음이 채널Channel입니다. 신문이나 방송 같은 매스미디어, 채널을 통해 메시지(뉴스)가 독자나 시청자Receiver에게 전달됩니다. 이를 요약해서 S→M→C→R 흐름으로 뉴스가 전달된다고 하고, 마지막에 이를 통해 효과Effect가 생겨난다고 정리합니다. 그래서 SMCRE 모델이라고 부릅니다. S에서 시작해서 R로 흘러가는 일방적인 선으로 표현했지만, 사실은 극소수 채널을 통해 수많은 수신자에게 같은 메시지가 전달되죠. 그래서 채널이 가지는 효과가 대단히 컸습니다. 이로써 언론은 권력이 될 수 있었습니다.

일방적 매스미디어 저널리즘 시대를 상징하는 사건이 영국 BBC 라디오에서 있었던 "우주전쟁"The War of the Worlds 소동입니다. 1938년과 1968년 두 차례에 걸쳐서 BBC가 오손 웰즈Orson Welles의 『우주전쟁』The War of the Worlds이라는 공상과학 소설을 라디오 드라마로 만들었습니다. 당시 BBC는 이 소설을 뉴스 형식으로 드라마화했습니다. 한밤중 라디오 드라마 방송 시간에 갑자기 "긴급 속보입니다. 화성인이 뉴욕을 침공했습니다. 지금 뉴욕이 불타고 있습니다." 이런 식으로 소설 내용을 뉴스 형식으로 방송했습니다. 집에서 라디오 드라마를 듣던 사람들이 진짜 뉴스 속보로 착각하고 깜짝 놀랐습니다. 화성인 침공이 실제 상황인 줄 알

넷째 날 · 저널리즘

고 집에서 나와 차를 몰고 교외로 탈출하는 일이 벌어졌습니다. 1938년과 1968년 두 차례 다 굉장한 소동이 벌어졌습니다. 특히 1968년에는 30년 전 소동을 의식해서 미리 "이것은 소설이고 드라마다. 절대 진짜가 아니다"라고 예고까지 했는데도 사람들이 또 깜짝 놀라서 소동을 일으켰습니다. 다음날 지역신문은 화성인이 왔다고 보도하고, 캐나다 군대가 미국 국경까지 출동하는 해프닝도 있었다고 합니다. 이런 SMCRE 모형에 대입한 미디어 효과를 '탄환 효과'Bullet Effect라고 합니다. 마치 총알처럼 강력하게, 매스미디어가 쏜 메시지가 대중에게 큰 효과를 일으킨다는 거죠.

대중이 지사적 저널리즘이나 객관주의 저널리즘 등을 요구하는 이유도 실은 단선적인 모형, 탄환 효과 모형에 근거하고 있기 때문입니다. 매스미디어의 영향력이 이렇게 크고, 또 대중을 향해서 일방적으로 메시지를 전달하니까 그만큼 막중한 책임을 져야 하지 않겠습니까. '매스미디어는 책임감을 가지고 사회에 긍정적 변화를 미치는 방향으로 작동해야 한다', 또 한편으로는 '사람들이 착각하지 않게 사실을 충실하게 확인해서 객관적으로 보도해야 한다'라고 계속 요구하는 거죠. 이 모든 주장은 미디어의 사회적 효과가 워낙 크기 때문에 한번 메시지를 쏘면 돌이키기 힘들다는 점에 근거하고 있습니다.

그 뒤로 언론 환경이 변화하고 다양한 시각이 나오면서 언론의 작용방식도 다양하게 설명하기 시작합니다. 제가 오늘 여러분에게 설명하고 싶은 미디어 작동 방식은 중효과 모형입니다. 중효과란 무거운 효과가 아니라, 대·중·소에서 중, 너무 강하지도 않고 약하지도 않은 중간 정도의 효과가 있다는 뜻입니다. 매스미디어가 져야 할 사회적 책임이 여전히 크지만, 그 효과가 예전만 못하다는 것이죠. 탄환 효과 시대와 달리 오늘날 온라인 환경에서는 신문이나 방송의 메시지가 대중에게 곧바로 전달돼 바로 효과를 일으키기보다는, 각 사람이 속한 소규모 커뮤니티를 거쳐서 간접적으로 전달되는 경우가 더 많기 때문입니다. 그래서 매스미디어의 영향력은 직접적이지 않고 한 단계 거쳐서 간다는 '2단계 흐름 모형'이 생겨납니다. 이것이 온라인 시대의 저널리즘 효과를 설명하는 모형이라고 볼 수 있습니다.

예를 들어 설명드리겠습니다. 최근에 국민일보가 'N번방' 사건을 보도했습니다. 이 사건이 신문에 처음 보도되었을 때, 국민일보 종이 신문이나 포털의 뉴스 면을 통해 접한 사람이 다수는 아니었던 것 같습니다. 저는 처음 이 기사를 신문 1면 하단에서 봤는데, 제목부터 너무 끔찍해서 기사 본문을 읽기가 꺼려지더라고요. 애써 취재한 동료 기자들에게는 미안하지만, '나는 차마 못 보겠다'라고 했죠.

그런데 이 뉴스를 먼저 접하고 분개한 사람들이 뉴스를 퍼 나르며 '이 기사는 꼭 읽어야 한다'라고 추천하기 시작했습니다. 저도 어느 단체대화방에서 평소 잘 알던 출판사 여성 대표님이 이 기사 링크를 올리고는 꼭 보아야 한다고 해서, 그제야 기사를 읽었습니다. 기사 내용이 급속도로 확산하더니 급기야 청와대 청원까지 올라갔습니다. 만약 단체대화방이나 인터넷 커뮤니티, 청와대 청원 게시판에 기사를 전달해 준 분들이 없었다면 N번방 사건은 또 하나의 신종 성범죄로만 알려지고 끝났을지 모릅니다. 뉴스의 메시지가 많은 이에게 전달되고 효과가 드러난 데는 인터넷 커뮤니티의 역할이 컸죠.

2단계 흐름 모형에는 장단점이 있습니다. 장점은 매스미디어가 우주전쟁 소동 때처럼 대중에게 자기 마음대로 메시지를 전달하는 문제점을 극복할 수 있는 거죠. 매스미디어를 가지고 장난치는 것을 막을 수가 있습니다. 또 매스미디어의 메시지가 고립된 개인들만이 아니라, 커뮤니티를 통해서 전달되기 때문에 더 많은 이에게 뿌려집니다. 요즘처럼 개개인이 스마트폰을 들고 있는 시대에는 뉴스가 더 빨리 확산합니다. 앞서 N번방 사건 기사를 단체대화방에 퍼 나른 대표님은 "딸을 가진 사람은 무조건 이 기사 다 보고 청와대 청원해야 한다"라는 비분강개 가득한 메시지를 덧붙였습니다. 국민일보 보도만으로는 이런 효과를 기대하기는 힘들죠. 단체대화방이나 인터넷 커뮤니티가 있었기에, 또 기사에 자신의 입장과 감정을 실어 준 분들이 있었기에 메시지의 효과가 더욱 커졌습니다.

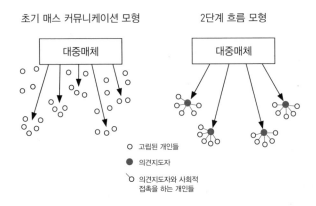

초기 매스 커뮤니케이션 모형   2단계 흐름 모형

대중매체   대중매체

○ 고립된 개인들
● 의견지도자
○ 의견지도자와 사회적
  접촉을 하는 개인들

고립된 개인에게 대중매체가 강력한 영향을 미친다는 '초기 매스커뮤니케이션 모형'(왼쪽).
'2단계 흐름 모형'(오른쪽)은 대중매체가 전하는 내용이 의견지도자를 통해 걸러져
주변에 전달되는 현상을 설명한다.[3]

2단계 모형에 단점도 있습니다. 매스미디어의 내용이, 중간에 '의

견지도자'Opinion Leader [4]라는 사람들을 거치는 과정에서 왜곡되어 전달될 수가 있습니다. 이른바 가짜뉴스 문제인데요. 신문이나 방송은 뉴스를 하나하나의 꼭지가 아니라 한 꾸러미로 묶어서 전달합니다. 예를 들어, 선거 결과를 보도하는 신문이면, 투표 다음 날 아침 신문 1면에 "어느 당이 몇 석을 얻었다"라고 보도하고, 그다음 면에는 지역별 개표 및 득표 상황을, 그다음 면에는 당선자와 낙선자를, 또 그다음 면에는 각 당의 반응, 칼럼, 사설 등을 소개하는 식으로 하나의 묶음으로 선거 상황을 보도합니다. 텔레비전 뉴스도 마찬가지입니다. 8시나 9시 뉴스는 첫 꼭지부터 일련의 총선 보도를 이어 갑니다.

그렇지만 저처럼 대다수 사람은 선거 결과를 종이신문이나 저녁 뉴스가 아니라 단체대화창이나 인터넷 커뮤니티에 공유된 기사로 접합니다. 일련의 기사 묶음 중에서 자신의 커뮤니티에 공유된 한두 개만 보는 거죠. 예를 들자면, 종이신문 4면이나 5면쯤에 여당과 야당의 반응, 소수정당의 반응 등 여러 꼭지가 있는데 그중 하나만 단체대화방에 소개합니다. 단체대화방에 공유한 사람이 기사를 링크하면서 덧붙이기를, "이 기자는 야당이 이번 선거에 진 것이 굉장히 슬픈 모양이다. 아직도 기레기들이 정신을 못 차리고 있다"라고 하면, 마치 그 매체 전체가 야당 입장에서 보도하는 듯한 착각을 줍니다. 사실 링크된 기사는 그 신문 지면에 실린 선거 관련 기사 중 하나에 불과하고, 그 기사를 쓴 기자는 야당을 출입하는 기자여서 출입처 기사를 하나 썼을 뿐인데 말입니다. 전체 묶음이 아니라 단편적인 기사 하나만 전해졌을 때에는 전체 배경이 제대로 전달되지 않는 것이죠.

소셜미디어에는 '좋아요, 최고예요, 화나요, 멋져요, 힘내세요'처럼 감정을 표시할 수 있는 여러 이모티콘이 있습니다. 사람들이 뉴스를 접할 때 이런 이모티콘이나 댓글이 함께 전달되기 때문에 감정적으로 받아들이기 쉽습니다. 처음 그 뉴스를 발신하는 기자나 뉴스 출처의 의도와는 상관없이, 중간에 그 기사를 전달하는 의견지도자가 어떤 감정을 덧붙이냐에 따라 2차 독자 역시 유사한 감정으로 기사를 읽는 경우가 많습니다. 그러니까 그 과정에서 기자의 의도는 왜곡되고, 기자는 욕을 먹게 됩니다. 이런 상황 속에 기자들이 있습니다. 그래서 괜한 오해를 받기도 합니다. 정당한 비판을 받는 경우도 물론 많지만요.

팬덤 요인

마지막으로 한 가지 덧붙이자면, 팬덤 요인입니다. 앞서 이야기한 두 요인, 역사적 요인과 환경적 요인이 어느 정도 이론적 근거가 있었다면, 이 요인은 다분히 저의 주관적 주장입니다. 제가 팬덤 요인을 지금까지 두 명에게 설명해 보았는데요, 한 명은 언론학과 교수이고, 다른 한 명은 팩트 체크하는 저널리스트였습니다. 제가 지금 말씀드리려는 내용을 설명했더니, 대학교수의 반응은 '김지방 기자가 정신을 못 차리고 음모론에 빠져 있구나'였고,. 저널리스트의 반응은 '누구나 다 알고 있는 상식적인 팩트 아니냐'였습니다. 이렇게 인식차가 크구나 하는 생각이 들었습니다. 여러분도 한번 들어보고 판단해 주십시오.

한경오(한겨레신문, 경향신문, 오마이뉴스)는 가난한 조중동(조선일보, 동아일보, 중앙일보), 몽둥이가 답이다.

이런 문구나 그림을 아마 한 번씩은 보셨을 겁니다. 이 문구가 등장한 시기는 문재인 정부가 출범할 때 즈음입니다. 저는 이걸 보고 굉장히 놀랐습니다. 왜냐하면, 당시만 해도 저는 박근혜 정권의 부정이 드러나 대통령이 탄핵되고 새로운 정부가 출범하는데 언론이 중요한 기여를 했다고 생각하고 나름대로 뿌듯했거든요. 언론이 그 전에 세월호 사건이나 다른 일들을 제대로 보도하지 못해서 기레기라는 욕을 많이 먹었는데, 탄핵을 통해서 어느 정도 신뢰를 회복할 수 있지 않을까 기대를 했습니다. 그 신뢰를 잘 지켜 가고 좀 더 쌓아가면, 언론이 좀 더 긍정적으로 발전할 수 있겠다고 생각했습니다. 그런데 새 정권이 출범하기도 전부터 새 정부를 지지하는 사람들이 '한경오는 가난한 조중동이다'라며 언론을 향해 비난을 쏟아내는 모습은 정말 뜻밖이었습니다.

특히, 한겨레신문이 많이 비판받았던 때가 문재인 정권 초기입니다. '김정숙 여사'를 '김정숙 씨'라고 기사에 언급했더니, "아니, 한겨레가 과거에는 안 그러더니, 문재인 정부에 들어서는 영부인을, '영부인'도 아니고 '여사'도 아니고 '씨'라고 부른다, 얘들 아직 정신 못 차리고 있다"라면서 엄청나게 비난했습니다. 이것도 물론 오해인데, 아무리 오해라고 한겨레 기자들이 설명하고 다른 기자들까지도 설명해도 그 말을 듣지 않았지요. 저는 오해도 있었지만, 오해가 해소되지 않고 계속 강화되는 데는 어떤 의도도 있지 않을까 하는 의심을 하게 됐습니다.

문재인 대통령이 취임하고 처음으로 중국을 방문했는데 그때 한국 사진 기자가 중국 경호원에게 폭행당한 사건이 있었습니다. 이때도 사람들은 사진 기자를 욕했습니다. 이때 역시 개인적으로 굉장히 놀랐습니다. 앞뒤 사정을 잘 살펴보면 중국 경호원들이 권위적으로 무례하게 우리나라 취재진을 폭행한 게 틀림없는데, 한국 시민 일부는 오히려 기자를 욕했습니다. 기자를 욕한 이유는 문재인 대통령이 처음 중국을 방문해서 거둔 외교 성과에 관한 긍정적인 보도가 많이 나와야 하는데, 기자 폭행 사건 때문에 그게 다 묻힐지 모른다는 우려 때문이었습니다. 그 뜻이 이해는 되지만, 방향은 잘못됐다는 생각이 들었습니다.

물론 정당한 언론 비판도 많이 있습니다만, 왜 명백하게 부당한 비난이 많은 이에게 호응을 얻고 불신을 더 강하게 만들까요? 보수 언론뿐 아니라 진보적이라는 언론까지도 믿어서는 안 된다며, 언론 전체를 불신하며 굉장히 공격적으로 비난하는 이유는 무엇일까요? '우리 대통령을 지켜야 한다, 정권을 흔드는 의도는 미리미리 차단해야 한다'라는 열정이 너무 앞선 때문은 아닐까 하는 의구심이 듭니다. 마치 아이돌 팬들이 '우리 오빠·누나를 지켜야 해'라고 하듯이 정치도 시시비비를 가리기보다는 누구를 지지하느냐가 더 중요한 팬덤 현상을 보인다는 생각입니다.

언론 보도가 제대로 전달되지 않는 데는 언론이 변화한 환경에 제대로 대응하지 못한 문제도 있겠지만, 파편적인 커뮤니케이션 환경 속에서 언론 보도를 취사선택해 재편집하고 싶은 팬덤 커뮤니티의 문제도 있지 않나 싶습니다.

물론 어느 시대든 독자는 언론 보도를 비판적으로 받아들여야 합니다. 또 대중 위에 군림하던 언론이 변화하려면 대중에게 더 많은 비판을 받고 위기감을 느껴야 합니다. 최근에 BBC가 한국판을 만들면서 사람들이 외신에 이전보다 더 관심을 두게 되었습니다. 우물 안 개구리처럼 국내 언론 환경을 개선하는 데 무관심했던 한국 언론에게는 변화를 촉발하는 계기가 되는 면도 있습니다.

그럼에도 불구하고

저는 언론이 세상을 보는 창이 되기 전에, 세상을 향해 쏟아지는 의견을 받아 내는 통이 되는 것도 좋겠다고 생각합니다. 언론인의 한 사람으로, 언론이 파편화되고, 제대로 전달되지 못한 것, 제대로 보도하지 못한 것을 반성하면서 어떻게 하면 더 심층적으로, 더 총체적으로, 전체적으로 뉴스를 전달할 수 있을지 더 고민하고, 환경적 요인이나 변화를 극복하려고 노력하는 것이 우리의 할 일이라고 봅니다.

결론을 대신해 제 당부를 말씀드리자면, 언론을 무조건 불신하기보다는, 급변하는 미디어 환경 속에서 전통적인 저널리즘이 붕괴하고 또 변화를 요구받고 있으나 제대로 적응하지 못하면서 지체 현상을 보이고 있고, 독자들 역시도 언론의 진위를 잘 파악하기에는 쉽지 않은 환경에 있다는 점을 알아주시면 좋겠다. 그러니 조금 더 이해와 여유를 가지고 언론을 대해 주시면 좋겠다는 말씀을 드리고 싶습니다.

Q1 저는 캘리포니아 더블린에 있는 ○○○입니다. 나눠 주신 내용 잘 들었습니다. N번방 사건이 모든 남성을 성 착취자로 보려는 의도가 아니었듯이, 언론에 대해 부정적 표현을 하거나 '기레기'라는 험한 말을 하는 것도 모든 언론을 부정하기보다는 양질의 언론을 원하는 마음의 표현인 것 같습니다.

저는 두 가지를 여쭤 보고 싶은데요. 먼저, 언론사도 상업적 회사이기 때문에, 정파적 저널리즘보다는 오히려 객관주의 저널리즘을 표방할 수 있다고 설명하셨습니다. 그런 긍정적인 면도 있지만, 대중의 호응을 얻기 위해 기사를 쓰게 되는 또 다른 역작용이 있지는 않을까요? 다음은, 언론의 온라인화 이후에 미국에서도 많은 언론이 다 없어지고 포털 사이트에 흡수되는 것 아니냐는 우려를 했습니다. 영어 사용 인구가 많아서인지는 모르겠지만, 최근 「뉴욕타임스」는 양질의 콘텐츠로 유료화에 성공해서 독자 생존을 하고 있습니다. 한국에서는 한국어 사용 인구가 적어서 불가능한지, 아니면 한국에서도 콘텐츠로 승부하는 전략이 가능할지 궁금합니다.

김지방 '기레기'라는 말은 이렇게 설명할 수 있지 않을까 합니다. 여기 모인 분 중에 그리스도인이 많으시니까, '개독교'라는 표현도 교회가 제 역할을 잘해 주기를 바라는 마음에서 사용하기도 합니다. 하지만 그 말을 듣는 그리스도인들은 심한 자괴감을 느끼죠. 기레기라는 단어도 비슷한 것 같습니다.

상업주의 저널리즘의 문제는 지적하신 내용이 맞습니다. 그런데 단기가 아닌 장기적 안목으로 보면 객관적이고 심층적인 방향으로 가는 것이 오히려 더 상업적으로 낫다고 판단할 수 있습니다. 포털 뉴스가 그렇습니다. 초기에는 사람들의 호기심을 끄는 낚시성 제목이 아주 많았습니다. 그런데 포털에서 제목에 낚이는 일도 사람들이 10년 이상 겪었잖아요. 언론도 그렇게만 해서는 장기적으로 언론에 대한 불신만 키우고 관심도를 낮춘다는 것을 알았습니다. 길게 보면 제목 낚시보다는 제대로 된 기사를 쓰는 편이 낫다는 것을 조금씩 배웠습니다. 마찬가지로 상업적 저널리즘도 단기간이 아니라 장기간으로 보면 결국 객관주의 저널리즘 방향으로 가게 된다는 생각에서 말씀드렸습니다.

「뉴욕타임스」는 말씀하신 대로 우리와는 비교도 안 되는 두터운 영어권 독자층이 있어서 가능하지 않을까 하는 생각이 우선 들고요. 다른 하나는, 「뉴욕타임스」라는 거대한 언론 자본에는 저널리즘을 제대로 구현하는 것이 가장 큰 이익이라는 점을 기자뿐만 아니라 경영진이나 사주까지 다 이해를 하고 있는 거죠. 이게 무척 중요한 점입니다. 「뉴욕타임스」는 이제 종이 신문이 아니고 온라인 매체입니다. 「뉴욕타임스」 기자가 2,700명에 가깝습니다. 그런데 국민일보 기자는 200명 조금 넘습니다. 대한민국에서 가장 많은 기자를 보유한 방송국도 500명이 넘지 않습니다. 그런데 「뉴욕타임스」라는 매체 하나에만 기자가 수천 명이 있고, 그들이 기사를 어떻게 쓸지를 고민하기 때문에 저널리즘의 수준에 엄청난 차이가 날 수밖에 없죠.

저는 대한민국 경제 발전의 중요한 계기 중 하나가 IMF 외환위기 이후에 경제를 개방해 외국기업과 경쟁하도록 한 것이라고 봅니다. 물론 진통이 컸지만 국내 경제나 기업의 수준이 올라서는 데 중요한 역할을 했다고 생각합니다. 아쉽게도 저널리즘 분야는 일차적으로 언어 장벽 때문에 세계적 수준의 저널리즘과 경쟁한 적이 없습니다. 그래서 시장 자체가 폐쇄적이기도 하고 작기도 해서 양질의 저널리즘을 추구한다고 해서 과연 상업성이 있을까, 지속 가능할까, 하는 의구심이 들고 아직도 그에 대한 확신이 강하지 않습니다. 그런 점에서 앞서도 말씀드렸듯이 BBC가 한국어판을 만들고 다른 저널리즘을 보여주는 것이 한국 언론에 좋은 자극이 되고 변화의 가능성을 모색하게 하는 계기가 될 수 있지 않을까, 기대도 하고 있습니다.

이영석 앞서 언론의 '지사적 태도'에 대해 말씀하셨는데 다른 말로 하면 계몽이겠죠. 그러니까 '내가 어떤 이야기를 하면 상대방에게 먹힐 수 있다'라는 태도를 예전부터 가졌었는데, 김 기자님 말씀대로 언론 환경이 변하지 않았습니까, 기본적으로는 지식 민주주의가 됐습니다. 교육받은 수많은 사람이 지식을 공유하면서 얼마든지 자기 지식을 확대할 수 있고, 또 그 지식을 통해서 세계를 내다볼 수 있는 여건이 조성되었죠. 게다가 쌍방향 의사소통이 이루어졌죠. 예전처럼 자신의 편견이나 세계관으로 재단한 뉴스를 발화했을 때 상대방에게 영향을 주리라는 것 자체가 편견인데요. 한국 언론의 데스크나 경영자는 아직도 그런 망상에 빠져 있는 것 같습니다.

그리고 언론 환경이 어려워질수록 그만큼 기자들이 더 노력해야 하는데, 저는 기자 개인의 문제는 아니라고 봅니다. 아까 말씀하셨듯이 신문사같이 하루하루 바쁘게 돌아가는 일상에서 어떻게 자기 계발을 하고, 자신만의 전문성을 길러 낼 수 있겠습니까. 회사 차원의 지원이 부족하다고 봅니다. 결국은 언론에서 기자 개개인이 추구해야 하는 것은, 직위가 올라가서 데스크가 되는 것이 아니라, 특정 분야 전문 기자로서 전문성을 확보해 많은 독자에게 기여하는 것이고, 그것에서 긍지를 느껴야 합니다.

저는 영국사를 연구하기 때문에 영국 신문인 「가디언」을 볼 때가 많습니다. 「가디언」도 「뉴욕타임스」 못지않게 계속 달라지고 있습니다. 한마디로 전문성이 느껴집니다. 그런데 이것은 기자 개인의 노력도 있지만, 그것을 가능하게 하는 구조 덕분입니다. 예컨대, 경영진이 시혜적인 자세로 '기자들에게 연구년도 주고, 일주일에 며칠은 탐구할 시간을 주자'는 결단도 필요하지만, 중요한 것은 기자 집단이 이를 요구해야 합니다. 기자들이 전문성 제고를 가능하게 하는 근무 여건을 계속 요구하고, 경영자들이 그 중요성을 깨닫도록 해야 합니다. 언론을 상품이라고 말씀하셨는데, 그런 전문성이 제고되지 않고는 지금은 팔릴 수가 없죠. 언론을 무조건 매도하는 것도 문제 삼아야 하겠지만, 기자 스스로 한 분야의 전문성을 확보하려는 노력도 부족한 면이 있다고 생각합니다.

김지방 네, 저도 같은 생각입니다. 그런데 그중에서 제 고민은 저널리스트의 역할인데요. 저널리스트가 전문성을 함양하고 계속 훈련해야 한다는 말씀도 맞지만, 전문가들이 저널리스트의 글쓰기나 전달 방식을 배워서 저널리스트가 되는 것이 더 바람직한 것은 아닌가 하는 생각도 합니다. 그 방향으로 저널리즘이 가야 한다면, 저널리스트라는 직업은 어떤 역할을 해야 하는지를 더 고민해야 하겠지요. 대체로 영국의 저널리즘이 미국보다는 더 낫다고들 합니다. 영국 매체를 볼 때마다 전문가들이 대중과 직접 소통하는 시대에 저널리스트의 역할은 무엇인지를 고민하게 되고, 이것이 요즘 기자들에게 던져진 과제가 아닌가 합니다.

최종원 채팅으로 주신 질문이 겹쳐서 모아서 전달합니다. 간단한 질문입니다. "데스크가 사실이 아닌 줄 알면서도 기사를 낼 때도 있는 듯합니다. '악마의 편집'일 수도 있고, 제목을 일부러 선정적으로 잡는 것 같은데요. 일선 기자로서 이에 대한 고민은 없으신지요. 읽는 사람도 문제의식을 느낀다면, 기사를 쓴 당사자도 비슷한 생각이 들 것 같은데요. 데스크에서 잡은 제목과 실제 기사 내용이 다른 경우가 많은지요. 정말 조회 수를 높이기 위한 것인지, 다른 의도는 없는지가 궁금합니다."

김지방 기사 제목과 기사 내용에 괴리가 있다고 생각하실 때는 아마도 두 가지 경우가 아닐까 생각되는데요. 하나는 말씀하신 대로 사람들 관심을 끌려고 제목을 달다 보니 다소 자극적인 내용을 부각하는 경우이고, 또 하나는 선거 때처럼 의도가 개입되는 경우입니다. 그럴 때 기자들이 선택하는 방법은 세 가지 정도입니다. 하나는 데스크와 싸우는 것이고, 또 하나는 회사를 그만두는 것이고, 나머지 하나

는 참으면서 '내가 데스크가 되면 두고 보자'라며 이를 가는 것이죠. (웃음)

Q2   좀 더 날카로운 질문을 하고 싶은데요. 저는 서울에 살고 있는 ○○○입니다. 오늘 말씀에서 정파적 언론은 바람직하지 않다고 말씀하셨는데요. 대다수 사람은 소위 조중동을 가장 정파적 언론이라고 할 듯합니다. 그래서 기레기라는 단어도 그들의 정파성을 낮춰 부르는 표현으로 등창하지 않았나 합니다. 정파성을 띠는 언론이 건강하지 않다면, 우리 언론이 어떻게 해야 건강해질 수 있을지를 좀 더 구체적으로 나누는 것이 미래지향적이지 않을까 합니다. 예를 들어, 채널A 기자 사건과 검찰의 문제, 이와 관련해 조중동이 취하는 태도, 그리고 삼성 관련한 사안들과 조중동의 보도 등 한국 언론이 반성하는 모습을 결코 본 적이 없습니다. 그렇다면, 과연 언론이 정파성을 탈피할 수 있을지, 어떻게 해야 그 일이 가능할지 고견을 듣고 싶습니다.

김지방   글쎄요. 정파성이 조중동에만 있는 것은 아니고, 진보적이라는 것도 하나의 정파성이라서 그렇게 보면 한겨레신문이나 MBC도 정파적인 것이죠. 진짜 문제는 신뢰입니다. 정치색이 묻어 버리면 그 보도를 신뢰하지 못하게 됩니다. 예를 들어 말씀하신 채널A 기자 사건도 조선일보가 보도하는 스토리가 있고, MBC가 보도하는 스토리가 있습니다. 조선일보의 보도가 한쪽 정파에 서 있어서 믿을 수 없다면, MBC의 보도는 믿을 수 있을까요? 저는 지금 상황에서는 MBC의 보도가 온전하지 않다고 생각합니다. 정파성에서 벗어나는 일은 유보하거나 선택할 수 있는 일이 아니라 반드시 해야 할 일이 아닐까 싶습니다.[5]

정파성을 탈피하는 일은 매우 어려운 과제이고 또 고민할 거리도 많은 문제입니다. 저는 한 가지 대안으로 매체가 추구하는 가치를 객관주의라는 텅 빈 명제로 놓아두기보다는 통일이면 통일, 경제적 평등이면 평등이라고 자신이 지향하는 가치를 솔직하게 밝히는 것이 낫다고 생각합니다. 그렇게 매체마다 지향하는 바를 확실히 내세우는 것이 오히려 언론이 특정 정치세력과 연결되는 문제에서 벗어나는 길이 아닐까 합니다. 물론 어떤 경우에도 사실 그 자체를 왜곡하려고 해서는 안 되겠죠.

김광현 안녕하세요. 저는 감신대에서 종교철학을 공부하는 김광현입니다. 저는 기사 수준은 천차만별이라서, 좋은 기사도 분명히 있고, 좋지 않은 기사도 분명히 있다고 생각합니다. 우리나라뿐만 아니라 세계 어디를 가도 마찬가지겠지요. 그런데 수준 낮은 기사들이나 자극적인 제목을 단 기사들이 포털 등을 통해 훨씬 더 널리 전파되는 듯합니다. 그래서 저는 왜 질 좋은 기사들이 널리 퍼지지 않는가, 도대체 질 좋은 기사들을 널리 퍼지게 하려면 어떻게 해야 하는지가 더 중요한 문제라고 생각해요. 그러니까 질 좋은 기사를 쓰는 기자가 주목받고 더 좋은 기사를 생산할 수 있게 하고, 질 낮은 기사를 쓰는 기자는 그에 상응하는 불이익을 받도록 하는 방안이 필요하지 않나 하는 생각이 듭니다. 혹시 기자들 사이에서도 그런 고민이 있는지, 김 기자님은 이에 대해 어떻게 생각하는지 궁금합니다.

김지방 제가 정치 팬덤의 문제를 얘기했는데, 언론도 더 강력한 팬을 만들 정도로 멋지게 취재하고 보도한다면 이 문제를 극복할 수 있겠지요. 어떻게 하면 독자들이 질 높은 저널리즘을 응원하게 할 수 있을까요? 뉴스를 포털에서 공짜로 안 보고 신문을 구독하거나 잡지를 구독하는 것도 한 방법입니다. 그게 가장 직접적으로 응원하는 방법이죠. 다들 아시겠지만, 한국 언론은 특히 온라인화하면서 광고주나 포털에 의존하는 정도가 더 심해지고 있습니다. 이 문제를 극복하려면 좋은 기사는 돈 주고 사서 본다는 의지를 가진 사람이 많이 있어야한다고 생각해요. 그런데 아직은 언론도 준비가 안 돼 있고 사회적인 관행이나 관습도 확립이 안 되어 있습니다. 이건 저 같은 저널리스트들이 방법을 찾아야 하고, 독자들이 응원해 주시면 좋은 저널리즘이 더 퍼질 수 있지 않을까 생각합니다.

저널리스트에도 다양한 단계가 있습니다. 현장에서 취재해서 단신을 전하는 단계부터, 한 달이든 몇 달이든, 또 일 년간 취재해서 보도하는 단계까지 여러 단계가 있습니다. 그 단계 단계마다 어떻게 사실을 확인하고 숨겨진 사실을 캐내는지를 제대로 훈련받아야 좋은 저널리스트가 길러집니다. 그것 역시 저 같은 기자들, 언론인들이 해야 할 역할이죠.

박정위 오늘 이야기하다 보니까 언론에 대한 비판적인 이야기가 많이 나왔던 것 같습니다. 언론 환경이 바뀌고 있어서 다 같이 경험하는 과도기적 상황에서 느끼는 문제점이 많다고 생각합니다. 언론에 대한 비판도 필요하고, 또 언론도 변화하는 상황에 적응해야 하지만, 독자들도 많이 바뀌고 있다는 생각이 듭니다. 저 같은 경우도 예전에 종이 신문을 사서 볼 때는 처음부터 끝까지 보는 게 가능했지만, 이제는 거의 그러지 않습니다.

코로나19 사태와 관련해서 말씀을 드리자면, 「뉴욕타임스」나 「이코노미스트」 같은 언론에서는 기자들이 학자들보다 더 심층적인 내용을 다룹니다. 도대체 어떻게 이런 일이 가능한가 싶어 경탄할 때도 있습니다. 그래서 새로운 진화가 언론에도 필요하고 거기에 맞춰 가는 독자도 필요하지 않을까 하는 생각도 합니다. 언론인들은 내부에서 어떤 식의 진화 과정을 겪고 계신지 궁금합니다.

김지방   저희도 고민하고 나름대로 방법을 찾아가려고 합니다. 박 교수님 말씀처럼 기자의 전문성, 심층보도를 만들어 내는 매체의 능력이 결국 가장 중요하겠지요. 그런데 제 생각에 한국 언론에 지금 제일 필요한 것은 가장 기본적인 원칙부터 확인하는 일 같습니다. 부끄럽게도 저희 수준이랄까, 상황이 여기서 시작해야 할 위치입니다. 사실을 충실하게 엮어서 보도하는 것, 제목 역시 주관적인 시각이나 코멘트에 의존하지 않고 객관적으로 붙이려고 노력하는 것, 그러면서도 무책임하게 사실 전달만으로 끝나지 않고, 그 뒤에 숨어서 드러나지 않는 사실까지 캐낼 수 있도록 시간과 인력과 자원을 투입하는 것까지, 단계적으로 저널리즘의 질을 끌어올리는 기나긴 작업이 필요합니다.

　아까도 말씀드렸듯이 자원이나 인력을 투입할 수 있는 언론 환경은 예전보다 더 어려워지고 있습니다. 그래서 비난도 많이 받고 고군분투하는 상황이죠. 그렇다고 환경만 탓하면 변화가 없겠죠. 이런 환경에서도 이런저런 시도를 많이 하고 있습니다. 저 같은 경우도 지금 회사에서 기독교 관련 유튜브 영상 제작을 맡고 있습니다. 과거 같으면 신문사에서는 하지 않는 일인데, 이런 일을 제게 맡긴 것은 그만큼 회사도 기존 상황에 머물지 않고 뭔가 변화를 추구하겠다는 의지를 보이는 것이죠. 이런 식으로나마 부족하지만 나름대로 투자하고 고민하고 노력하고 있다는 말씀을 드리고 싶습니다.

한국 언론에 문제가 많지만, 언론을 향한 비판은 핵심을 찌르지 못한다고 생각했습니다. 편파적인 보도가 불신을 불러왔듯이, 정파적이고 감정적인 비난이 언론 문제를 더 꼬이게 만든다는 고민도 있었습니다. 독자들이 지금 언론이 처한 구조와 상황을 조금이라도 이해해 주시면 좋겠다는 심정으로 이런저런 이야기를 했는데, 다시 살펴보니 어설픈 변명에 그치지 않았나 싶습니다. 참여해 주신 분들의 질문이 날카로워 당황하는 바람에 좀 더 충실하게 답변드리지 못한 점이 아쉽습니다.

독자의 목소리를 경청하고 잘못을 고쳐 갈 책임은 언론인이란 직업을 가진 저와 저희 동료에게 있다는 걸 압니다. 더 노력하겠습니다.

질병은
어떻게 찾아오는가

그리고 따라오는 질문들

이희제

이희제

| 치과의사. 미국 텍사스주 댈러스 지역의 Evergreen Dental 원장

손과 기구를 이용해 정밀하게 작업하는 것을 좋아해서 치과의사가 되었다. '치료 잘하는 치과의사'가 되고 싶어 연세대학교 치과대학 졸업 후 삼성서울병원에서 보존과, 미국 로체스터 대학에서 보철과, 두 차례 전문의 과정을 거쳤다. 임상의로 살아가던 어느 날 아무리 치료해도 또다시 생겨나는 환자들을 보며 '우리는 왜 아파지는가', 그리고 '우리는 어떻게 건강할 수 있을까'를 질문하게 되었다. 해답을 찾기 위해 현재 버클리 캘리포니아 주립대학교(UC Berkeley)에서 공중보건학 석사과정을 공부하고 있다.

저는 요즘 공중보건학 공부에 푹 빠져 있습니다. 그러면서 많은 영향을 받고 있고 생각도 그쪽에 '꽂혀서' 돌아가고 있습니다. 그래서 충치와 질병을 연결하는 내용으로 이야기를 나누려고 합니다. 우선은 충치라고 불리는 치아우식증에 대해 생각해 보려고 합니다. 일반적으로 치과 질환에 대한 이해가 깊지는 않으시므로, 충치가 왜 생기는지, 어떻게 치료하고 있는지, 어떻게 예방해야 하는지에 관해서만 들려드려도 괜찮을 것 같습니다. 그런데 오늘은 이야기를 조금 더 진행하고 싶습니다. 비교적 간단한 질환인 치아우식증을 모델로 해서 '질병은 어떻게 발생하는가'라는 큰 그림을 보려고 합니다. 그리고 더 나아가서 '질병이 있는 사람을 대하는 태도가 어떠해야 하는가'에 대해서도 제안하고자 합니다.

충치라는 흔한 질병

충치의 발생 기전에 관해 이야기하기 전에, 충치가 얼마나 흔한 질병인지를 먼저 알아보려고 합니다. 2015년도에 발표한 한국 논문인데요, 조사 대상은 어린아이들이었습니다.[1] 2000년부터 2012년까지 12년간 추적조사를 했습니다. 먼저, 5세 아동이 유치일 때 충치를 경험한 비율이 얼마인지 조사를 했습니다. 충치 경험은 검사 당시에 충치가 있는 치아, 이미 충치가 있어서 치료를 받은 치아, 그리고 충치 때문에 발치한 치아를 모두 포함합니다. 5세 아이 중에 약 60퍼센트가 넘게 충치를 경험한 것으로 나타났습니다. 한 가지 특이한 점은 2000년부터 2012년까지 10여 년이 지나면서 77.1퍼센트에서 57.3퍼센트 대로 충치 발생 빈도가 크게 줄어들었습니다. 그렇다면 12세 아이들은 어떨까요? 이때 유치는 다 빠지고 영구치가 있는 상황인데요. 영구치를 가진 아이들이 얼마나 많이 충치를 경험하는지를 조사했는데, 역시 대략 60퍼센트 정도로 나타났습니다.

한편, 미국인의 조사 결과에서도 12-19세 청소년의 약 60퍼센트 정도가 충치를 경험했다고 나왔습니다. 시간이 지나면서 충치 경험 비율은 점점 올라갑니다. 일생을 통틀어서 충치가 없던 사람도 충치가 생기고, 그러면서 충치 경험자 숫자가 늘어납니다. 64세까지 올라가면 95퍼센트, 그러니까 거의 모든 사람이 충치를 경험하게 됩니다. 오늘 여기서 "충치를 경험한 적이 있으신가요?"라고 질문하면, 아마도 대부분 손을 드실 겁니다. 그만큼 충치는 아주 흔한 질병입니다.

치과에 오셔서는 "제가 충치가 있는 것 같아요"라고 하거나, 부모님이 아이를 데리고 와서 "저희 아이가 충치가 있어요"라고 합니다. 그러면 저는 물어봅니다. "그걸 어떻게 아셨어요?" 그러면 대부분은 "입을 벌리고 봤더니" 아니면 "아이 입속을 봤더니 치아 윗면에 뭔가 까만 것이 보였어요"라고 답을 합니다. 맞습니다. 충치가 가장 많이 생기는 곳은 어금니의 씹는 면입니다. 어금니의 씹는 면은 평평하지 않고, 울퉁

불퉁한 구조라서 홈이나 주름이 있습니다. 그 부위가 까맣게 변한 것을 보고 충치가 발생한 줄 알게 됩니다. 이것을 치료하지 않고 그대로 두면, 치질이 점점 안에서 파괴되면서 충치 크기가 점점 커지는 거죠. 사실 충치는 눈에 보이는 면보다 그 안에 퍼져 있는 면적이 훨씬 큽니다.

충치가 가장 많이 발견되는 곳은 어금니의 씹은 면이고, 그다음 많이 발견되는 곳이 치아의 인접면입니다. 두 치아가 맞닿는 부위인데요, 인접면 충치는 꽤 빈번하게 발생하는데도 찾기가 좀 어렵습니다. 왜냐하면 눈에 보이지 않기 때문입니다. 엑스레이를 정기적으로 찍어서 확인해야 알 수 있습니다.

충치는 어떻게 치료하는가

그럼 충치는 어떻게 치료할까요? 다행히도 충치는 치료가 그리 어렵지 않습니다. 특히 크기가 그리 크지 않을 때는, 충치로 먹히거나 충치에 오염이 된 부분을 드릴로 갈아 내고 그 부위를 다른 재료로 채우면 되죠. 아주 간단하게 치료할 수 있는데요. 충치 크기가 제법 커지면 다른 재료를 채워 넣는 것만으로는 해결할 수 없습니다. 그때는 일단 충치가 있는 부분을 다 제거하고, 치아 전체를 돌려서 깎은 다음에 크라운을 만들게 됩니다. 그러면 마치 아무 일 없었던 것처럼 다시 보기 좋은 모양으로 수복이 되는 거죠.

이미 충치가 신경이 있는 치수강에 거의 접근한 때도 있습니다. 이 경우 박테리아로 인한 염증이 신경조직에 이미 발생해 있어서 신경치료를 하고, 그 위에 크라운을 씌워 줍니다. 여기서 한 가지 생각해 볼 것은, 충치가 작을 때는 치료도 간단하고 비용도 얼마 들지 않지만, 오랜 기간 방치했을 때는 치료도 복잡해지고 비용도 많이 든다는 점입니다. 이것을 기억하시면 도움이 되실 겁니다.

30대 중반 여성 환자의 사례를 소개하겠습니다. 충치가 입 안 전체에 생겨서 왔습니다. 어떤 부위는 충전을 할 수 있고, 어떤 부위는 크라운을 할 수도 있겠지만, 너무 심하게 망가진 부분은 결국 발치할 수밖에 없습니다. 발치한 후에 임플란트라든지 다른 방법을 써서 치료할 수 있을 겁니다. 그러면 이 환자는 충치가 심했던 앞니를 뽑고, 다른 데는 충전하고 크라운 치료를 했을까요? 이 환자는 다르게 진행했습니다. 일반적 사례는 절대 아닙니다. 그런데 이 환자는 미국의 의료 현실을 보여드리는 사례인 것 같아서 참고로 말씀드립니다. 환자가 가진 치료비 예산에 한계가 있었습니다. 낼 수 있는 돈이 정해져 있다 보니 치아 하나하나를 치료하면 중간에 돈을 다 소진하고 몇 개만 치료하고 마는 식이 됩니다. 결국 오랜 시간 상담하고 함께 고민한 끝에, 환자가 가장 원했던 것이 예산 범위 내에서 치료를 마무리하는 것이어서, 전부 발치하고 틀니를 제작해서 사용하도록 했습니다. 글쎄요. 썩 기분 좋은 선택은 아니었지만 어쩔 수 없는 선택이었고, 환자분은 환자분대로 좀 아쉽지만 그래도 예산 범위 내에서 치료를 마무리하고 이제는 충치로 고생하지 않겠다고 안도했습니다. 그런 면에서 어쩌면 그럭저럭 잘한 선택이지 않았나 하고 생각합니다.

충치는 왜 생기는가

충치가 어떻게 임상적으로 보이는지, 그리고 어떻게 치료하는지를 간단하게 말씀드렸는데요. 이제는 충치가 왜 생기는지 살펴보겠습니다. 충치가 왜 생기는지 일반인에게 물어보면 아마도 이렇게 대답할 겁니다. 첫째, 단것을 많이 먹어서. 둘째, 이를 닦지 않아서. 셋째, 단것을 먹고 이를 닦지 않아서. 이처럼 대답이 크게 다르지 않습니다. 조금 과장된 시나리오지만 이야기 하나를 들려드리겠습니다. 엄마나 아빠가 치과에 아이를 데리고 옵니다. "선생님, 저희 아이에게 충치가 생긴 것 같아요." 이야기는 똑같이 진행됩니다. "어떻게 아셨어요?" "입을 벌려 봤더니 뭔가 보여요." 그러면 일단 의자에 앉히고 검사를 진행합니다. "오, 그렇네요. 여기, 여기, 여기에 충치가 있네요." 그러면 엄마나 아빠가 아이에게 버럭 화를 내며, "내 그럴 줄 알았다. 그렇게 단거 먹지 말라고 했는데 계속 먹더니…", "이를 그렇게 닦으라고 했는데 안 닦더니…"라고 하면서 아이를 나무라기 시작합니다. 그러면서 제게 부탁합니다. "선생님, 이번에 치료할 때 진짜 아프게 치료해 주세요. 그래야 정신을 좀 차리지요." 이런 식의 전형적인 시나리오대로 흘러갑니다. 이 이야기를 앞에서 듣고 있는 저는 생각합니다. "이 아이는 왜 충치가 생겼을까? 엄마 말을, 아빠 말을 안 들어서 충치가 생긴 걸까?" 분명히 질병 발생에는 이유가 있을 테니까요. 다른 질문들도 떠오릅니다. 아직 그 이유를 찾지 않았는데 속단하기도 그렇고, 설령 이유가 밝혀진다고 해도 그 때문에 이 아이를 이렇게 호되게 혼내는 것이 과연 정당할까요? 이 아이는 정말 이렇게 혼나 마땅한 것일까요? 이 이야기를 조금씩 더 진행해 보겠습니다.

먼저, 충치가 생기는 기전을 간단하게 말씀드리겠습니다. 일단 세균이 필요합니다. 우리가 충치라고 부르는 용어에도 벌레 '충'(蟲) 자가 들어갑니다. 그렇다고 눈에 보이는 벌레는 아니고 '스트렙토코커스 뮤탄스'streptococcus mutans라는 세균입니다. 우리 입 안에는 아주 많은 세균이 살고 있는데, 그중 대표적인 세균입니다. 그리고 치아는 질병이 발생하는 장소가 되겠죠. 우리는 대부분 식사할 때 당을 섭취합니다. 당이라고 표현했지만 설탕을 떠서 먹는다는 뜻은 아니고, 탄수화물이나 전분 같은 것을 먹어도 몸 안에서 분해되면 결국 당이 된다는 뜻입니다. 우리가 당을 먹을 때, 세균들도 같이 당을 먹습니다. 그리고 사람이 뭔가를 먹으면 배설을 하듯이 세균도 뭔가를 먹으면 배출을 합니다. 그런데 안타깝게도 그 배설물이 강한 산acid입니다. 그 산이 치아의 표면을 부식시키는데, 그것이 충치입니다.

이어서 몇 가지 더 생각해 봅시다. 세균 때문에 충치가 발생하는 것은 맞지만, 그렇다고 세균이 치아에 달라붙어서 그 표면을 뜯어먹는 것은 아닙니다. 세균도 생존하기 위해서 당을 먹고 배설했을 뿐인데 하필 그 배설물이 치아에 영향을 미친 거죠. 그러면 또 궁금해지는 것이 있죠. 왜 치아에만 부식이 생길까요?

세균이 입 안에 있으면, 이런 시나리오도 가능하지 않을까요? 세균이 입 안의 뺨 안쪽에 들러붙는 겁니다. 그리고 먹고 배설하고 먹고 배설하고 계속 반복하는 거죠. 어느 날 입 안의 뺨 안쪽에 조그만 구멍이 생깁니다. 그러다 그 구멍이 커지고 커져서 결국 뺨이 뚫리는 일이 생길 수 있을까요? 아니면 세균이 혀에 붙어서 먹고 배설하고 먹고 배설하고 하다가 산이 쌓이고, 결국에는 혀를 부식시켜서 어느 날 혀에 구

다섯째 날 · 공중보건

멍이 생기기 시작하는 거죠. 그리고 구멍이 커지더니 결국은 혀끝이 잘려 나가는 일은 어떤가요? 다행히도 그런 일은 생기지 않습니다. 그 차이가 발생하는 이유는 치태라는 개념을 이해하면 알 수 있습니다. 기본적으로 세균은 혼자 떠다니면서 살 수 있는 존재가 아닙니다. 쉽게 쓸려나가고 쉽게 제거될 수 있습니다. 세균이 입 안에 많이 있어도 상당 부분은 입 안의 자정작용으로 늘 없어집니다. 그래서 세균은 생존하기 위해 능동적으로 물체 표면에 달라붙습니다. 그럴 능력도 있고요. 일단 표면에 자기가 만들어 내는 단백질을 이용해서 막film을 만들고 거기에 단단히 붙습니다. 이것을 치태라고 부릅니다. 치태는 입 안 어디나 생길 수 있는데, 아까 말씀드린 혀나 뺨 안쪽에 생긴 치태는 쉽게 제거됩니다. 반면 치아와 잇몸의 경계 부분에 생긴 치태는 잘 살아남습니다. 왜냐하면 그 부분은 자정작용의 효과가 잘 나타나지 않기 때문입니다. 뺨 안쪽이나 혀처럼 자주 움직이지도 않고, 섭취한 음식물이 지나가면서 쓸고 가지도 않아서 자정작용 효과가 잘 나타나지 않는 곳입니다. 우연히 운 좋게도 그런 곳에 치태를 형성하고 붙어 있는 세균은 살아남을 수 있는 확률이 높습니다. 거기서 점점 증식하면 세균 수도 늘어나고 세균 종류도 많아지면서 복잡해지기 시작합니다. 점점 더 세균이 살기 좋은 환경이 만들어지는 겁니다. 그 안에서 아주 편안하게 먹고 배설하고 먹고 배설하는 과정을 반복하면서 치아를 부식시키는 거죠.

개인 문제와 외부 요인

치아우식이 발생하는 요소들을 대략 말씀드렸는데, 정리하면 적어도 네

가지가 필요하다는 사실을 알 수 있습니다. 세균이 필요하고, 당분이 필요하고, 질병이 발생할 치아가 필요합니다. 그런데 이 세 가지가 다 있다고 해서 갑자기 질병이 발생하지는 않습니다. 시간이 필요합니다. 우리가 요리할 때 재료를 냄비에 한꺼번에 다 넣는다고 바로 '짠' 하고 어떤 음식이 나오는 게 아닌 것처럼, 질병도 여러 요소가 충분한 시간 동안 어떤 절차를 거쳐서 변화가 생긴 이후에 발생합니다. 그리고 세균이면 세균, 당분이면 당분, 치아면 치아, 각각의 요인 안에는 여러 세부 요인이 있습니다. 예를 들어 제가 치아에서 유심히 보는 것은 씹는 면에 있는 홈groove의 형태와 깊이입니다. 홈이 깊지 않은 치아는 치태가 오래 머물러 있기 불리한 환경입니다. 그에 비해 홈이 깊은 치아는 치태가 형성되면 씻어 내기가 쉽지 않습니다. 실제로 홈이 아주 좁고 깊으면, 아무리 칫솔질을 열심히 해도 칫솔모가 홈 밑으로 들어갈 수 없어서 치태를 닦아 낼 방법이 전혀 없습니다. 여러분의 자녀는 어떤 치아를 가졌을까요? 치아 모양 하나만으로도 자녀에게 충치가 생길 확률이 많이 달라진다는 사실을 알 수 있습니다.

이외에도 관련된 요소가 많습니다. 그중 타액도 큰 요소인데요. 성분도 성분이지만, 더 중요한 것은 타액의 양입니다. 아까 말씀드린 자정 작용에서 가장 중요한 요소가 타액입니다. 침의 양이 줄어든다는 것은 충치가 발생할 확률이 높아진다는 것을 의미합니다. 예를 들어 나이가 많이 드신 분은 생리적으로 침샘의 기능이 퇴화하면서 타액이 줄어듭니다. 그래서 젊었을 때는 별로 충치가 없던 분들이 나이가 들면서 갑자기 충치가 발생하기도 합니다. 약을 드시는 분도 영향을 받을 수 있습니다. 특정한 약은 침샘에서 침이 생기는 양을 줄이기도 하고, 약의 종류와 무관하게 어떤 종류든 네 가지 이상의 약을 섞어 먹으면 침의 양은 줄어듭니다.

그다음에 구강위생 관리능력도 당연히 영향을 미칩니다. 유전자도 그럴 가능성이 있습니다. 적어도 우리가 알고 있는 것은, 특정 유전자가 치아 바깥의 에나멜층을 더 단단하게 만들거나 덜 단단하게 만드는 데 영향을 준다는 것입니다. 이런 사실을 고려하면, 유전자에 의한 영향도 생각해 볼 수 있습니다.

지금 계속해서 질병과 관련한 요소를 살펴보고 있는데요, 개인의 해부학적 구조나 습관 같은 것 말고 개인 차원을 벗어나는 또 다른 요소들이 있습니다. 예를 들어 학력입니다. 지금까지 알려진 바로는 부모의 학력과 아이의 충치 발생 빈도와는 연관이 있습니다. 부모의 학력이 낮을수록 아이의 치아 관리에 소홀해지면서 충치 발생이 늘어나는 것으로 알려져 있습니다. 경제력 같은 요인은 조금 흥미롭습니다. 오래전에는 충치를 잘 사는 사람들의 질환이라고 생각했습니다. 왜냐하면 경제력이 현저히 낮으면, 일단 당이 많은 식사를 할 수 없기 때문입니다. 실제로도 소득이 아주 낮은 나라에서는 충치 발생률이 낮고, 소득이 높은 나라에서는 충치 발생률이 높았습니다. 그런데 최근에는 이런 경향도 조금 변하고 있습니다. 예전에는 소득이 높은 국가와 낮은 국가, 이렇게 두 층으로 나뉘었는데, 지금은 세 층으로 나뉘고 있습니다. 소득이 낮은 국가에서는 여전히 충치 발생률이 낮습니다. 그 위의 층을 이루는 국가에서는 여전히 충치가 많습니다. 하지만 더 위로 올라가서 소득이 아주 높은 국가에서는 교육 수준이 올라가고 예방법이나 여러 정보를 알게 되면서 질병을 피할 방법을 찾게 됩니다. 그래서 맨 위층으로 올라가면, 충치 발생 비율이 줄어듭니다.

앞서 한국도 2000년부터 2012년까지 봤을 때, 충치 발생 빈도가 줄어든다고 말씀드렸는데 같은 이유로 설명할 수 있습니다. 학력이나 경제력 외에 거주지역이나 속한 사회나 국가의 의료환경 같은 요인을 생각해 볼 수 있습니다. 개인적 요인보다 개인 차원을 벗어난 외부 요인이 한 개인의 입 안에서 충치가 발생하는 빈도를 좌우하기도 합니다.

누구도 속단할 수 없는

제가 충치 모델을 이용해서 설명하고 싶은 것이 바로 이 점입니다. 질병이 하나 발생한다는 것은, 그렇게 쉬운 일이 아닙니다. "한 송이의 국화를 피우"는 것만 어려운 일이 아니고, 질병을 하나 발생시키는 것도 그렇게 만만한 일이 아닙니다. 질병이 늘 돌아다니는 것 같아도 우리 몸에는 면역기능이 있고 질병에 저항하는 능력이 있어서 오랜 시간 다투는 기간을 거칩니다. 그러다가 이런저런 요소들이 시간을 거치면서 모이고, 마침내 모여든 모든 요인이 우리 몸이 저항할 수준을 넘어서는 순간, 그때 비로소 질병이 발생합니다. 그래서 누군가가 어떤 질병에 걸렸을 때, "그 질병의 원인은 무엇이고, 이 질병의 원인은 무엇이다"라고 쉽게 말할 수 없습니다.

아주 오래된 고전적 모델인데요. 1976년도에 케네스 로스만Kenneth Rothman이 '원인 파이'Casual Pie라는 개념을 제시했습니다.[2] 기본적으로 이 모델은 질병의 발생 원인은 여러 가지일 수 있다고 말합니다. 다음 그림처럼 어떤 질병이 발생하는데 크게 세 가지 원인이 있다고 합시다[I, II, III].

다섯째 날 · 공중보건

각 원인 하나하나에는 세부 요인이 있어서 한 요인의 모든 조각이 함께 만나지 않으면 질병이라는 파이가 만들어지지 않습니다.

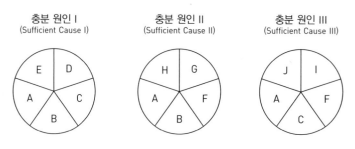

충분 원인 I
(Sufficient Cause I)

충분 원인 II
(Sufficient Cause II)

충분 원인 III
(Sufficient Cause III)

로스만의 '원인 파이'(Causal Pie)

예를 들어 볼까요? "아무개가 폐암에 걸렸어"라고 하면, 사람들은 "그렇게 담배를 피워 대더니 결국은 폐암에 걸렸구나", 또는 "어, 그래? 그 사람 담배 피우는 줄 몰랐는데?"라고 반응하기가 쉽습니다. 하지만 폐암은 담배를 피우지 않아도 발생합니다. 원인을 세 가지 정도로 나눠 보면, 담배 때문에 폐암에 걸릴 수도 있고, 유전적으로 폐암이 발생하기도 하고, 산업재해의 일종으로 석면에 노출되어 폐암이 발생하기도 합니다. 심지어 담배를 피운 사람이 폐암에 걸렸다 하더라도(원인 1), 담배만으로 폐암이 생기는 것은 아닙니다. 담배를 피우는 모든 사람이 폐암에 걸리는 것이 아니라는 사실을 보면 알 수 있죠.

그러므로 어떤 사람이 질병에 걸렸을 때, 원인을 속단하는 것, 특히 속단한 원인으로 그 사람을 평가하는 것은 매우 무례한 일이 될 수 있습니다. 실제로 담배를 피우는 사람이 폐암에 걸릴 확률은 높을 수 있습니다. 평소에 음주를 즐기는 사람에게 간암이 생길 확률은 높아집니다. 하지만 우리가 사람을 평가할 때 결코 확률로 평가하지는 않습니다.

안타깝게도 건강한 사람은 어떤 질병에 걸린 사람의 많은 사정, 그 질병을 일으키는 많은 요인을 다 이해하지도 못하고, 이해하려고 하지도 않습니다. 환절기만 찾아오면 감기로 고생하는 아이가 있다고 해봅시다. 한두 해 지나다 보면 부모도 슬슬 지칩니다. 아이가 또 감기에 걸리면 이렇게 이야기합니다. "또 감기 걸렸구나. 그러니까 말 좀 듣지." "그러니까 옷 좀 따뜻하게 입지." "그러니까 ○○○ 좀 하지." 이러면서 아이를 비난합니다. 건강한 사람은 병에 걸린 사람에게 "나 좀 봐, 건강을 잘 유지하잖아", "나처럼 열심히 운동해 봐, 그러면 너도 병에 안 걸릴 텐데. 왜 그렇게 잔병치레하면서 골골거리니?" 이런 식으로 판단합니다. 그런데 과연 건강한 사람과 병약한 사람이 같은 조건에 있을까요? 절대 그렇지 않습니다. 다시 말씀드리지만, 질병은 우리가 생각하는 것 이상의 수없이 많은 이유로 우리를 찾아옵니다.

당신은 당신이 앓고 있는 질병이 아닙니다

마지막으로 질병을 대하는 태도에 관해 몇 가지 제안하면서 마치려고 합니다. 첫째, 질병으로 고통받고 싶어서 질병에 걸리는 사람은 아무도 없다는 점을 기억해 주세요. 질병은 수없이 많은 요인이 여러 경로를 통해서 모이고, 시간이 흐른 다음에 마침내 그 사람의 역치를 넘어서서 그 사람의 인생을 방문합니다. 그리고 그 사람을 정상에서 벗어나게 만듭니다. 그것이 질병입니다.

둘째, 우리 중 누구도 질병에서 벗어날 수 없다는 점을 기억해야 합니다. 우리도 언젠가는 다양한 질병에 걸릴 것입니다. 대부분은 치료를 받고 회복하겠지만, 나이가 들면서 점점 약해지고, 결국 넘어설 수 없는 질병을 만나고, 마침내 생을 마감하게 됩니다.

셋째, 질병의 유무로 사람을 판단하면 안 됩니다. 어떤 질병을 앓는다고 비난받거나 차별받는 일이 우리 사회에 만연한다면, 앞서 말한 대로 누구도 질병에서 벗어날 수 없으므로 우리도 언젠가 같은 비난과 차별을 경험할 것입니다. 그리고 심지어 누군가의 질병은 우리의 잘못된 행동으로 발생했을 수 있습니다. 예를 들어 우리의 과한 소비가 생산 단계에서 환경 문제를 일으키고 환자를 발생시킨다면, 우리도 그 책임에서 벗어날 수 없습니다.

넷째, 그래서 제가 여러분에게 가장 드리고 싶은 말씀은 이것입니다. 제 환자에게도 가장 많이 쓰는 표현이고, 제가 가장 마음에 두고 있는 표현입니다. 만약 여러분에게 질병이 있다면, 걱정하지 마시라는 겁니다. 그리고 당신은 괜찮다는 겁니다. 제가 보철 전공이라서 입 안 전체에 문제가 있는 환자를 종종 만납니다. 더는 손을 쓸 수 없어서 치과를 찾은 이들이 첫 면담 자리에서 눈물을 흘리기 시작합니다. 회한의 세월을 다 꺼내면서 두려움에 싸여서 말을 잇지 못합니다. 망가진 몸을 어떻게 해야 할지 모르는 두려움으로 눈물을 흘립니다. 그때 제가 하는 말은 이렇습니다. "괜찮습니다. 걱정하지 마세요. 당신이 병에 걸렸다고 해서 이걸로 저는 당신을 판단하지 않습니다. 왜냐하면 저는 당신의 인생을 잘 모르고, 당신 입 안에, 당신 주변에 어떤 원인이 있어서 이 질병이 생겼는지 잘 모르기 때문입니다. 우리는 그냥 이제부터 이 병을 고쳐 나가면 됩니다."

여러분은 제가 한 이 표현이 방임이 아님을 이해하실 겁니다. 그냥 "질병이 생겨도 괜찮아요"라고 말하는 것이 아닙니다. 질병이 발생하는 그 순간에 있는 사람, 그 질병으로 정상적인 생활에서 벗어날 사람, 그 사람을 만날 때 우리가 보여줄 수 있는 자세입니다. 사람이 질병에 걸린다는 것은, 그 사람의 약한 부분이 드러난다는 것입니다. 그때 그에게 필요한 것은 자신의 약함을 덮어 주고 보호해 주는 것입니다. 그리고 저의 이 제안은 육체적 질병만이 아니라 마음의 질병이나 장애에도 적용할 수 있습니다. 조금 더 넓게 본다면, 사회의 병리 현상에도 적용할 수 있습니다.

Q1   저는 인제에서 목회하는 ○○○입니다. 충치 발생이 스트레스와 관계있을까요? 정신적 스트레스, 압박감, 불안 등이 충치를 더 자극하거나 자주 발생하게 하는 요인 중 하나일 수 있을까요?

이희제 좋은 질문 주셨는데요. 먼저 생물학적 요인을 생각해 보죠. 스트레스가 세균의 활동에 영향을 미칠까요? 그럴 수도 있을 겁니다. 우리가 스트레스를 받는다고 해서 세균이 갑자기 날뛰지는 않겠지만, 면역이 떨어지면 세균에 저항하는 힘이 떨어질 수는 있겠죠. 제가 실험해 본 것은 아니지만 그런 면에서 스트레스가 영향을 줄 수 있겠다고 추측은 할 수 있습니다. 여기서 더 생각해 볼 수 있는 것은, 예를 들어 "스트레스를 받은 사람이 일반적 상황의 사람만큼 구강위생을 잘 관리할 수 있을까?"라는 질문입니다. 스트레스를 풀려고 술을 마시고 쓰러져 잔다든지, 불면에 시달리며 몽롱하게 지내다 양치

질을 잊는다든지, 아니면 정말 심한 스트레스 때문에 금지된 약물을 사용한다든지 하면 문제가 심각해질 수 있습니다. 앞서 말씀드렸던 입 전체에 충치가 생기는 양상은 일반인의 입에서는 잘 생기지 않습니다. 확률적으로 약을 사용하는 사람일 가능성이 큽니다. 메스암페타민methamphetamine이라는 약이 있는데, 그 약을 습관적으로 남용하는 사람의 특징이 있습니다. 탄산음료를 페트병으로 들고 다닙니다. 왜 그러냐고 물어보면 입맛이 떨어져서 식사를 안 하게 된다고 해요. 오로지 단 탄산음료를 마시는 것으로 에너지를 보충하다 보니 습관적으로 마시게 됩니다. 그러다 보면 순식간에 입 안에 충치가 발생합니다.

박정위 정기 검진을 받다가 충치를 조기에 발견해서 치료받으면 거의 아무렇지 않게 낫기도 하지만, 뒤늦게 충치를 발견하면 치료가 어려운 지경까지 이르기도 합니다. 이런 경우에는 치아 건강에 계급성이 상당히 심하게 개입한다는 생각도 듭니다. 어떤 질환보다 사회적 위치에 따른 차이가 심하다는 생각도 들고요. 미국이나 캐나다도 그렇고 많은 나라가 그렇듯이, 국민건강보험이 있다고 해도 치과 진료는 거의 보장하지 않는 경우가 많습니다. 이런 맥락에서 생기는 질병 발생의 차이를 어떻게 생각하시는지 궁금합니다.

또 한편으로는, 치아 건강이 인간의 권리로 보장받아야 하는 것인지, 아니면 개인의 경제 능력에 따라 구매 가능기기도 하고 불가능하기도 한 상품 정도로 봐야 하는지, 그에 관한 생각도 듣고 싶습니다.

이희제 마지막 질문은 굉장히 심오하네요. 우선 치과 질환과 사회적 위치의 관계를 보자면, 미국은 다문화·다인종 사회이기 때문에 변수가 단순한 통계자료로 해석을 시도하면 안 맞을 때가 종종 있습니다. 단순히 경제력으로 설명하면, 경제력이 아주 낮은 층에서는 충치가 안 생기다가 경제력이 조금 올라가면 생기기 시작하고, 더 올라가면 다시 안 생깁니다. 하지만 특정 집단의 충치 유병률을 살필 때, 해당 집단 구성원들의 경제력이 다양할 수 있어서 충치 발생 빈도에는 차이가 날 수 있습니다. 그래서 '흑인이 더 많이 생깁니다', '가난한 사람이 더 많이 생깁니다'라고 일률적으로 말하기가 어려울 때가 있습니다. 저희도 인구통계학적 자료를 참고하기도 하는데, 때로는 그 상관관계가 명확하지 않을 때가 많습니다.

의료보험제도 맥락에서 치과 치료에 대해 말씀드리자면, 캐나다 경우를 우선 이야기하고 싶네요. 캐나다는 전 국민 의료보험제도를 잘 갖춘 국가로 유명한데, 그렇지만 치과 치료는 예외입니다. 자료를 조사해 보면 몇 가지 이유가 나옵니다. 치과 의료인들이 초기에 전 국민 의료보험제도에 들어가기를 원하지 않았고, 정부도 유병률이 워낙 높은 치과 치료를 보장하기에는 재원 조달이 부담스러웠고, 치과 질환이 다른 전신 질환에 비해 그다지 심각하지 않게 보였기 때문입니다. 그리고 개인 위생 관리와 상수도 불소화 작업 등으로 치과 질환이 많이 줄어든 점도 한 가지 이유였습니다. 그에 비하면 한국은 치과 진료의 꽤 많은 부분을 전 국민 의료보험 제도로 보장하고 있습니다. 그래도 어느 나라에서든 치과에 한 번 다녀오면 비용이 꽤 많이 나간다고 하고, 이것이 아마 공통된 경험이고 의견이지 싶습니다. 그렇게 생각하면, 쉽게 말해 돈이 있는 사람과 없는 사람의 구강건강 상태는 차이가 크게 날 수밖에 없겠죠.

그래도 아주 절망적이지는 않습니다. 돈이 많은 사람은 크라운이나 여러 방법으로 치아를 계속 보존하다가 결국에는 하나둘씩 빼고 임플란트를 하겠죠. 임플란트를 하면 자기 치아처럼 사용할 수 있으니까 나이가 들더라도 어쨌든 치아를 다 보존하고 있는 셈입니다. 돈이 부족한 사람은 어떨까요? 그래도 다행인 것은, 앞서 말씀드렸듯이 틀니 같은 방법이 있다는 것입니다. 나이가 들어서도 필요한 만큼 씹어서 삼킬 수 있고, 필요한 만큼 영양을 섭취할 수 있습니다.

　질문 중에 "상품과 권리"라는 단어를 사용하셨는데요. 어쩌면 결국 돈이 있는 사람이 더 좋은 상품을 산다고 표현할 수도 있겠습니다만, 저는 꼭 그렇게만 보고 싶지는 않습니다. 최소한의 삶을 영위할 수 있는 수준으로 치아를 회복하는 방법이 우리에게는 있다고 저는 계속 주장하고 있습니다. 그 방법을 계속 발전시켜 나가고 있고, 어떻게 하면 좀 더 적절한 비용으로 치아를 회복할 수 있을지, 그 방법을 찾아나가는 중이라고 보시면 되겠습니다.

Q2　저는 캔자스에 있는 센트럴 침례신학대학원의 ○○○입니다. 제가 치과에서 치료받을 때 종종 받는 질문 중 하나가 직업입니다. 제가 "저는 목사이고 교수입니다"라고 하면 "물을 항상 옆에 두고 많이 마시세요"라고 합니다. 아까 나이가 들면 타액이 줄어들고, 또 타액이 줄어들면 그만큼 충치가 발생할 확률이 커진다고 하셨는데요. 실제로 입 안에 물이 많으면 충치 예방에 도움이 되는지요.

이희제　일단 상식적인 수준에서 도움은 될 거라고 봅니다. 그다음에 이런 것이 있습니다. 설탕이 들어간 음료수를 마시는 습관이 위험하다는 사실을 모르는 분이 많습니다. 그래서 충치가 여기저기 생긴 환자에게 꼭 묻는 것이, 무엇을 많이 '먹는지'가 아니라 무엇을 '마시는지'입니다. 음료수를 보통은 그냥 한 번에 쭉 마시지 않습니다. 들고 다니면서 한 모금 마시고 좀 있다가 또 한 모금 마시고, 이런 식으로 오랫동안 계속 마십니다. 음료수에 설탕이 들어 있다면 그 당을 입속 세균도 같이 먹고 산을 배출하겠죠. 그러면 입 안의 산도가 급격히 올라갑니다. 문제는 음료수를 오랜 시간에 걸쳐 계속 마시기 때문에 산의 강도가 내려가다가 다시 올라가고 내려가다가 다시 올라가는 현상이 발생한다는 것입니다. 그래서 당분이 들어 있는 음료수를 오랜 시간 마시는 것은 정말 위험합니다. 바꾸어 말하면, 물을 그렇게 마시는 것은 매우 큰 도움이 됩니다. 시간을 두고서 계속 뭔가를 희석할 수 있기 때문입니다.

이영석 제가 예전에 유럽 중세사 관련 글을 읽다가 나온 내용이 기억나는데요. 중세 때는 발치나 치아 치료가 두렵고 공포스러운 문제라서, 당시에 치아를 치료하는 사람은 광대처럼 연기 재능이 뛰어났다고 합니다. 그 전통은 유럽에서 근대과학이 성립할 때도 상당히 중요하게 작용했다는 내용을 읽은 적이 있는데, 좀 더 설명해 주시면 좋겠습니다.

이희제 제가 역사학자는 아니지만, 치과 치료의 역사를 살펴보면, 아주 중요한 전환점이 마취의 발전입니다. 그전에는 치과 치료가 굉장히 고통스러울 수밖에 없었죠. 그래서 말씀하신 것처럼 연기도 했겠지만, 많은 경우에는 옆에 술잔을 갖다 놓습니다. 환자에게 술을 먹여서 취하게 한 다음에 치료하는 방법을 사용했던 거죠. 그런 의미에서 마취의 발전은 모든 외과가 다 마찬가지겠지만, 치과 치료에 큰 도움이 된 게 사실입니다.

　　유럽의 치과 역사에서 한 가지 더 흥미로운 사실을 말씀드리자면, 요즘 익숙한 임플란트가 오늘날에만 있었던 것은 아닙니다. 이가 빠진 자리에 뭔가를 심으려는 노력은 굉장히 오래전으로 거슬러 올라갑니다. 주로 동물의 이를 심으려 했고, 상아가 대표적입니다. 하지만 거의 다 실패했죠.

옥성득 성경에 "슬피 울며 이를 가는"이라는 표현이 나옵니다. 처벌에 가까운 것인데, 우리나라에는 그런 표현이 잘 없습니다. 실제적으로나 상징적으로 이빨을 가는 문제에 대해 말씀해 주실 수 있을까요?

이희제 성경에서의 맥락은 뭔가 분노하는 느낌이겠죠. 그리고 수면 중에 이를 가는 분이 생각보다 많은 것이 사실입니다. 아직 이갈이의 원인을 정확히는 모릅니다. 스트레스 때문이라고 추정하지만, 그 기전을 완전히 이해하지는 못하고 있습니다. 이갈이가 중요한 이유는 사람이 이를 갈 때 쓰는 힘이 상상을 초월하기 때문입니다. 혹시 배우자의 이 가는 소리를 들은 적 있으신가요? '빠득빠득' 하고 가는 소리가 있는데요, 깨어 있는 사람에게 그 소리를 내 보라고 하면 못 냅니다. 왜냐하면 그런 소리가 날 정도로 이를 갈려고 하면, 우리 뇌가 위험하다고 인지하고 자동으로 중지시킵니다. 그 정도로 파괴적인 힘인데, 잘 때는 뇌의 보호기능이 사라지면서 힘껏 갈아 대는 겁니다. 이를 가는 분은 꼭 보호장치를 하셔야 합니다. 안 그러면 입 안의 많은 구조물이 쉽게 손상을 입고 깨지고 부서져서 심각한 어려움을 겪게 됩니다.

Q3 예전에는 임플란트 같은 치과 치료가 시간도 오래 걸리고 비용도 많이 들었는데, 갈수록 시간도 단축되고 비용도 줄어든다는 이야기를 들었습니다. 앞으로 치과 치료와 관련해서 어떤 부분이 더 개선되고 나아질지 궁금합니다.

이희제   좋은 질문 해주셨습니다. 각기 전문분야가 있어서 제가 치과 전체를 다 말씀드리기는 어렵고, 제 전공인 보철 쪽을 말씀을 드리겠습니다. 보철은 상실된 조직을 회복하는 모든 것을 말합니다. 크라운을 한다든지, 이가 빠지면 임플란트를 한다든지, 이 전체가 없다면 틀니를 만든다든지, 뭐든지 해서 넣는 게 제가 하는 일입니다. 임플란트는 말씀하신 것처럼 시간을 줄이는 치료 방법이 많이 개발되고 있습니다. 그런데 여전히 시간을 많이 들이는 쪽이 안전한 방법인 것은 사실입니다. 그런 면에서, 어떤 방식으로 치료를 진행할지 결정하는 시술자의 능력이 중요한 요소라고 생각합니다.

기술적인 부분도 많이 발전하고 있는데요, 요즘 가장 많이 이야기되는 것은 '디지털 치과학'digital dentistry입니다. 우리가 작업하는 대상은 물리적 치아이고, 작업 공간은 환자의 실제 입 안이자 물리적 장소이지만, 디지털 기기를 이용한 작업도 많이 합니다. '본을 뜨는' 작업을 예로 들어 보죠. 입 안에 재료를 채운 틀을 집어넣고 몇 분 기다렸다가 꺼내는 작업을 이제는 거의 하지 않습니다. 지금은 구강 스캐너intra-oral scanner를 입 안에 집어넣고 스캔합니다. 말하자면 사진을 찍는 거죠. 스캔을 하면 컴퓨터 화면에 3차원으로 환자의 입 안 모양이 딱 나옵니다. 또 요즘에는 CT를 많이 찍는데요. 그동안 찍었던 평면 엑스레이와 비교해서 훨씬 많은 정보를 3차원으로 얻습니다. 스캐너와 CT 등을 활용하면서 모든 진단 작업이 컴퓨터로 이루어집니다. 예를 들어 CT를 찍어 보고 스캔해서 임플란트가 가능한지 판단하고, 가능하겠다 싶으면 컴퓨터상에서 수술해 보는 겁니다. 그렇게 해서 임플란트를 심을 가장 안전한 부위를 결정하고 수술 가이드를 만들어 냅니다. 실제로 그 가이드를 따라 안전하고 빠르게 수술을 진행할 수 있죠. 더 많은 정보를 가지고 더 안전하게 치료할 수 있어서 환자들도 훨씬 편해지는 장점이 있습니다.

　　최근에 또 하나 주목받기 시작하는 것이 '디지털 틀니'^{digital denture}입니다. 틀니를 만들려면 지금까지는 환자가 적어도 대여섯 번은 내원해야 했습니다. 이제는 빠르면 두 번만 오셔도 틀니를 만들 수 있습니다. 디지털로 만들기 때문입니다. 또 다른 장점은 오랜 시간이 지나 틀니를 다시 만들어야 할 때 다시 대여섯 번 만나는 작업을 안 해도 된다는 것입니다. 좀 과장해서 말씀드리면, 버튼 하나 누르면 전에 만들었던 틀니를 다시 만들어서 꺼낼 수 있게 되었습니다. 이처럼 디지털을 이용한 치과 치료가 활발해지고 그로 인해 환자들도 많은 혜택을 보고 있습니다.

최종원　채팅으로 이런 질문을 보내 주셨습니다. "20대 후반인 딸이 있는데 유치원 때 치아교정을 했습니다. 교정을 해서 잘 지내다가 20대 초반에 사진을 찍어서 보니까, 얼굴 양쪽이 다른 거예요. 예전에 한 치아교정 때문에 그런 것 같아요. 제 걱정은 혹시 이것이 지금도 진행되고 있는 것인지, 그렇다면 병원에서 치료를 받아야 하는지 궁금합니다."

이희제　20대 후반 정도면 나이가 충분히 됐기 때문에 큰 변화는 발생하지 않을 겁니다. 그런데 정확하게 재 보면, 우리의 안면 골격은 성인이 된 이후부터 죽을 때까지 그대로가 아닙니다. 변하기는 변합니다. 하지만 그건 나이가 들면서 생리적으로 변화해 가는 과정입니다. 그런 과정을 제외하고는 특별히 비대칭이 더 심해지는 일은 발생하지 않는다는 말씀을 드립니다. 나이가 충분히 됐습니다. 걱정하지 않으셔도 괜찮습니다. 그리고 또 본래 비대칭도 상당히 많습니다. 아셨는지 모르겠지만 저도 상당히 비대칭입니다. 그냥 이렇게 살아갑니다.

저는 공중보건학을 배운 후 한 사람에게 찾아온 질병에 그 인생의 서사가 투영되어 있다는 것을 알게 되었습니다. 한 사람이, 혹은 어떤 집단이 아프게 되었을 때 '여기에 정의가 있는가'라는 질문을 던져 봅니다. 코로나19 팬데믹 기간에도 분명히 질병은 사람을 차별하면서 쓸고 지나갔습니다. 그만큼 질병은 사회적이며 한두 가지 원인으로 단순하게 설명이 되지 않는 현상입니다. 모두가 촘촘하게 연결되어 살아가는 오늘의 세계에서 누군가의 질병이 나의 어떠한 행동으로부터 기인했을 수도 있다는 사실에 놀라게 됩니다. 하지만 같은 맥락에서, 우리의 작은 바른 행동들이 우리의 이웃과 세상을 건강하게 할 수 있을 거라는 희망을 품게 합니다. 모두 건강하시기를 소망합니다.

거스를 수 없는
흐름 속으로

탈종교 현상에 대한 인구통계학적 이해

.

박정위

박정위
| 캐나다 연방정부 통계청 사회통계분석관, 오타와 대학교 외래강사

브라운 대학교에서 사회학과 인구학을 공부했다. 현재 캐나다 연방정부 통계청에서 건강, 이민, 노동, 종교 분야를 연구하고 있으며, 오타와 대학교에서는 인구학, 사회통계, 건강사회학, 소수집단론 등을 강의하고 있다. 다년간 지역교회에서 지역사회와 해외구제 사역을 담당해 왔다. 저서에는 *Korean Immigrants in Canada: Perspectives on Migration, Integration, and the Family*(공저) 등이 있다.

오늘 저는 '탈종교 현상'을 어떻게 인구통계학적으로 이해할 수 있는지에 대해 함께 생각해 보고자 합니다. 영어로 하면 "Looking at 'Nones' through a demographic lens"입니다. 여기서 'Nones'이란 어느 종교에도 속하지 않는 사람들$^{\text{non-affiliated}}$인데, 그 숫자가 점점 늘고 있습니다. 이러한 탈종교 현상을 통계적으로 어떻게 접근해서 이해할지를 오늘 살펴보려고 합니다. 어떤 의미에서는 통계로 종교를 이해하는 것이고, 다른 의미로는 종교를 통해서 통계를 활용하는 일에 대해 생각해 보는 시간입니다.

인구학과 종교

본격적으로 들어가기에 앞서 '종교 현장에서 통계를 어떻게 바르게 사용할 수 있을까'에 대해 생각해 보았으면 합니다. 교회 설교 시간에도 상당히 많은 통계를 사용하고 있습니다. 여러분은 어떠실지 모르지만, 통계가 직업인 저로서는 상당히 많다고 느낍니다. 거의 편재하는 현상처럼 통계를 많이 사용합니다. 통계 수치로 이야기하면 힘이 더 생기고 신뢰도도 더 올라갈 수 있습니다. 그래서 주장에 권위가 더 부여되는 면도 있습니다. 하지만 솔직히 말씀드리면, 종교 현장만큼이나 통계를 '창조적'으로 해석하는 데도 별로 없는 것 같습니다. 그만큼 자의적인 해석이 많습니다. 물론 통계를 분석하는 행위는 명백하고 객관적인 사실에 대한 분석만이 아니라, 분명히 밝힐 수 없는 사실에 대한 예측성 해석도 포함합니다. 그런데 종교 현장에서는 자명한 인구통계학적 수치도 자의적으로 해석하는 경향이 만연합니다. 그 모습을 보면서 저는 종교 관련해서 통계를 잘 쓰면 좋겠다고 자주 생각합니다. 특히 종교에 관련한 통계를 사용할 때는, 수치의 단순 제시보다는 자료를 정확히 이해해서 정보를 만들고, 그 정보에 깊은 통찰을 더해서 올바른 지식으로 전환하는 작업이 매우 중요하다는 말씀을 드리고 싶습니다.

인구학demography은 기본적으로 인생의 주요한 세 사건인 사망mortality, 출생fertility, 이동migration으로 구성됩니다. 이 세 가지를 연구해서 사회현상을 이해하는 것이 인구학입니다. 물론 이 세 가지가 가장 중요하지만, 그 외에도 결혼이나 가족관계 같은 인생의 다른 요소들도 인구학의 주제입니다. 종교 입장에서는 종교현상과 특별히 연관된 사망, 출산, 이동에 대한 변수들을 유심히 볼 수 있습니다.

가장 단순하고 쉬운 예를 말씀드려 보죠. 최근 한국과 북미를 포함한 발전한 서구 사회에서는 급속도로 사람들의 수명이 연장되고 있습니다. 수명 연장은 사망과 관련한 중요한 인구학적 변화이고, 그러한 현상은 종교에도 매우 중요한 의미가 있습니다. 그리고 출산과 관련해 요즘 사회적으로 가장 크게 영향을 미치는 수치는 저출산으로 인한 노인 인구의 비중 증가입니다. 고령화 사회는 종교 현장에도 상당히 의미 있는 사회적 배경으로 작용하리라 생각합니다. 또한, 세계화 현상과 함께 인구의 이동도 왕성하게 이루어지고 있습니다. 종교를 포함한 문화의 다변화와 다문화 사회 형성도 인구의 이동이 많아지는 만큼 심화하고 있습니다.

종교 관련 통계의 함의

이제 본격적으로 종교 관련 통계에 관해 이야기해 보죠. 다음 설문조사 질문은 꽤 익숙하거나 이미 보았을 가능성도 큰데요. 2015년도 한국 인구총조사의 종교 관련 설문 내용입니다. 당시 개신교 신자 숫자가 늘고 불교 신자 숫자가 줄어서 개신교가 불교를 제치고 종교인구 1위를 차지하는 조금 예상 밖의 결과가 나왔습니다. 그래서 어떤 사람들은 자기 예상과 다른 통계 결과를 믿을 수 없다고도 했습니다. 여기서 드리고 싶은 말씀은, 통계 조사에서 가장 중요한 것은 "설문이 어떤 형식으로 이루어져 있고, 누구를 대상으로 하고 있으며, 무엇을 묻고 있는가"입니다. 당연하고 기본적인 내용입니다만, 그것으로 결정되는 부분이 상당히 큽니다. 한국의 인구총조사에서 10년마다 한 번씩 묻는 종교 관련 설문은 무척 간단합니다. 질문이 딱 하나입니다. 그런데 질문은 하나이지만 두 부분으로 구성돼 있습니다. 이를 '조건부 질문 또는 여과 질문'contingency question이라고 합니다. '종교가 있는지 없는지'를 물어보고, 있으면 그다음에 '무엇이 나의 종교인지'에 답하라고 합니다.

한국 인구총조사의 종교 관련 조건부 질문

인구총조사의 조사 대상이 몇 명인지 아십니까? 보통 한국 갤럽 같은 여론조사기관이나 종교 관련 단체에서 조사할 때는 1,000~2,000명 정도를 표본으로 삼아서 설문을 진행하는 경우가 많습니다. 그런데 10년마다 하는 인구총조사는 표본 숫자가 무려 1,000만 명입니다. 그러니까 인구의 4분의 1이 참여하는 셈이죠. 엄청난 양의 데이터입니다. 그러니까 인구총조사의 결과가 불완전하게 들리고 의구심이 들 수도 있지만, 다른 어떤 조사보다 더 신뢰해야 하는 조사임에는 분명합니다.

그럼에도 어떤 결과를 신뢰하기 힘든 이유는 설문 문항이나 목적에 대한 이해가 다르기 때문일 수 있습니다. 인구총조사의 조사 대상은 1,000만 명이지만, 1,000만 명의 개인이 아니라 전체 인구의 4분의 1이 해당하는 가구를 선택해서 실시합니다. 그리고 표본으로 선정된 가구에 속한 한 사람에게 모든 질문을 합니다.[1] 종교 관련 질문도 마찬가지입니다. 일반적인 설문조사는 18세 이상 성인이나 20세 이상 성인 같은 조

여섯째 날 · 탈종교

건이 있습니다. 그런데 인구총조사는 기본적으로 인구 숫자를 측정하는 조사이기 때문에 국민 전체를 대상으로 합니다. 그래서 종교 관련 조사 결과가 '몇 퍼센트가 무슨 종교를 가지고 있다', '몇 퍼센트가 종교가 없는 사람이다'라고 나왔다고 하면, 대한민국 국민 전체를 놓고 보면 그렇다는 내용입니다.

여기서 또 하나 주목할 점은 어떤 사람이 불교 신자인지 개신교 신자인지 가톨릭 신자인지는 전적으로 개인의 응답으로 정해진다는 것입니다. 행정자료에 의해서, 가령 '무슨 교단에 가입했는지', '어느 교회에 속해 있는지', '얼마나 자주 출석하는지', '무슨 교리를 얼마나 알고 있는지'와는 전혀 상관없고, 오로지 "나는 기독교(개신교)인입니다"라는 자기 선언self-declaration에 근거해 기독교(개신교)인에 포함됩니다. 어떻게 보면 '너무 공정하지 않다', '그게 정확할까?'라고 생각할 수 있지만, 인구총조사는 그렇게 이루어집니다.

제 생각에는 자신이 어느 종교에 속해 있다고 고백하는 대답이 가장 의미가 있다고 봅니다. 다른 객관적인 기준도 중요할 수 있지만, 그 모두를 초월해 궁극적으로는 스스로 '나는 개신교인입니다', '나는 천주교인입니다', '나는 원불교도입니다'라고 선언한다는 것에 큰 의미가 있다고 생각합니다. 그 때문인지는 몰라도 많은 나라의 인구총조사에서 종교 관련 조사는 대체로 이런 식으로 실시하고 있습니다.

한국의 종교 분포와 무종교인

어떤 응답 결과에서 우리가 파악할 수 있는 의미가 무엇일까요? 예를 들어, 앞서 언급한 2015년도 인구총조사 결과에서는 응답자의 19.7퍼센트가 개신교인이라고 답했습니다. 이는 대한민국 국민의 19.7퍼센트가 자신을 개신교 신자라고 선언한 것입니다. 그 외의 의미는 없습니다. 그런데 어떤 신문에서는 "한국 국민의 5분의 1이 교회에 다닌다"라고 했는데, 조사 결과와는 상당히 다른 이야기입니다. '교회에 출석하는가', '어느 교단에 소속되어 있는가', '성경을 얼마나 자주 읽는가', '하루에 한 번 내지 세 번 이상 기도하는가'와는 전혀 상관없는 조사 결과입니다. 그래서 2015년도 조사 결과는 '자신을 개신교인이라고 스스로 선언한 사람이 국민의 19.7퍼센트이다'라고 해석하고 이해하는 것이 가장 정확합니다.

다음 도표는 인구총조사 결과를 모은 것입니다. 10년마다 이루어진 조사에서 제가 1985년, 1995년, 2005년, 2015년 결과들을 따로 뽑아 봤습니다. 그랬더니 이런 도표가 나왔습니다.

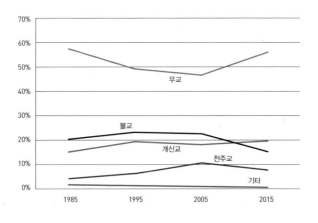

한국의 종교 분포(15세 이상, 1985-2015년)

제일 위에 있는 선이 무교이고, 불교, 개신교, 천주교, 기타 순입니다. 종교계 반응을 보니까 어느 종교가 제일 큰지가 가장 큰 관심사였습니다. 그런데 무교라고 응답한 비율이 월등하게 높다는 점이 가장 눈에 띕니다. 특히 1995년과 2005년에는 무종교인이 50퍼센트를 넘지 않았습니다. 그러다가 2015년에는 50퍼센트를 넘어서서 완전히 다수가 되었습니다. 한국에서는 다른 종교인을 모두 합쳐도 무종교인보다 숫자가 적습니다. 그리고 1995년과 2005년까지만 해도 어떤 종교집단도 과반수를 차지하지 못했습니다. 하지만 2015년에 과반수를 차지하는 종교집단(?)이 출현하는데, 그게 무종교 집단입니다.

다음 도표는 가장 최근 자료인 2015년도 결과를 연령집단으로 나누어서 정리한 것입니다. 그런데 여기서 유념할 것은 앞서 말씀드렸듯이 인구총조사는 0세부터 100세 이상까지 전 연령대를 모두 포함한다는 것입니다. 0세부터 4세까지의 무종교인 비율이 얼마나 신빙성 있는 내용일까요? 0-4세, 5-9세는 스스로 종교를 선택할 수 없는 인구집단임에도 가구 조사를 하는 인구총조사의 특성상 가구를 대표하는 응답자 한 사람의 응답에 따라서 모든 자료가 연령대별로 분류되어 나옵니다. 그 자료를 바탕으로 무종교인이 몇 명이고 개신교 신자가 몇 명이라는 결과가 도출됩니다. 그다지 온당하지 않은 방식 같습니다. 그래서 저는 기준을 조금 현실화해서 15세 이상만 추려서 결과를 냈습니다. 관심사에 따라서 노인 집단만 따로 보거나 청년 집단만 따로 볼 수도 있습니다.

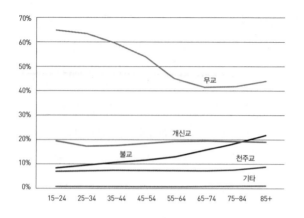

한국의 종교 분포(15세 이상 연령 집단별, 2015년)

눈에 띄는 점은 맨 위의 곡선이 높은 쪽에 있다가 점점 낮아지고, 끝에 가서 조금 올라가는 것입니다. 그러니까 젊은 집단(15-24세, 25-34세 구간)에서 무교종인 비율이 가장 높게 나타납니다. 연령이 높아지면서 그 비율은 점점 줄어듭니다. 재미있는 현상은 85세 이상 집단의 무종교인 비율이 75-84세, 65-74세 구간보다 높다는 것입니다. 물론 큰 차이는 아닙니다만.

지금까지 인구총조사의 자료를 이용해 종교집단에 따른 분포와 연령에 따라 변화하는 흐름을 살펴보았습니다. 이 결과로 제가 말씀드리고 싶은 것은, 이미 한국 사회에서도 무교종인이 다수로 자리 잡았고, 그 현상이 청년층에서 아주 뚜렷하게 나타난다는 것입니다. 청년층에서 뚜렷하다는 것은 탈종교가 미래사회의 예정된 결과임을 보여주는 것이라고 말씀드릴 수 있습니다.

캐나다의 종교 분포와 무종교인

다음은 캐나다의 관련 내용을 보여주는 도표입니다. 참고로 말씀드리면, 한국은 인구총조사를 1995년, 2005년, 2015년처럼 5로 끝나는 해에 합니다. 캐나다는 인구총조사를 일찍 도입한 국가라고 할 수 있는데, 5년마다 인구총조사를 실시합니다. 1로 끝나는 해와 6으로 끝나는 해에 실시하는데, 종교 관련 설문은 1자로 끝나는 해에 10년마다 한 번씩 합니다. 제가 분석한 자료는 1911년부터 2011년까지의 캐나다 인구총조사 종교 항목에 기초하고 있습니다. 지난 100년간의 캐나다 종교 분포 추이로 보시면 됩니다.

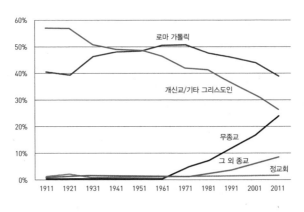

캐나다의 종교 분포(1911-2011년)

1911년, 1931년, 그리고 1960년대까지만 해도 기독교(로마 가톨릭, 정교회, 개신교)가 거의 100퍼센트를 차지합니다. 그 흐름이 차츰 변하면서 최근 들어 다른 종교의 비율이 증가합니다. 특히 무종교인의 증가세가 뚜렷합니다. 하지만 캐나다에서는 여전히 기독교인의 비율이 높습니다. 기독교 중에서 개신교와 가톨릭 둘만 보면, 1911년부터 1941년까지는 개신교 신자의 비율이 더 높았으나 그 후로 개신교 신자 수가 감소하면서 가톨릭이 다수 종교집단으로 자리 잡습니다.

하지만 두 종교집단 모두 신자 수가 계속 감소하는 추세입니다. 가톨릭의 감소 경향이 개신교보다는 늦게 시작되었습니다. 한편, 기타 종교가 빠른 속도로 증가하고 있는데요. 이를 어떻게 해석할 수 있을까요? 이슬람, 힌두교, 시크교 신자가 캐나다에서 늘고 있는데, 이는 1970년대 이후 시작된 이민이 증가한 결과라고 할 수 있습니다. 인구이동을 매개로 한 종교의 다양화라고 말씀드릴 수 있습니다. 1970-1980년대 들어오면서 이민자의 출신국이 상당히 다양해지고, 특히 아시아나 아프리카 등 제3세계 국가로부터의 이민이 증가하면서 종교의 다양화가 이루어지고 있습니다.

이주는 단지 사람만의 이동이 아니라 그들이 가진 경험, 지식, 문화, 넓게 보면 그들의 인생이 고스란히 오는 것입니다. 그래서 이민자들이 캐나다 사회에 적응하는 측면도 있지만, 캐나다 사회가 새로운 이민자들에 적응해야 하는 일도 생깁니다. 그 과정이 쌓이고 쌓여서 다문화 현상으로 나타나고, 다문화 현상의 중요한 한 축은 다양한 종교의 혼재와 공존이라고 할 수 있습니다.

미국의 세대별 무종교인 비율

다음 도표는 미국의 자료입니다. 무종교인 증가 현상은 미국에서도 거

여섯째 날 · 탈종교

의 비슷하게 나타나고 있습니다. 1980년대부터 두어 차례 탈종교가 주춤한 시기가 있었지만, 최근 20여 년간의 무종교 증가 추세는 일관되게 유지되고 있습니다.[2]

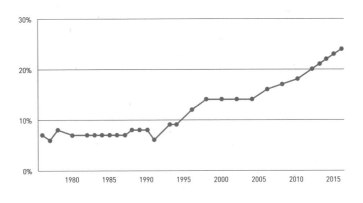

미국의 무종교인 비율 변화(1976-2016년)

캐나다와 미국 등 북미 사회에서 무종교인의 증가세는 뚜렷하고 일관되며, 최근 들어 가팔라지고 있습니다. 미국이나 캐나다에서 늘어난 무종교인이 대부분 기독교에서 이탈했다는 점은 기독교에도 큰 의미가 있습니다. 탈종교는 상당 부분 기독교로부터의 이탈, 곧 탈기독교를 의미합니다.

다음 자료는 약간 복잡해 보이는데, 매우 중요한 내용을 담고 있습니다. 아래 표는 다섯 세대(그레이티스트 세대Greatest Generation, 사일런트 세대Silent Generation, 베이비부머 세대Baby Boomer Generation, 엑스 세대Generation X, 밀레니얼 세대Millennial Generation)가 어떻게 구분되는지 보여주며, 그 다음 도표는 다섯 세대의 탈종교화 현상을 보여줍니다.

세대	출생 시기	연령				
		1978	1988	1998	2008	2018
그레이티스트	1910-1924	54-68	64-78	74-88	84-98	94-108
사일런트	1925-1945	33-53	43-63	53-73	63-83	73-93
베이비부머	1946-1964	14-32	24-42	34-52	44-62	54-72
엑스	1965-1980	0-13	8-23	18-33	28-43	38-53
밀레니얼	1981-1996	-	0-7	2-17	12-27	22-37

20세기 출생자들의 세대 구분(출생 시기와 연령)

그레이티스트 세대와 사일런트 세대는 저의 할아버지와 아버지 세대입니다. 쉬운 비교를 위해서 베이비부머 세대부터 말씀을 드리겠습니다. 베이비부머 세대는 1946-1964년에, 엑스 세대는 1965-1980년에, 밀레니얼 세대는 1981-1996년에 태어난 사람들입니다. 설문조사를 실시한 연도(1978년, 1988년, 1998년, 2008년, 2018년)입니다. 그러니까 각 세대는 1978년, 1988년, 1998년, 2008년, 2018년에 각각 다른 나이였습니다. 예를 들어, 베이비부머 세대는 1978년에 14-32세였고, 1988년에 24-42세였습니다.

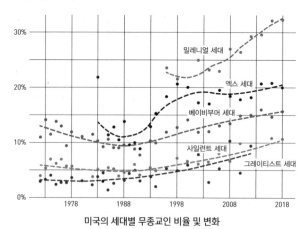

미국의 세대별 무종교인 비율 및 변화

여섯째 날 · 탈종교

먼저, 1988년을 볼까요. 1988년에는 엑스 세대의 무종교인 비율이 가장 높습니다. 그리고 1998년에는 밀레니얼 세대(베이비부머 세대의 자녀)가 제일 높은 무종교인 비율을 보입니다. 이 수치를 간단히 해석해 보면, 어느 시대든 일관되게 무종교인은 가장 젊은 집단에 가장 많습니다. 젊을수록 무종교인 비율이 높고, 젊을수록 탈종교 현상이 뚜렷하게 나타난다는 것이 첫 번째 메시지입니다.[3]

두 번째는 약간 놀라운 결과일 수도 있습니다. 어느 세대에서든 시간이 갈수록 탈종교 비율이 올라가고 있습니다. 밀레니얼 세대나 엑스 세대 같은 젊은 층의 탈종교 현상은 수긍할 수 있지만, 심지어 그레이티스트 세대나 사일런트 세대에 속하는 노인층에서도 같은 현상이 나타난다는 것입니다. 2008년에 사일런트 세대는 68-83세인데, 이렇게 고령화한 이후에도 탈종교율은 늘었습니다. 탈종교 현상이 젊은이들 가운데서 더 강하게 나타나지만, 젊은이들만의 현상이 아니며, 단지 젊은 연령이라는 변수에서만 기인하는 결과가 아님을 알 수 있습니다.

나이가 들수록 탈종교화가 진행되는 이유는 무엇일까요? 다양한 요인을 따져 보아야 하는, 답하기 쉽지 않은 질문입니다. 명백한 것은 어느 세대인지와 상관없이 우리가 지금 공유하는 것은 '현재'라는 시간입니다. 현재에 가까이 올수록, 세대를 막론하고, 나이를 막론하고, 탈종교를 부추기는 요인이 더 강해지고 있다는 사실입니다.

마지막으로 세대나 시대 특성 외에 코호트 효과cohort effect를 말씀드리고 싶습니다. 밀레니얼 세대는 베이비부머 세대의 자녀 세대에 해당합니다. 그러면 베이비부머 세대가 젊었을 때와 그와 비슷한 나이의 밀레니얼 세대가 얼마나 탈종교화하는지 비교해 볼 수 있습니다. 가령, 베이비부머 세대는 1988년에 24-40세입니다. 밀레니얼 세대가 그 나이 비슷한 시기는 어림잡아 2008년 정도입니다. 2008년의 밀레니얼 세대와 1988년의 베이비부머 세대는 나이대가 비슷합니다. 그런데 도표에서 보듯이 탈종교화 비율은 상당히 큰 차이가 납니다. 다시 말하자면, 젊은 사람일수록 탈종교율이 높지만, 언제 태어났는지에 따라서도 엄청난 차이가 난다고 볼 수 있습니다.

한국의 탈종교 현상

이 같은 현상이 북미 사회만의 현상인지, 아니면 한국에서도 일어나는 현상인지 질문할 수 있습니다. 그 점을 살펴보겠습니다.

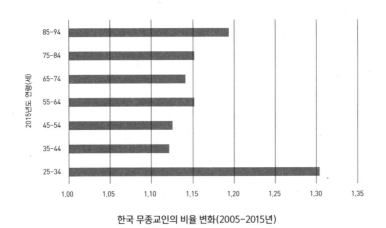

한국 무종교인의 비율 변화(2005-2015년)

한국의 무종교인 비율의 변화를 계산해 봤습니다. Y축은 2015년도의 연령대입니다. 무종교인 비율 변화는 2005년도 자료와 2015년도 자료를 비교한 것입니다. 2005년도에 무종교인의 비율이 30퍼센트였다가 2015년에 60퍼센트가 되었다면, 두 배로 늘어난 것이므로 2가 됩니다. 만약 무종교인 비율이 2005년과 2015년에 똑같이 50퍼센트라면, 1이 됩니다. 간단히 말해서 X축의 수치가 1보다 크면 무종교인의 비율이 늘어났다는 뜻입니다.

그 수치가 모든 연령집단에서 1보다 크게 나왔습니다. 25-34세 집단에서 1.3이 넘어가면서 제일 높게 나타납니다. 여기서 유념할 것은 2015년도 25-34세의 무종교인 비율 변화는 2005년도의 같은 연령대와 비교해서 나온 것이 아니라, 25-34세의 10년 전 무종교인 비율과 비교한 것입니다. 마찬가지로 35-44세의 수치는 2005년도 25-34세 무종교인 비율과 2015년도 35-44세 무종교인 비율을 비교한 것입니다.

그렇게 봤을 때, 나이를 열 살 먹는 동안 모든 연령집단에서 무종교인의 비율이 증가했다는 사실을 알 수 있습니다. 증가한 폭은 25-34세가 가장 크지만, 85-94세, 75-84세, 65-74세 모두 1을 넘기고 있습니다. 따라서 탈종교화는 북미 사회만의 현상이 아니라, 한국 사회에서도 나타나는 현상임이 분명해집니다. 더 정확히는 무종교인의 비율이 증가할 뿐만 아니라, 모든 연령층에서 증가하고 있습니다. 2005년과 2015년 두 해 자료만 비교했는데도 탈종교 현상이 거스를 수 없는 흐름임을 수치로 확인할 수 있었습니다.

지금까지 여러 자료를 바탕으로 반복해서 말씀드렸습니다만, 미국, 캐나다, 한국 사회에서 종교를 갖지 않는 사람의 숫자가 늘고 있습니다. 이를 어떻게 해석할지, 그 해석에 어떤 의미를 부여할지는 숙제입니다. 하지만 가장 명백한 인구 변수들의 작용을 이해하고, 인구학적 배경에서 탈종교 현상을 관찰하면, 상당히 객관적인 사실에 근접할 수 있고, 그 사실에 근거해 해석할 수 있다는 점을 말씀드리고 싶습니다.

또한, 탈종교 현상이 일어나더라도 자신이 속한 연령집단과 살아가는 시대에 따라, 여러 요인이 복합적으로 작용하면서 다른 모양의 탈종교 현상이 나타날 수 있습니다. 그러므로 종교기관에서 탈종교 현상에 대응하는 방안과 대책을 세울 때 연령 효과, 시대 효과, 코호트 효과 등에 대한 면밀한 분석이 필요하며, 이를 통해 나온 결과치가 계획을 세우는데 매우 중요한 기본 정보가 될 수 있습니다.

마지막으로 제가 주로 참고한 자료들을 소개합니다. 관심 있는 분은 'Religion in Public', 'Public Religion Research Institute', 'PEW Research' 등을 찾아보시기 바랍니다. 복음주의 쪽에서는 'Barna Group'에서 조사 결과물이 많이 나오는데, 이런 자료와 정보를 참고하시면 종교 관련 통계에 대한 이해를 높이는 데 도움이 되리라고 생각합니다.

Q1 소위 가나안 성도가 무종교인에 포함되는지, 아니면 무종교인은 아예 종교가 없는 사람만 가리키는지 궁금합니다.

박정위 앞서 말씀드린 것처럼 어떤 설문조사에 근거해서 무종교인을 말하느냐에 따라서 달라질 수 있습니다. 예를 들어 설명했던 인구총조사는 질문 자체가 "종교가 있습니까?" "종교가 있으면 어떤 종교입니까?"로 구성되어 있습니다. 그러고는 개신교, 천주교, 불교 등에서 골라야 합니다. 교회를 안 나가는 가나안 성도가 어떻게 대답할지는 전적으로 개인의 결정에 달린 문제입니다. 가나안 성도는 상당수가 개신교인이라고 답할 것 같아요. 그런데 또 한편으로는 신천지 신자들이 어떻게 대답할지도 의문이죠. 그분들도 분명히 기독교인(개신교인)이라고 대답할 것 같습니다. 이런 숫자를 다 포함해서 인구총조사의 전체 개신교 신자 수가 나왔다고 볼 수 있습니다.

그리고 앞으로의 예측에 대해 말씀드리자면, 캐나다도 그렇고 한국도 그렇고 보건 당국에서 매일 코로나19와 관련한 브리핑을 합니다. 바이러스 때문에 몇 명이 사망할 수 있고, 사회적 거리두기를 잘 지키면 사망자를 얼마만큼 줄일 수 있다고 이야기합니다. 무언가를 예측할 때는 언제나 시나리오를 몇 가지 두고 말합니다. 그런데 예측하는 이유는 자신의 예측이 맞는다는 것을 증명하려는 것이 아니라, 예측을 통해서 나쁜 결과를 예방하기 위해서입니다. 그래서 예측은 현재의 정확한 판단, 그 이상은 아닌 것 같습니다. 그러면 어떻게 예상할 것인가 하는 문제가 남겠죠. 가장 쉬운 예상은 '현재의 모든 조건이 그대로 유지된다면, 어떤 결과가 나올 것이다'라고 이야기하는 것입니다.

앞서 캐나다의 100년간 인구총조사 자료를 보여드렸는데, 다음번 조사 결과가 저는 아주 많이 기다려집니다. 2021년에 실시한 종교 설문 결과가 나올 텐데, 그때는 무종교인의 수가 개신교 신자 수를 앞지를 것 같습니다. 지금 상태가 계속 유지된다고 가정하면, 무종교인의 증가 곡선이 그 수준으로 올라갈 것입니다. 캐나다에서 현재 제일 많은 종교인은 가톨릭 신자입니다. 그다음이 개신교 신자이고 세 번째가 무종교인인데 그 차이가 상당히 컸습니다. 그런데 점점 줄어들고 있고 다음번 조사에서는 가톨릭-무교-개신교 순서가 되리라는 것이 거의 확실합니다.

Q2 저는 한국 IVF의 한국교회탐구센터에서 일하는 ○○○입니다. 우리나라는 2015년도 인구총조사 자료에 따르면 무종교인 인구가 50퍼센트를 넘습니다. 지금 캐나다나 미국 같은 북미 사회는 여전히 종교인구가 무종교 인구보다 많습니다. OECD 국가나 전 세계 선진국의 평균을 기준으로, 우리나라의 무종교인 비율이 어느 정도 수준인지, 특별히 더 많은지, 아니면 평균보다는 적은지 궁금합니다.

박정위 정확한 수치를 바로 말씀드릴 수는 없지만, 유럽 국가들의 무종교인 비율은 상당히 높은 것으로 알고 있습니다. 미국만큼 종교인 비율이 높은 국가는 상당히 예외적입니다. 앞서 말씀드린 대로 대부분의 설문은 '나는 종교인이다', '나는 종교인이 아니다'라고 자기 선언을 하는 것입니다. 특정 종교인이라고 응답했어도 얼마만큼 종교활동을 하는지와는 별개입니다. 그래서 북미 사회에서 자신을 그리스도인이라고 말해도, 제가 딱 잘라서 평균적으로 말씀드릴 수는 없지만, 상당히 높은 비율이 정말로 아주 가끔 교회에 출석하는 그런 그리스도인입니다.

Q3 저는 캘리포니아 더블린에 있는 ○○○입니다. 저는 '휴먼컴퓨터 인터랙션'Human Computer Interaction을 공부하고 IT 쪽에서 '사용자 경험 연구'user experience research를 하고 있는데요. 교수님과는 다르게 양적 연구quantitative research보다는 질적 연구qualitative research를 좀 더 많이 하고 있습니다. 요즘 구글이라든지 마이크로소프트는 두 가지 연구 방법을 교차 사용하고 있

습니다. 양적 연구로 큰 그림을 그린 후, 문제 해결 방법이나 원인에 대해서는 전통적인 질적 연구로 되돌아갑니다. 그 후 다시 통계 조사나 샘플링 기법으로 검증해서 제품이나 서비스를 업그레이드하고 있습니다. 그런 맥락에서 기독교 영역에서 양적 연구와 질적 연구를 가지고 교회의 당면한 문제를 해결하려고 시도하는 기관이나 단체, 또는 교회 리더십들이 있는지 궁금합니다.

박정위 관련한 일을 직접 하시는 분들이 더 잘 아실 것 같은데요. 기본적으로 지금 말씀하신 양적 연구와 질적 연구의 병행은 저도 100퍼센트 지지합니다. 저는 통계청에서 일하고 있어서 질량적 연구를 많이 하지는 못하는데, 일단 어떤 통계적인 분석을 할 것인지 주제를 선정할 때는 당연히 질적인 이해가 필요합니다. 계량적인 결과를 도출해서 그 결과의 의미를 해석할 때도 역시 이론적인 이해와 질량적인 이해가 없이는 불가능하겠죠. 구체적으로 어떤 기독교 단체나 연구소가 그런 목적을 갖고 일하는지는 제가 구체적으로는 알지 못합니다. 다만, 아까 통계 정보를 많이 제공하는 PEW Research 같은 곳을 말씀드렸는데, PEW Research는 언제나 통계를 가지고 이야기하지만, 해설이나 분석 내용은 질량적인 이해를 바탕으로 하므로 완전히 만족스럽지는 않다고 해도 충분히 좋은 자료라고 생각합니다.

Q4 저는 ○○○이라고 하고, 지금 뉴욕 주립대에서 가르치고 있습니다. 질문 드리고 싶은 것은, 아까 베이비부머 세대와 밀레니얼 세대를 비교하실 때 무종교화 비율의 증가세가 똑같이 유지된다고 할지라도, 그 증가세에 차이가 있는가입니다. 만약 증가세가 비슷하다면, 단순히 나이를 먹고 부모를 떠나면서 종교색을 벗는 것으로 설명할 수 있겠지요. 설령 증가하는 기울

기가 같더라도 시대적 배경이나 상황은 다르므로 변화 요인을 단순히 나이 증가만으로 단순화할 수 있는지도 의구심이 듭니다. 그리고 증가세의 기울기가 다른지, 이후 세대에서 더 가팔라지고 있는지도 궁금합니다.

박정위 기울기는 상당히 다릅니다. 지난 10여 년간 밀레니얼 세대에서의 무종교인 증가 속도는 다른 세대들보다 훨씬 더 빠릅니다. 단순히 나이를 먹어서 증가하는 정도 이상으로 보입니다. 종교 성향에서 나타나는 밀레니얼 세대의 세대적 특성이 베이비부머 세대의 세대적 특성과는 상당히 다르다는 것을 보여주는 것이죠. 그렇다면 '그 세대적 특성이 무엇인지'는 좀 더 자세한 분석이 필요합니다. 하지만 밀레니얼 세대나 베이비부머 세대나 엑스 세대 모두 현재 시점으로 가까이 올수록 탈종교화 비율이 올라가고 있다는 사실은 주목할 만합니다. 이것이 시사하는 점은 오늘날의 시대적 특성이 각 세대의 특성과 맞물려서 무종교인 증가에 영향을 주고 있다는 것입니다.

Q5 강원도 춘천에서 인사드립니다. ○○○이라고 합니다. 여전히 도표와 숫자에 약한 사람의 입장에서, 흥미로운 대화를 들으면서 들었던 몇 가지 질문을 하고 싶은데요. 오늘 주로 세대에 관한 이야기를 했는데, 세대라는 시간 축 말고, 공간과 관련해서 세계화나 인구 이동과 같은 다른 축도 있다는 생각이 들거든요. 특히 북미 사회가 다종교 상황이 된 지점에 관해서요. 최근에 적어도 미국에서는 복음주의와 가톨릭 인구가 성장하는 통계가 나왔던 이유는 백인이 아닌, 이민자 인구 때문이기도 하고요.

　한국도 다인종·다문화 사회로 가고는 있지만, 북미 상황과는 매우 다른 지점들이 있습니다. 만약 한국의 인구총조사에서 국제결혼을 한 분들의 종교 현실을 제대로 반영할 수 있는지도 궁금하고요. 혹은 아예 인구총조사에 잡히지 않을 많은 숫자의 이주노동자들의 현실도 생각이 났습니다. 아마 캐나다나 미국 같은 경우에는, 이민자 사회이다 보니 이런 간극을 줄여 갈 여러 통계적인 보완 지점이 있겠다 싶습니다. 한국에서도 그러한 고려를 해야겠다는 생각이 들었습니다.

비슷한 맥락에서 지금 코로나 상황에서 인종주의나 민족주의 경향이 다시 강하게 나타나고 있다고 합니다. 아마 인구이동이 더 어려워지는 쪽으로 가지 않을까 하는 생각도 들고요. 그렇다면 우리가 지금 논의한 이런 통계에서 다른 요소들을 고려한다면, 또 어떤 다른 흥미로운 예측을 해볼 수 있지 않을까 하는 생각이 들었습니다. 이에 대해서 말씀해 주시면 고맙겠습니다.

박정위 좋은 질문 해주셨는데요. 제가 제대로 다 이해하고 대답을 드릴 수 있을지 모르겠는데요. 정치적 여건이나 경제적 상황에 따라서 이민이나 난민을 받아들이는 정부 정책이 계속 바뀌고, 또 사회 분위기도 상당히 달라집니다. 그렇지만 인구학 측면에서 포괄적으로 본다면, 가장 시급한 오늘날 인구 변화는 빠른 고령화입니다. 북미 사회나 유럽 사회 다 마찬가지입니다. 고령화를 조금이라도 천천히 늦추는 방법은 젊은 인구의 유입, 이민이 가장 중요합니다. 이민과 난민을 받아들이는 데는 인도적 입장이나 다른 이유도 있지만, 고령화 위기의 대응책으로 나타나는 면이 큽니다. 그래서 아무리 즉각적인 상황이 발생하고 그에 대한 일부의 감정적 반응이 인종주의나 반이민정서로 흐른다고 하더라도 이민정책 자체가 완전히 막히는 일은 발생하기 힘들다고 봅니다.

그다음에 인구총조사에서 모든 종교나 모든 소수집단을 다 파악할 수 있을까 하는 것은 매우 어려운 문제입니다. 이론적으로는 모두 파악이 가능해도 포착하지 못하는 부분은 늘 발생하기 마련입니다. 그래서 인구총조사 절차도 매번 수정해서 가장 정확한 데이터를 포착하기 위해서 계속 노력하고 있습니다. 관련해서 조금 재미있는 말씀을 드리자면, 2015년도 인구총조사에서 불교 신자의 숫자가 많이 줄었습니다. 그랬더니 불교계에서 조사 결과에 불만이 많았던 것 같습니다. 통계치에서 불교 신자가 줄어든 이유는 워낙 젊은 층의 숫자가 적어서입니다. 거의 노령층에 집중된 신도 구성 때문에 나온 결과로 생각합니다. 그런데 인구총조사가 잘못됐다고 하면서 들었던 이유 중 하나가 조사원 중에 여성이 많은데 그들이 그리스도인일 가능성이 크고 그래서 통계에 오류가 났다는 글을 본 적이 있습니다. 저도 통계청에서 일하지만, 인구총조사 담당 부처에서 특정 종교에 대한 응답을 더 많이 나오게 하는 일은 없으리라고 생각합니다. 객관적인 사실이 어떤지를 제대로 파악하고 전달해야 그에 대한 적절한 대책이 나올 수 있겠죠. 인구총조사가 가장 신뢰할 만한 조사이긴 하지만, 물론 완벽하지는 않습니다. 그렇게 말씀드릴 수 있겠습니다.

이영석 저는 두 가지 질문이 있는데요. 먼저, 캐나다에서는 개신교가 다수파였고, 가톨릭은 프랑스 종교 문화라서 퀘벡 지역에서만 다수이고 전체적으로는 소수파였을 텐데요. 전반적으로 탈기독교화가 진행되지만 개신교 신자와 가톨릭 신자의 수가 역전된다고 오늘 들었습니다. 가톨릭 신자의 비율이 개신교 신자에 비해 높아졌는데, 이에 관한 해석이 있다면 소개해주시고요.

또 하나는 탈기독교화의 중요한 모멘트인 시기에 대한 것입니다. 캐나다는 1960년대 중엽부터 무종교 비율이 본격적으로 높아지기 시작하더라고요. 제가 알기로 1960년대에 이민정책을 포함해서 다문화 정책을 본격적으로 도입했는데요. 이런 것과 관련 있는지도 궁금합니다. 그런데 미국은 같은 기독교 문화권인데 탈기독교의 모멘트가 1988년경으로 나옵니다. 갑자기 증가합니다. 그래서 그 이유에 관한 해석도 소개해 주시면 고맙겠습니다.

박정위 역사적 배경을 정확히 알아야 설명해 드릴 텐데, 그 부분에 대해서는 저도 그렇게 많은 지식을 갖고 있지는 못합니다. 제가 아는 바로는 캐나다에서 개신교가 가톨릭에 추월당한 이유는 가톨릭의 탈기독교화가 개신교의 탈기독교화보다는 상당히 늦어졌기 때문일 것입니다. 퀘벡 사람들이 '조용한 혁명'Quiet Revolution이라고 해서 세속화 방향으로 나아가는 시기가 영어권의 개신교와 시간 차이가 있어서 추월이 발생했다고 볼 수 있습니다.

그다음에 캐나다에서 1960년대에 무종교인과 탈종교 인구의 증가한 것은, 물론 이민자 유입과 다문화 사회의 시작이 가장 큰 원인이기도 합니다. 그 때문에 1960년대 이후부터 기독교 이의 종교인구가 점차 증가합니다. 하지만 동시에 1960년대가 격동의 시대이고, 인권을 강조하고 개인의 권리와 자유를 보장해야 한다는 목소리가 커진 시대라는 점도 주목할 필요가 있습니다. 물론 시대를 반영하는 사조와 주장이 반드시 반종교적이어야 할 이유는 없지만, 어떤 의미에서 기성 종교들이 그와 같은 사회 변동에 적극적으로 대처하지 못한 면이 있습니다. 오늘날에도 발생하는 현상이며, 그 때문에 종교에서 의미를 찾지 못하는 사람들이 탈종교의 길로 가는 것이 아닌가 생각합니다.

이희제 저는 미국 댈러스에 있는 이희제입니다. 오늘 예를 들어 주신 사회가 미국, 캐나다, 한국이었는데요. 한국은 꼭 그렇지 않다고 해도, 캐나다처럼 기독교가 주류였던 사회에서 탈종교 현상이 나타나는 것처럼 보이기도 합니다. 혹시 다른 종교가 압도적으로 강했던 사회에서도 비슷한 탈종교 현상이 나타나는지 궁금했습니다. 예를 들어 무슬림이 압도적으로 많은 국가라든지, 아니면 불교도가 압도적으로 많은 사회에서도 똑같이 탈종교 현상이 나타나고 있는지가 궁금했습니다.

박정위   구체적인 예를 딱 집어서 말씀드리기는 어렵지만, 제 생각에는 시간의 차이만 있을 뿐 결국에는 같은 방향으로 가지 않을까 하고 생각합니다. 물론 지금도 신정국가를 표방하는 나라가 있고, 그 미래를 쉽게 예측할 수는 없지만, 탈종교적 방향으로 가는 것이 속도 차이는 있어도 보편적 흐름이라고 생각합니다. 하지만 중요한 것은, 앞서 다른 질문에서도 대답했지만, 미래를 예측하는 것은 매우 제한적인 일이고, 오늘의 현상에 관한 판단이라는 점을 이해하면 좋겠습니다. 또 그래서 종교가 지금 여기서 어떻게 하는지에 따라 그 미래가 달라질 수도 있다고 봅니다.

Q6   캐나다 밴쿠버의 ○○○입니다. 캐나다에서 가톨릭은 증가했다기보다는 잘 유지하고 있고, 개신교가 아주 빠른 속도로 줄어들고 있다고 볼 수 있지 않을까요. 그러니까 개신교가 신자를 잃어버리고 있다는 생각이 듭니다. 기존 성도들이 자녀 세대에 신앙을 잘 물려주지 못 하는 것도 한 요인이 아닐까 합니다. 다만, 한 가지 의아한 것은, 연세가 많으신 분들도 거의 인생을 마감하는 지점에 가서 무종교를 선택하는 비율이 조금 더 늘어난다는 점입니다. 그 이유가 무엇인지 궁금합니다.

박정위 말씀하신 것처럼 캐나다에서 가톨릭과 개신교 모두 신자 수가 감소하는데 그 속도는 개신교가 훨씬 더 빠릅니다. 가톨릭도 그대로 유지하는 것은 아니고 유지를 하다가 최근에는 감소세가 좀 빨라지고 있습니다. 물론 감소세가 개신교만큼 빠르고 심하지는 않습니다.

　노령층에서 탈종교 현상이 나타나는 이유가 무엇인지는 쉽지 않은 질문입니다. 그런데 우리가 일종의 편견을 갖고 있었는지도 모릅니다. "나이 든 사람들은 종교가 없다가도 종교를 가질 것이다." "나이가 들면 마음이 불안해져서 종교심이 더 강해질 것이다." 이런 식으로 가정하는데, 오늘 우리가 본 통계를 보면 그렇지 않을 가능성도 있습니다. 그 점에 대해 제가 드릴 수 있는 답변은, 다른 연령집단과 다름없이, 청년이든 중년이든 장년이든 노년이든 탈종교하는 이유는 오늘이라는 시점과도 관련이 있다는 것입니다. '오늘의 종교가 나를 만족시켜 주지 못한다.' '오늘의 교회가 너무나 현실과 유리되어 있다.' '나는 여기서 만족할 수 없고 차라리 다른 길을 찾겠다.' '교회에는 나가지 않고 예수의 길만 따르겠다.' 이 같은 여러 이유가 있을 수 있겠죠. 그러한 여러 원인이 노인들이라고 해서 절대로 비껴가지 않는다, 이렇게 해석할 수 있을 것 같습니다.

옥성득 주로 북미와 한국만 이야기하셨기 때문에 전반적으로 무종교인이 늘어나고, 기독교 신자는 감소한다는 인상을 강하게 주는데요. 저는 조금 다른 이야기를 하고 싶습니다. 세계 기독교 전체로 보면, 그리스도인은 줄어들지 않는다는 거죠. 그러니까 기본적으로 세계 인구의 3분의 1은 계속 유지가 됩니다. 특히 아시아에서는 인구의 10퍼센트를 넘어서서 15퍼센트까지 계속 올라가고 있습니다. 전 세계적으로 남반구 기독교, 흔히 말하는 '3분의 2'two thirds world에서 기독교 인구가 크게 늘고 있어서 전 세계적으로는 줄지 않았고, 종교인구도 세계적으로는 줄지 않는다는 거죠. 참고로 말씀드립니다.

Q7   저도 하나 거들고 싶은데요. 제가 만났던 연구자 중에 '그러면 미국에서 무종교 세대는 어디로 갔는가'라는 질문을 계속 붙들고 있는 사람이 있었어요. 흥미롭게도 그분은 '버닝맨 축제'Burning Man Festival를 추적해서, 거기에 참여하는 사람들을 인터뷰해서 연구했습니다. 이 사람들의 영적 추구가 어떻게 시작됐고, 어떻게 해서 여기까지 오게 되었는지는 물었습니다. 통계상으로 교회를 떠나간 것으로 보이는 꽤 많은 사람이 다른 형태의 영적 추구를 하고 있다는 실증적 연구를 본 적이 있습니다. 옥성득 교수님 말씀처럼, 세계 전체의 종교인구가 북미와 비슷한 상황으로 흘러갈 것이라고 말하는 것은 좀 다를 수 있겠다 싶습니다.

옥성득   또 다른 연구들을 보면 무종교인들에게는 유동성이 있습니다. 교회를 떠났다가도 의외로 금방 돌아오고, 나갔다가 들어왔다가 하는 경계가 분명하지 않다는 거죠. 나이에 따라 바뀔 수도 있고, 자녀 유무에 따라 바뀔 수도 있고, 여러 가지에 따라 바뀔 수 있다는 연구들도 본 것 같습니다.

박정위   그래서 "영적이지만 종교적이지 않은"spiritual but not religious 것을 추구하면서, 기성 종교 특히 제도 종교에는 발을 담그지 않겠다는 사람이 많이 늘어나고 있습니다. 옥성득 교수님 말씀처럼, 무종교에 속한 사람들은 단일한 집단이 아니라, 그 안에 다양한 성격의 사람들이 모여 있습니다. 앞서도 말씀드렸듯이 탈종교 현상이나 기독교 인구의 감소를 개인의 실수나 불만 차원에서만 볼 것이 아니라, '급변하는 세상에 종교가 어떻게 대응해야 할 것인가'라는 과제로 이해

여섯째 날 · 탈종교

하고 고민해야 한다는 것입니다. 그럴 때 교회도 바뀌고, 종교도 바뀌고, 또 개인도 바뀌면서 좀 더 바람직한 방향으로 나아갈 수 있지 않을까 하고 기대합니다.

이 글을 통하여 객관적인 의미의 탈종교 현상과 그것의 명백한 추세를 말하려고 했습니다. 하지만 종교의 의미가 그렇듯이 탈종교의 의미도 개인마다 다를 수 있습니다. 탈종교 추세를 반드시 부정적으로만 볼 필요는 없다고 생각합니다. 탈종교를 통해서 종교에서 찾고자 했던 가치를 추구하려는 사람들이 있는가 하면, 종교 울타리 그 자체에 집착함으로 가장 비종교적이 되어 버리는 경우도 없지 않을 것입니다. 종교나 탈종교의 단순한 수치의 표현이 아닌 그 현상에 내포된 여러 결의 의미를 포착하는 통계와 정보를 만들어 내는 일, 또 많은 사람이 그 결과와 과정을 객관적으로 이해하는 노력은 매우 중요합니다. 그것은 과학의 사명이기도 하지만 종교가 자기성찰을 하고 개혁의 길을 찾는 데 필수적인 재료가 될 것입니다.

하나님과 함께
하나님 없이

비종교적 그리스도인을 모색하는 디트리히 본회퍼 신학의 매력

·

김광현

김광현
| 한동대학교 교양학부 강사, 인문학&신학연구소 에라스무스 연구원

한동대학교 언론정보문화학부에서 기독교 문화, 상담 심리, 매스커뮤니케이션을 전공했다.
감리교신학대학교에서 목회학 석사를 하고, 「기독교적 주체 연구―알랭 바디우의 철학에
서 '주체'(sujet)와 디트리히 본회퍼 신학의 제문제」라는 제목으로 박사 논문을 썼다. 한동
대학교에서 서양철학을 가르치며, 인문학&신학연구소 에라스무스 연구원으로 활동하고 있
다. 『종교개혁 500년, 이후 신학』, 『3·1정신과 한반도 평화』, 『3·1정신과 이후 기독교』를
함께 썼다.

저는 오늘 디트리히 본회퍼라는 독일 신학자에 대해 이야기를 할 텐데요. 본회퍼는 '비종교적 그리스도인이 존재하기는 할까?'라는 질문을 던졌습니다. 오늘은 이 질문을 곱씹어 보려고 합니다. 특별한 이야기라기보다는 본회퍼의 책을 읽은 분이라면 아는 내용이지 않을까 싶습니다. 본회퍼에 대해 처음 듣는 분도 있을 것 같아서 비교적 일반적인 이야기를 준비했습니다.

비종교적 그리스도인

시작에 앞서, 지금까지 다루었던 이야기를 조금 돌아보고 싶습니다. 기독교의 탈종교 현상에 관한 논의가 몇 차례 있었습니다. 처음에 옥성득 교수님께서 한국 사회에서 기독교가 성장과 쇠퇴를 반복하는 주기가 있다고 하시면서, 지금은 위기이지만 좋아질 것이다, 또는 좋아질 수도 있다는 예상을 하셨습니다. 반면에 이영석 교수님은 19세기 말 영국 사회에서 과학이 주목을 받으면서 탈기독교화가 심해졌다고 이야기하셨습니다. 박정위 교수님도 한국과 북미 사회에서 탈종교 현상이 두드러지게 일어나고 있다고 하셨으며, 이를 통계로 보여주셨습니다. 이에 대해 다시 옥성득 교수님은 탈종교 현상이 한국과 북미에서는 두드러지게 나타나지만, 세계 기독교는 증가 추세라고 말씀하셨지요.

개인적인 생각입니다만, 저도 사회가 근대화할수록 탈종교화가 심해질 것으로 추측하고 있습니다. 오늘 이야기할 본회퍼가 생각한 미래의 모습도 그렇지 않았나 싶습니다. 남미나 아프리카, 아시아에 기독교가 전파되어 부흥한다고 하더라도, 또는 한국이나 북미에 종교적 부흥의 시기가 찾아온다고 할지라도, 장기적으로는 한 사회가 근대화할수록 탈종교화 현상은 확산하리라고 예상합니다.

이런 논의를 하려면, 실은 '근대란 무엇인가', '종교란 무엇인가'에 관해 다루어야 하는데, 매우 복잡한 주제입니다. 그래서 저는 본회퍼를 통해 이 문제를 좀 다른 각도에서 생각해 볼 것을 제안하고자 합니다. '사회가 점점 더 근대화하면서 탈종교화가 더욱 심해질 것인가' 또는 '종교적 부흥은 계속되고 있으며 기독교의 확장도 이어질 것인가'와 같은 논의가 아니라, '우리가 비종교적 그리스도인이 될 수 있을까' 또는 '비종교적 그리스도인이 존재할 수 있을까' 하는 것입니다. 본회퍼는 이 부분에 관심을 가졌습니다. 그의 『옥중서신』에 그 이야기가 나옵니다. 다만, 본회퍼가 '비종교적 그리스도인'에 대해 이야기할 때 우리는 문제에 부딪힙니다. 본회퍼가 이에 대해 상세히 다루지 않았기 때문입니다. 그래서 본회퍼를 어떻게 읽느냐에 따라 본회퍼의 의중에 대한 해석이 갈라진다고 할 수 있습니다.

본회퍼의 책과 그의 생각

본회퍼가 언급한 '비종교적 그리스도인' 혹은 '비종교적인 기독교 해석'에 대한 이야기를 하기 위해 본회퍼에 대해 알아야 할 필요가 있습니다. 그래서 저는 여러분에게 본회퍼를 소개하려고 합니다. 보통은 본회퍼의 삶을 소개하는 경우가 많은데요. 본회퍼의 삶을 소개하는 자료는 많으니 저는 본회퍼의 책을 소개해 보겠습니다. 본회퍼 전집은 모두 열일곱 권입니다. 이 중에서 학문적으로 중요한 저작 여덟 권은 국내에 선집(대한기독교서회)으로 번역되어 있습니다(이 중 몇 권은 복 있는 사람에서 새로운 번역으로 나왔습니다). 오늘은 이 여덟 권을 간략히 소개하겠습니다. 관심이 있는 분들은 오늘 소개한 본회퍼의 책을 하나씩 읽어 보시면 좋은 통찰을 얻을 수 있지 않을까 합니다.

성도의 교제

첫 번째로 소개할 책은 『성도의 교제』입니다. 본회퍼가 스물한 살에 제출한 박사학위 논문을 단행본으로 출간한 것입니다. 칼 바르트가 "신학적 기적이다"라고 부른 책이기도 하고, 미하일 벨커가 "본회퍼의 천재적인 초기 교회론"이라고 극찬한 책이기도 합니다. 그만큼 주목받았던 책이지만 워낙 어려워서 술술 읽기는 힘든 책입니다. 이 책이 특별한 이유는 본회퍼가 교회론을 사회철학과 사회학의 언어로 설명하고자 시도했기 때문입니다. 일반적으로 교회론을 쓰기 위해 사용하는 언어는 신학의 언어입니다. 신학 용어를 이용해서 교회가 무엇인지 설명합니다. 조직신학적 주제인 거죠. 그런데 본회퍼는 신학의 언어가 아니라 일반

학문의 언어로 교회론을 설명하려고 시도합니다. 사회철학과 사회학의 언어로 말이죠. 그런데 이렇게 이야기하면, '사회철학과 사회학에서 교회가 무엇인지 설득력 있게 설명해 주나?', '사회철학과 사회학의 입장에서 교회라는 걸 제대로 말해 줄 수 있나?'라는 의문을 품기 쉽지만, 이 책은 사회철학과 사회학의 언어를 차용할 뿐 내용은 다분히 신학적입니다. 사회철학과 사회학의 언어를 이용해서 교회가 무엇인지에 대해 밝힙니다. 본회퍼가 이런 시도를 한 이유는 신학의 언어가 신학적인 주제들을 정확히 해석해 줄 수 없다고 생각했기 때문이며, 신학의 언어가 아니라 일반학문의 언어로 해석했을 때 훨씬 더 신학적인 해석이 나온다고 보았기 때문입니다.

『성도의 교제』의 주제는 '교회론과 그리스도론의 일치'입니다. 그래서 본회퍼의 교회론 안에는 그리스도론, 신론, 성령론까지 다 들어가 있다고 보시면 됩니다. 제가 꼽아 본 이 책의 핵심 문장은 "이제 교회의 객관적 정신은 참으로 성령이 되었고, '종교적' 사귐의 체험은 참으로 교회의 체험이 되었으며, 교회라고 하는 집단인격은 참으로 '공동체로 존재하는 그리스도'가 되었다."[1]입니다. 본회퍼는 교회를 '객관적 정신' 개념으로 이해했는데, 객관적 정신이라는 표현은 헤겔의 철학에서 차용한 것입니다. 교회라는 집단인격이 객관적 정신으로서 성령 곧 그리스도의 영이자 그리스도 자체라는 뜻입니다. 그리스도가 어떻게 현존하느냐? 교회라는 집단인격으로 현존한다는 주장입니다. 이러한 주장을 뒷받침하기 위해 본회퍼는 이 책에서 아주 복잡한 논증을 전개합니다. 일반적인 조직신학은 신론과 삼위일체론에서 시작해서 타락과 구원, 종말론까지 이르는 큰 체계를 만들어 신학적인 주제를 설명합니다. 그런데 본회퍼는 그런 체계를 만든 신학자는 아닙니다. 자신이 볼 때 지금 가장 중요하다고 생각되는 신학적 주제를 서술한 후, 또 다른 주제로 옮겨갑니다. 그래서 앞뒤가 안 맞아 보이기도 하고, 모순이 있어 보이기도 합니다. 여하간, 그의 첫 번째 주제는 교회였습니다. 현실 속에 존재하는 교회라는 집단에 대한 신학적 해명을 통해 그리스도론과 성령론 같은 주제들을 포섭합니다.

행위와 존재

두 번째 소개할 책은 그가 박사학위를 취득하고 2년 후에 교수자격 취득논문으로 쓴 『행위와 존재』라는 책입니다. 이 책은 하이데거의 『존재와 시간』이 출간되고 나서 불과 2년 만에 쓴 것입니다. 제목에서 알 수 있듯이 하이데거의 현존재Dasein에 대한 신학적 대응이 담겨 있습니다. 하이데거의 현존재 개념을 극복할 기독교적 현존재 개념을 제시했다고 볼 수 있습니다. 여기서 본회퍼는 앞선 책 『성도의 교제』에서 다루었던 교회론이라는 주제에 뒤이어 계시가 무엇인지, 계시 개념을 설명합니다. 말하자면 본회퍼의 '계시론'이 담긴 책입니다. 집단인격으로서의 교회가 곧 계시라는 주장입니다.

책 속에 이런 문장이 나옵니다. "계시 개념은 교회사상이라는 구체성 속에서, 즉 행위해석과 존재해석이 서로 만나고 하나로 모아질 수 있는 사회학적 범주 속에서 사고 되어야 한다."[2] 다소 어려운 말인데요. 이 말은 무슨 말인가 하면, 우리가 계시를 이해할 때 초월적으로 이해할 것이냐 내재적으로 이해할 것이냐 하는 주제입니다. 행위해석이라는 말은 초월론적 해석을 의미합니다. 쉽게 말해, '계시는 초월적인 거야'라고 이해하는 방식입니다. 존재해석은 내재적인 것입니다. '계시는 이 세계에 있는 거야', '이 세계에 존재하는 거야'라고 이해하는 방식입니다. 일반적으로 가톨릭 신학은 존재해석에 가까운 계시 개념을 가지고 있고 개신교는 행위해석에 가까운 계시 개념을 가지고 있다고 할 수 있습니다. 그런데 본회퍼는 자신의 교회론을 통해 행위해석과 존재해석, 초월론과 존재론, 초월과 내재를 하나로 모으려고 했습니다. 그러한 시도를 아주 복잡한 철학적 논의를 통해서 전개하고 있습니다. 이해하기 쉽도록 단순하게 요약하면, '교회는 초월적이면서 동시에 내재적인 하나님의 계시이다.' 이렇게 말씀드릴 수 있을 것 같습니다.

창조와 타락

본회퍼가 박사학위 과정을 마친 후, 1932-1933년에 베를린 대학에서 강의를 합니다. 그곳에서 강의한 내용 중 두 강의안이 책으로 출간이 되는데, 하나가 『창조와 타락』이라는 책입니다. 본회퍼는 이 책을 창세기 1-3장을 다룬 '신학적 주석'이라고 주장했습니다. 아마, 구약을 전공하시는 구약학자분들에게는 좀 터무니없을 수도 있다고 보여질 부분들이 적지 않습니다. 그런데 본회퍼의 주장은 성서는 오로지 교회의 책으로 읽혀야 한다는 것입니다. 내용을 간단히 소개하면 이렇습니다. 창조에 대한 내용을 우리가 어떻게 알 수 있느냐? 창세기 1장의 이야기를 우리가 어떻게 신뢰할 수 있느냐? 라는 질문에 대해 그리스도의 부활을 통해서만 창세기를 신뢰할 수 있다는 것입니다. 그는 그리스도의 부활을 통해서만 창세기가 우리의 책으로, 교회의 책으로 받아들여질 수 있다고 봅니다. 가톨릭 신학에서는 전통(교회)이 성서의 권위와 동일하게,

혹은 교회가 성서보다 우월한 권위를 지니고 있다고 주장합니다. 반면, 개신교는 이 주장을 뒤집죠. 성서의 권위가 전통보다 앞선다고 봅니다. 그런데 본회퍼는 다시 교회의 전통을 성서보다 우선시합니다. '성서를 성서'되게 하는 것이 교회라고 보는 것입니다. 교회가 아니면 성서는 그저 고전일 뿐입니다. 교회만이 성서를 하나님의 말씀으로 읽을 수 있다는 것입니다.

그리스도론

본회퍼의 베를린 시절 강의록을 엮은 또 다른 책이 『그리스도론』입니다. 이 책은 본회퍼 신학에서 매우 중요합니다. 본회퍼 신학 전체가 그리스도론에 집중하고 있거든요. 앞에서 살펴본 『성도의 교제』에서 그리스도가 현존하는 방식을 다뤘다면, 『행위와 존재』에서는 초월적이며 내재적인 그리스도를, 『창조와 타락』에서는 성서가 그리스도로 인해 하나님의 말씀이 되는 것을 다루었다고 볼 수 있습니다. 그래서 본회퍼의 신학은 '그리스도로 시작해서 그리스도로 끝난다'라고 할 정도입니다. 원래 이 강의록은 본회퍼 저작 전집의 12권 안에 수록되어있습니다. 그런데 이 강의록이 워낙 중요하다 보니까 따로 빼내서 단행본으로 나와 있습니다. 한국에서도 한 권의 책으로 번역, 출간되어 있지요.

이 책의 1부에서 다루는 주제는 현존하는 그리스도입니다. "예수는 십자가에 못 박히고 부활하신 분으로서 현존하는 그리스도시다"[3]라는 그의 진술은 대단히 중요합니다. 앞서 이야기했던 그 교회론이 강조되는 이유도, 본회퍼가 그리스도가 지금 여기에 계시다는 것을 신학적으로 해명하기 위해서입니다. 그리스도가 어떻게 지금 여기에 현존하시나는 물음에 본회퍼는 그리스도가 '말씀'으로, 그중에서도 특히 '설교'로 현존하시고, '성만찬'으로 현존하시고, 그리고 '공동체'로 현존하신다고 주장합니다.

책의 2부에서 다루는 내용은 '역사적 그리스도'입니다. 여기서 본회퍼는 '역사적 예수'가 아니라 '역사적 그리스도'를 강조합니다. 중요한 한 부분을 인용해 보겠습니다.

> 여기서 다루고자 하는 주제는 그리스도론의 한 부분으로서, 이를 통해 그리스도 인격의 불가해함이 납득될 수 있도록 하려는 목적이 있다. 그러나 여기서 납득된다는 것은 불가해한 것을 그대로 남겨 둔 채 이루어져야만 한다. 납득 가능한 것은 불가해한 것이 불가해한 채로 존재할 수 있도록 하는 데 도움이 되어야 한다. 불가해한 것이 납득될 수 있는 어떤 것으로 변형될 수는 없으며, 오히려 그러한 변형의 모든 시도에 대해 단호하게 방어하는 것이 중요하다.[4]

이 말을 어떻게 풀이할 수 있을까요? 그리스도론이라는 것은 그리스도에 대하여 납득 가능하게 설명하는 학문입니다. 그렇지만 본회퍼는 우리가 그리스도에 대해 납득 가능하게 되려면, 그리스도가 불가해한 분이라는 사실을 불가해한 상태로 놔두어야 가능하다고 주장합니다. 좀 말이 복잡하기는 한데, 이것은 451년 칼케돈 신조와 맥이 닿아 있는 내용입니다. 칼케돈 신조에서 그리스도의 인성과 신성은 '혼합되지 않으시고 변화되지 않으시며 분리되지 않으시고 나뉘지 않으시는 분'$^{ἀσυγχύτως, ἀτρέπτως, ἀδιαιρέτως, ἀχωρίστως}$으로 정리하는데, 이것은 '그리스도는

　　　　　　　　　　　　　일곱째 날 · 본회퍼

인간이다' 혹은 '그리스도는 신이다'라는 문제를 인간이 납득할 수 있는 언어와 방식으로 풀어낼 수 없는 신비로 본 것입니다. 본회퍼는 칼케돈 공의회의 결정을 강조하는 차원에서 그리스도론을 서술하고 있습니다.

나를 따르라

다음에 소개할 책은 다들 잘 알고 있는 『나를 따르라』입니다. 이것은 1937년에 핑켄발데 신학원에서 강의한 내용을 바탕으로 쓴 책입니다. 여기에 우리에게 잘 알려진 '값싼 은혜'와 '값비싼 은혜'라는 내용이 들어 있습니다. 미리 값을 치른 계산서가 있으므로 그리스도를 따르는 희생과 헌신 없이 위로와 안심을 무한정 제공하는 은혜가 값싼 은혜입니다. 반면에 값비싼 은혜는 그리스도를 따르라고 부르며, 그리스도를 따르는 이에게 목숨을 내놓으라고 요구하는 은혜입니다. 이 책에 나오는 또 다른 중요한 명제는 '믿는 사람만이 복종하고, 복종하는 사람만이 믿는다'라는 것입니다. 이 책은 '오직 믿음'을 강조하는 루터 신학에 대한 본회퍼의 해석이기도 하고, 도전이기도 하고, 재구성이기도 합니다. 그는 '루터가 말한 오직 믿음이란 것은 한마디로 복종하는 것이다. 그래서 믿는 사람만이 복종하고, 복종하는 사람만이 믿는다'라고 보았습니다. 제가 생각할 때 방점은 뒷부분에 있습니다. 오직 믿는 사람만이 복종하게 된다는 말이 타당하다면, 그 반대인 '복종하는 사람만이 믿는다'라는 말도 타당하다는 것입니다.

성도의 공동생활

이제 소개할 책은 『성도의 공동생활』입니다. 이 책도 1937년에 핑켄발데 신학원에서 강의했던 것입니다. 핑켄발데 신학원이 공동체 생활을 했어요. 고백교회에서 신학원를 꾸리면서 공동생활을 하는 곳으로 만들었거든요. 그래서 이 책은 공동체 생활에 대한 본회퍼의 경험이 녹아 있습니다. 공동체에 관한 현대의 고전이라 공동체에 관심이 있는 분들이 많이 찾는 책입니다.

이 책의 중심 주제를 담고 있는 두 문장을 소개합니다. 첫 번째 문장은 다음과 같습니다. "그리스도인의 형제애는 우리가 실현해야 할 이상이 아니라, 하나님께서 그리스도 안에서 이루어 놓으신 영적 현실에 참여하는 것입니다."[5] 이 문장은 여전히 시간 속에 존재하는 계시로서의 교회의 연장선상에서 읽을 수 있습니다. 교회 공동체 안에서 이루어지는 형제애가 어떤 이상을 좇아서 행해야 할 것이 아니라 이미 시간 속에 존재하고 있는 하나님의 계시라는 현실에 참여하는 것일 뿐임을 지적하고 있습니다. 교회 공동체가 이상을 실현하는 공동체가 아니라는 것이죠. 이미 실현된 현실에 참여하는 것이라는 뜻입니다. 두 번째 문장은 이것입니다. "우리 마음속에 계시는 그리스도는 불확실하지만, 형제의 말씀 속에 계시는 그리스도는 확실합니다."[6] 좀 독특한 내용이긴 한데 이렇게 풀이할 수 있습니다. 우리는 그리스도를 마음속으로 믿고 우리 마음에 있는 믿음을 굳게 지키려고 합니다. 그렇지만 우리의 마음은 쉽게 잘 흔들리죠. 우리는 늘 그 믿음의 흔들림 속에 있습니다. 그렇지만 형제의 입에서 전해지는 말씀은 흔들림 없이 우리에게 전달됩니다. 그 말씀, 형제의 입에서 나에게 전달되어 오는 그 언어의 소리, 공기의 파동 속에 그리스도가 계시다는 것입니다. 예를 들어 한 형제가 "그리스도는 당신을 사랑하십니다" 이렇게 말을 전하면, 전하는 그 말 속에 그리스도께서 계신다는 겁니다. 그 형제를 통해 우리에게 전해지는 말씀으로 그리스도가 현존을 드러내신다는 거예요. 앞서 언급했던 말씀 속에 현존하는 그리스도, 혹은 설교 속에 현존하는 그리스도라는 본회퍼의 주장과 연결되는 내용입니다.

윤리학

『윤리학』은 본회퍼가 말년에 남긴 미완성된 원고를 그의 조카사위이자 제자인 베트게가 모아서 책으로 엮은 것입니다. 이 책은 '그리스도의 현실', '궁극적인 것과 궁극 이전의 것' 등 여러 주제를 담고 있습니다. 그리스도의 현실과 관련해서 다음의 문장이 중요합니다. "두 개의 영역이 존재하는 것이 아니라, 오직 하나님의 현실과 세상의 현실이 서로 하나가 되어 있는 그리스도의 현실의 한 영역만이 존재할 따름이다."[7] 우리에게 익숙한 기독교 신앙은 교회의 삶과 교회 밖의 삶을 이분화해 이해하려고 합니다. 아우구스티누스와 루터에 의해 제시된 하나님의 나라와 세상의 나라라는 두 영역의 구분이 그리스도인의 삶의 기준으로 작용하고 있는 것입니다. 본회퍼는 그리스도인들이 이 두 영역 사이에서 어느 한 영역에 속함으로써 자신을 기만하는 "영원한 갈등"에 휩싸인다고 지적합니다. 그래서 본회퍼는 두 영역이 존재하는 것이 아니라 하나의 영역, 하나의 현실만 존재하는 것임을 그리스도 중심적으로 논증합니다. 그는 그것을 '그리스도의 현실'이라고 부릅니다. 앞서 살펴본 『성도의 교제』에서도 이상적인 하나님의 나라가 아니라 현실적인 '그리스도의 나라'를 강조합니다.

옥중서신

본회퍼의 마지막 책은 『옥중서신 – 저항과 복종』입니다. 본회퍼는 자신이 가담했던 군 내부 쿠데타 조직에 의한 히틀러 암살 모의가 발각되어 테겔형무소에 수감됩니다. 1943-1945년에 그가 형무소에서 가족과 베트게에게 보낸 편지들이 훗날 『옥중서신』으로 묶여서 나옵니다. 편지글이다 보니, 치밀한 논증을 보이는 문장들이 아니라 일상적인 단상과 신학적 통찰을 쏟아내는 문장들로 이루어져 있습니다.

우리가 눈여겨볼 내용을 시간순으로 좀 읽어 보죠. 1944년 4월 30일 편지입니다. 이 편지의 수신자는 베트게입니다. 본회퍼는 이렇게 말합니다. "도대체 기독교는 오늘 우리에게 무엇인가, 그리스도는 오늘 우리에게 누구이냐는 물음이 내 마음을 끊임없이 움직이고 있네."[8] 말년에도 여전히 그리스도를 강조하고 있음을 엿볼 수 있는 문장입니다. '오늘'이라는 말에서 과거의 신학이나 초월적 신학이 아니라 현실에 뿌리내린 신학이 되게 하려고 애썼다는 것을 알 수 있습니다.

같은 편지에 이런 이야기도 있습니다. "종교 일반의 시대가 지나간 것이네. 우리는 완전히 종교 없는 시대를 맞이하고 있네."[9] 본회퍼는 '종교 없는 시대'를 '성년이 된 세상'이라고 표현합니다. 그런데 이 '성년이 된 세상'은 오독이 잦은 문구입니다. 몰트만 같은 경우, 이 세상이 본회퍼가 말한 대로 정말 성년이 되었느냐고 문제 제기합니다. 이렇게 세상에 문제들이 넘쳐나는데 성년이 되었다고 할 수 있냐는 것이죠. 하지만 본회퍼가 말한 성년이라는 의미는 어떤 완벽한 상태, 더는 문제가 생기지 않는 세상을 의미하는 것이 아닙니다. 어떤 문제가 생긴다고 하더라도 그 문제를 초월에 의지해서 또는 신에 의지해서 해결하려고 하지 않고, 인간 스스로 해결하려는 세상이 되었다는 것입니다.

칸트는 "계몽이란 무엇인가에 대한 답변"에서 누군가에 의지해야만 이성을 사용할 수 있는 미성년의 상태를 넘어, 스스로 이성을 자유롭게 사용할 수 있는 상태를 '계몽'이라고 불렀습니다. 본회퍼는 이런 면에서 근대 계몽주의 이후의 세상이 성년이 되었다고 인정한 것입니다. 그리고 이 성년이 된 세상 속에서 기독교란 도대체 무엇이고, 오늘날 그리스도는 도대체 누구인지 고민해야 한다고 주장한 것이죠.

방금 읽은 문장의 다음 문단에는 이런 문장이 이어집니다. "비종교적 그리스도인이 존재하기는 할까? 종교가 기독교의 의복에 지나지 않고, 그 의복도 다양한 시대에 다양한 모습을 보였다면, 비종교적 기독교는 어떤 모습일까?"[10] 더 이상 종교에 의지하지 않고도 스스로 자기 문제를 해결할 수 있는 시대, 성년이 된 세상이 되었다면, 기독교는 종교적 기독교가 아니라 비종교적인 기독교여야 하는 게 아닐까 질문하고, 비종교적 기독교는 어떤 모습일지, 비종교적 그리스도인은 어떤 존재일지 추측해 보고 있습니다. 그의 고민은 '비종교적 기독교'란 무엇일까로 넘어갑니다.

1944년 5월 29일, 본회퍼는 다음과 같은 말을 남깁니다. "우리는 우리네 가능성의 가장자리에서가 아니라, 삶의 한복판에서 하나님을 분별해야 하네."[11] 반면, 삶의 가장자리에서 하나님을 만나게 하는 게 종교입니다. 그러니까 건강할 때가 아니고 병들었을 때, 잘나갈 때가 아니고 보잘것없을 때, 혹은 죽음을 앞두고 있을 때와 같이 우리 삶이 가장자리에 있을 때 종교라는 것이 필요한 거죠. 본회퍼는 하나님이 가장자리로 쫓겨났다고 생각해요. 다시 말하자면, 사람들이 힘들 때나 어려움이 닥칠 때, 건강이 안 좋을 때나 죽음을 앞두고 있을 때만 하나님을 찾는다는 거죠, 우리의 삶의 한복판 그러니까 우리가 건강하고 잘나가고, 모든 일을 스스로 할 수 있을 때는 하나님이 필요 없어지는 거죠.

그러니까 본회퍼는 어떻게 우리 삶의 한복판에서 하나님을 이야기할 수 있을지에 대해 고민한 겁니다. 칸트가 말한 계몽주의 혹은 근대화된 세계인 '성년이 된 세상'은 본회퍼에게 나쁜 것이 아니었습니다. 성년이 된 세상은 우리 삶의 한복판입니다. 성년이 된 세상에서도 우리는 하나님을 만나야 합니다. 계몽화된 세계, 세속화된 세계는 거부해야 할 것이 아니었습니다. 본회퍼는 한 걸음 더 나아갑니다. 1944년 6월 27일 편지에서 "예수 그리스도께서 성년이 된 세상을 요구하신다"[12]라고 말합니다.

1944년 7월 16일 편지에는 다음 같은 문장이 있습니다. "나는 성서적 개념들을 비종교적으로 해석하는 일에 서서히 접근하고 있네."[13] 삶의 한복판에서 하나님을 만나기 위한 신학적 작업, 비종교적 기독교를 모색하는 작업, 비종교적 그리스도인의 모습을 그려보는 작업을 시작한 것입니다. 만약 본회퍼가 테겔형무소에서 죽지 않았다면 이 작업을 이어 갔을 겁니다. 성서의 개념들을 비종교적으로 해석하는 작업이죠. 비종교적인 기독교를 가능하게 하려면 성서의 개념들을 비종교적으로 해석하는 것이 필요하다고 생각했던 것입니다.

'타자를 위한 존재', '그리스도는 타자를 위한 존재, 타자를 위한 인간이다', '교회는 타자를 위한 공동체다' 등은 그가 작업한 비종교적 성서 해석의 예라고 할 수 있습니다. 그렇지만 그는 이러한 몇 가지 해석에 만족하기보다는 비종교적으로 해석할 수 있는 언어가 더 필요하다고 생각했던 것 같습니다. 그래서 조카의 아들 디트리히의 세례일에 작성한 편지에 이런 말을 남깁니다. "사람들이 다시 부름을 받아 하나님의 말씀을 선포하고, 그리하여 세계가 변화되고 쇄신되는 날 - 그날은 올 거야 - 을 예언하는 것은 우리의 과제가 아니란다. 그것은 새로운 언어, 어쩌면 예수의 언어처럼 비종교적이면서도 해방해 구원하는 언어, 사람들이 듣고 놀라서 그 힘에 굴복하는 언어, 새로운 정의와 진리의 언어, 하나님과 사람의 화목을 선포하고 임박한 하나님의 나라를 선포하는 언어가 될 거야."[14]

다음으로 살펴볼 내용은 아주 중요해서 좀 길지만 인용해 보겠습니다.

> 무한한 세상은 '하나님이 존재하지 않는다고 해도' 보존되는 세상이지. / 마치 하나님이 계시지 않는 것처럼 우리는 세상 속에서 살아야 하네. 그리고 우리는 바로 이것을-하나님 앞에서!-알고 있네. 하나님 자신이 우리에게 이러한 인식을 갖게 하시지. / 하나님은 우리가 하나님 없이 삶을 영위하는 자로 살아야 한다는 것을 알게 하시네. 우리와 함께 하시는 하나님은 우리를 버리는 하나님이시지!(막 15:34) / 우리는 하나님 앞에서 하나님과 함께 하나님 없이 살고 있네. 하나님은 스스로를 이 세상에서 십자가로 밀어내시네. 하나님은 이 세상에서 무력하시고 연약하시며, 오직 그렇기 때문에만 그분은 우리와 함께 계시고 우리를 도우시네.[15]

여기서 무력하신 하나님, 연약하신 하나님은, 일본 신학자 기타모리 가조의 『하나님의 아픔의 신학』과 몰트만의 『십자가에 달리신 하나님』에 직접적인 영향을 끼친 표현입니다. 또한, '하나님 앞에서 하나님과 함께 하나님 없이'라는 단락은 본회퍼 신학의 가장 매력적인 대목이라고 할 수 있습니다. 그는 우리가 하나님이 계시지 않는 것처럼, 무신론자처럼, 비종교인처럼 살면서, 동시에 하나님과 함께, 하나님 앞에서 살아야 하는 존재임을 강조합니다. 이 점이 사실 굉장히 어렵습니다. 비종교적 가치를 우선시하다가 자칫하면 하나님과 함께하지도 않고 하나님 앞에 있지도 않은 모습으로 살아가기 쉽기 때문입니다.

본회퍼는 1944년 7월 18일 자 편지에서 "인간은 '세상적으로' 살아도 되네···그리스도인이 된다는 것은 인간이 되는 것을 의미하네"[16]라고 썼습니다. 그리스도인이 되는 것을 비종교적 인간, 세속적 인간이 되는 것으로 이해한 거죠. 물론 단순히 그리스도인이 되지 않고 비종교인이 된다면 본회퍼가 말한 것과는 다르다고 해야 할 것 같습니다. 그가 다음 같은 문장을 덧붙이기 때문입니다. "하나님에 대해 '비종교적으로' 말하려면, 세상의 무신성을 어떤 식으로든 은폐하지 않고 오히려 곧바로 폭로하여, 참신한 빛이 세상에 비쳐들도록 말해야 하네. 성년이 된 세상은 무신성이 훨씬 강하다네. 바로 그 때문에 성년에 이르지 못한 세상보다 더 하나님께 가까운지도 모르네."[17] 매우 역설적인데요. 본회퍼가 무신성의 세상, 성년이 된 세상을 아주 긍정적으로 끌어안으면서 그 속에서 그리스도는 도대체 누구이고, 기독교는 도대체 무엇이며, 또 그리스도인은 누구인지 질문을 던진 것입니다. 그의 고민이 닿아 있는 심연이 폭풍우 치는 어두운 바닷속처럼 일렁이고 있습니다.

남은 질문

하지만 아쉽게도 본회퍼의 신학적 탐구는 그가 1945년 4월 9일 히틀러 암살 모의 혐의로 처형되면서 중단됩니다. 화두만 던져 놓고 답이 없는 상황이 되어 버린 것 같기도 합니다. 본회퍼의 신학이 이 지점에서 멈춰서 아쉽지만, 다른 한편으로는 본회퍼 이후의 어떤 신학자도 본회퍼가 도달한 지점까지 가지 못했다고 생각합니다. 여전히 현대 신학자들은 일자로서의 신, 혹은 초월자로서의 하나님을 상정해두고 신학을 구성해 나가는 것으로 보입니다. 또한 '비종교적 시대, 성년이 된 세계는 도래하지 않았다. 우리는 여전히 종교적인 삶을 살고 있다. 인간은 종교에서 벗어날 수 없다'와 같은 전제와 토대 위에서 신학을 전개하는 것 같습니다. 본회퍼가 던진 '비종교적 그리스도인'이라는 대담한 선언은 오늘을 살아가는 모든 그리스도인이 곱씹어 성찰해야 할 숙제로 남아 있습니다.

본회퍼의 묘비에 새겨진 글은 다음과 같습니다.

"그의 형제들 가운데 서 있는 예수 그리스도의 증인"

20세기 신학자 본회퍼는 그 어떤 신학자보다 그리스도를 강조하는 동시에 그리스도인 정체성의 문을 세상을 향해 활짝 열어 놓은, 여전히 도전적인 신학자라고 평가할 수 있을 것 같습니다.

전성민 제가 먼저 가벼운 질문을 드리겠습니다. 저는 성서학을 공부한 사람이라서 창세기 1-3장의 주석이 흥미롭게 느껴집니다. 『나를 따르라』가 산상수훈의 주석이라고 알고 있는데, 혹시 본회퍼가 성서 본문에 집중해서 작업한 신학적 주석이 또 있는지 궁금하네요.

김광현 책으로 출판한 것은 그게 전부입니다. 본회퍼가 조직신학자여서 그런지 성서학적 주석서를 내려고 한 것 같지는 않습니다. 그렇지만 19세기 성서학의 중요한 전환점이 되는 역사비평을 중요하게 생각합니다. 베를린 대학교에서 신학을 공부한 그는 분명 자유주의 신학의 후예입니다. 그는 우리가 역사비평 이전으로 돌아갈 수 없다고 단호하게 말합니다. 역사비평의 성과를 무시해선 안 된다는 뜻이지요. 그렇지만 그는 역사비평을 넘어서길 바란 것 같습니다. 그가 말한 '신학적 주석'이란 역사비평을 무시하지 않지만 역사비평에 갇히지 않는 주석을 의미하는 것 같습니다.

　관련해서 흥미로운 에피소드가 하나 있습니다. 나치 정부하의 독일 상황이 어려워지니까, 라인홀드 니버를 비롯한 미국의 신학자들이 본회퍼를 미국으로 초청합니다. 그런데 미국에 도착한 본회퍼가 한 달 만에 다시 독일로 돌아옵니다. 독일로 돌아가는 데 결정적인 영향을 끼친 성경 구절이 있습니다. 바울이 디모데에게 "그대는 겨울이 되기 전에 서둘러 오십시오"(딤후 4:21)라고 말한 구절입니다. 본회퍼는 이 말씀을 하나님이 자기에게 주시는 말씀이라고 생각했습니다. 만약 그 구절을 역사비평적으로 해석했다면 결코 자신이 독일로 돌아가야 하는 말씀으로 읽을 수가 없었을 것입니다. 그러나 본회퍼는 그 구절을 전선에서 휴가를 받아 귀가했다가 다시 전선으로 돌아가는 군인처럼 자신에게 하시는 하나님 말씀이라고 여겼습니다. 비록 그렇게 해석하는 것이 "경건한 어떤 것이 아니라 다소 치명적인 충동"[18]일지라도 하나님은 그런 충동을 통해서도 역사하시니 자신은 그 말씀에 순종해야 한다고 믿었던 것입니다. 성서가 성서가 되는 이유, 성서가 하나님의 말씀이 되는 이유는 결국 기독교적 주체가 성서를 하나님의 말씀으로 듣느냐에 달려있다고 본 것입니다.

이영석 아까 칸트의 "계몽이란 무엇인가에 대한 답변", 그 짧은 글을 언급하셨는데요. 전체적으로 서구세계에서 보면 18세기 이후에 장기지속적으로 나타난 일종의 탈신화화죠. 미성숙에서 성숙으로 바뀌는 전환과 밀접하게 관련되는데요. 혹시 본회퍼가 자신의 저술 등에서 "계몽이란 무엇인가에 대한 답변"과 자신이 살고 있던 사회의 변화를 연결 지어서 설명하는 구절이 있는지 알고 싶습니다.

김광현 본회퍼는 역사적 서술보다 철학적이고 조직신학적인 서술을 더 많이 했습니다. 그래서 "계몽이란 무엇인가에 대한 답변"과 관련해 당대 상황에 대한 설명보다는 그 문제를 신학적으로 어떻게 해석할지에 관심이 있었다고 할 수 있습니다. 『성도의 교제』나 『행위와 존재』에서도 칸트가 등장합니다. 물론 그때 등장하는 칸트는 '초월 철학'에 관련된 내용과 함께 등장합니다. 본회퍼 저술 속에서 칸트의 "계몽이란 무엇인가에 대한 답변"을 면밀하게 검토하는 내용은 찾아보기 어렵습니다. 오늘 강의에서는 칸트만 이야기했지만, 본회퍼는 다른 근대 철학자들도 함께 언급하면서 세속화를 거대한 흐름으로 파악한 것 같습니다. 그래서 니체를 직접적으로 언급하진 않지만, 니체에게 영향을 받은 듯 보이는 내용이 많습니다. "신은 죽었다"라는 니체의 선언을 기독교가 진지하게 생각해야 할 것으로 여긴 듯합니다.

전성민 채팅으로 보내 주신 질문 중 하나를 전달합니다. "무한한 세상에 대해서 다시 설명해 주시면 감사하겠습니다."

김광현 '무한한 세상'에 관한 내용은 옥중서신에 나옵니다. 옥중서신은 본회퍼의 신학적 상상력과 단상을 간략히 남겨 놓은 거라서, 그가 '무한한 세상'을 구체적으로 어떻게 생각했는지 추가적으로 설명하기가 좀 어렵습니다. 다만, 본회퍼는 『윤리학』에서도 인간을 유한한 존재로 여기는 담론들은 거부하는 태도를 보입니다. 인간의 유한성은 아우구스티누스 이래로 기독교 신학의 중추적인 역할을 한 신학의 토대와 같아서 본회퍼의 생각은 파격적입니다. 그러니까 여기서 말하는 '무한한 세상'이란 인간에게 무한한 가능성이 있음을 긍정하는 것입니다. 인간이 무한한 존재라면 우리는 어떻게 그리스도인이 될 수 있고, 기독교는 또 어떻게 존재해야 하는지에 관해 고민해야 하는 숙제를 던져준 것이라고 말씀드릴 수 있을 것 같습니다.

'성년이 된 세상'도 말년의 편지 외에는 언급되지 않는 표현입니다. 성년이 되었다는 것은 어른이 되었다는 뜻입니다. 세상이 어른이 되었다는 것입니다. 어른은 자기 문제를 스스로 해결합니다. 예를 들어, 코로나19 팬데믹이 발생해도 그 문제를 해결하기 위해 초월적 신에게 의지하거나 종교적 힘을 빌리지 않습니다. 스스로 해결할 수 있다는 것입니다. 그러니까 '성년이 된 세상'은 코로나19 같은 위기를 인간이 스스로 해결할 수 있다고 믿는 세상을 의미합니다. 물론, 인간이 위기를 해결할 수도 있고 못 할 수도 있습니다. 그러나 신이나 종교가 아니라 인간 스스로 이 문제를 해결해야 한다고 생각하는 세상이 되었다는 것은 분명해 보입니다. 본회퍼의 판단은 적절한 것 같습니다.

전성민 "한국 교회에서, 특히 한국 교단에서 본회퍼의 신학을 수용할 수 있을까요?"라는 질문도 들어왔습니다.

김광현 제 생각에는 두 가지 문제가 있습니다. 테겔 형무소에서 드러낸 본회퍼 신학은 자신도 시도만 했을 뿐, 도대체 비종교적 그리스도인이 어떻게 가능한지는 미지수로 남아 있습니다. 우리에게 질문과 숙제를 남겨 주기만 한 셈이지요. 그래서 오늘날 한국 교회에서 본회퍼의 신학을 어떻게 수용할 수 있을지 저도 잘 모르겠습니다. 다만 저는 본회퍼의 신학을 좀 더 곱씹어 볼 필요가 있다고 생각해서 공부하고 있긴 합니다.

또 다른 문제는 한국 교회의 주류가 장로교라는 점입니다. 본회퍼는 루터교 신학자입니다. 루터교 신학이 가지고 있는 독특한 역설이 있는데, 제 생각에 한국 교회가 본회퍼를 이해하기 어려운 이유는 이 역설 때문입니다. 예를 들어, 루터 신학에서 아주 중요한 테제가 "유한이 무한을 수용할 수 있다"입니다. 반면에 칼뱅 신학의 테제는 "유한은 무한을 수용할 수 없다"입니다. 유한이 무한을 수용할 수 있다는 게 역설적이죠. 그래서 루터 신학에서는 유한한 한 인간 예수가 무한한 하나님을 100퍼센트 수용할 수 있다고 여깁니다. 또 유한한 빵과 포도주가 승천하신 무한한 그리스도를 전적으로 담을 수 있다고 생각합니다. 그래서 성만찬에서 사용되는 빵과 포도주는 전적으로 그리스도의 살과 피의 실재인 것입니다. 본회퍼는 이 도식을 교회론에 끌고 옵니다. 유한한 사람들이 모인 집단인 교회 공동체가 무한한 하나님, 무한한 그리스도를 100퍼센트 수용할 수 있다고 여깁니다. 본회퍼의 '공동체로 존재하는 그리스도'는 이렇게 루터 신학의 역설에 기반을 두고 있습니다. 루터 신학의 또 하나의 특징은 '죄인인 동시에 의인'을 강조한다는 것입니다. 이것이 본회퍼로 넘어오면, '종교인인 동시에 비종교인,' '무신론자인 동시에 그리스도인'으로 바뀝니다. 이런 식으로 본회퍼는 루터 신학을 발전시키고 혁신하려 했던 것이 아닌가 합니다.

서울대에서 종교사회학을 가르치는 김민아 선생이 쓴 "민주화 이후 에큐메니칼 단체들은 어디로 갔는가?"라는 논문이 있는데요. 1990년대 이후에 한국의 에큐메니칼 교회들이, 민중신학이나 해방신학, 그러니까 정치에 적극적으로 참여했던 본회퍼 신학의 영향을 많이 받은 교회들이 대거 사라진 점을 지적합니다. 본회퍼를 공부하는 저로서는 이렇게 봅니다. 본회퍼는 교회가 아니라 세상 속으로 뛰어든 신학자이지만 동시에 그리스도론에 집중한 신학자입니다. 그 점을 간과한 채로 본회퍼가 세상에 뛰어든 것만 받아들인다면 결과적으로 교회가 사라지는 상황을 맞이할 것이라는 점입니다.

Q1 저는 본회퍼에 대해 잘 알지 못하고, 잠깐잠깐 들었던 단편적인 지식만 있는데요. 오늘 본회퍼가 출간한 책 내용을 순서대로 들으면서 이런 생각이 들었어요. 젊었을 때 본회퍼는 신학적 측면에서 종교를 생각했던 것 같습니다. 그러다가 전쟁과 여러 상황을 겪으면서는 신학적이고 종교적인 면보다는 인간적인 측면에서 하나님은 누구이고 종교는 무엇이고 인

간은 무엇인가를 고민하지 않았나 싶어요. 나이가 들면서, 여러 어려운 상황을 겪으면서 신학적 관점을 내세우는 신학자가 아니라, 현실에서 여러 고난과 어려움을 겪는 한 인간으로서 종교의 본질에 다양한 의문을 가졌던 것 같아요. 이렇게 보는 게 맞는지 궁금합니다.

김광현   정확히 보셨습니다. 본회퍼의 생애를 크게 세 시기로 나눕니다. 신학자에서 그리스도인으로, 그리스도인에서 동시대인으로, 이렇게 나눕니다. 그러니까 초기에는 신학자였다가 중간에 그리스도인이 되고, 그다음에는 동시대인이 된 거죠. 동시대인 되었다는 것은 현실의 삶에 뿌리내린 사람이 되었다는 의미입니다.

옥성득   저는 본회퍼의 교회론이 도대체 한국 교회에 어떤 의미가 있는지 질문하고 싶은데요. 세속화된 사회에서의 교회론도 중요하지만, 이미 자본주의에 굴복하여 세속화한 한국 교회에 본회퍼의 교회론이 어떤 의미가 있는가 하는 겁니다. 왜냐하면 세속사회가 문제가 아니라 세속화한 교회가 문제이기 때문이죠. 교회가 자본주의 사회에 굴복해서 거대 기업 같은 대형교회가 되는 것이 문제죠. 한국 교회의 문제는 결국 돈에 굴복한 것이죠. 여기서 세속화는 교회의 본질을 떠났다는 의미입니다. 또, 요새 선교적 교회라는 말을 많이 하는데, 현장에 대한 강조가 선교적 교회의 교회론과는 어떻게 다른지, 본회퍼의 교회론과 선교적 교회의 차이점에 대해 답변해 주실 수 있을까요?

김광현   우선, 세속화에 대한 정의와 이해에 차이가 있는 것 같습니다. '세속화한 교회가 문제'라고 하셨는데, 저는 '종교화한 교회가 문제'라고 생각합니다. 교회가 이토록 권위적이고 비상식적일 수 있는 이유는 교회가 종교이기 때문에, 또는 종교적이기 때문이 아닐까요. 오히려 교회가 세속화할수록 훨씬 더 이성적이고 민주적이고 합리적으로 운영될 수 있다는 것이죠. 그렇게 되면 오히려 교회에 문제가 덜 생길 것 같습니다. 물론 이 같은 세속화라는 표현은 거대 기업화한 교회를 비판할 때 쓰는 세속화와는 다른 쓰임새입니다.

'교회의 세속화 문제를 해결하는 방식이 교회의 성화나 교회의 종교화로 나아가는 것인가?'라고 질문했을 때 본회퍼의 신학은 '아니다'라고 답할 것입니다. 그러니까 종교화하거나 성화하거나 거룩을 더 강조한다고 해서 교회의 문제가 해결되지 않으니 더 좋은 방식의 세속화가 필요하다는 것입니다. 본회퍼 입장에서 보면, 세속화의 물결은 거스를 수 없습니다. 본회퍼는 예수 그리스도가 그것을 원하신다고까지 말합니다.

본회퍼의 교회론을 현재 한국 교회에 적용한다면, 교회 공동체를 훨씬 더 세속적인 공동체로 만들 필요가 있다고 봅니다. 교회가 가지고 있는 특권이나 권위, 비상식적 문제에서 벗어나도록 하는 것이 본회퍼식 해결이 아닐까 합니다.

선교적 교회의 교회론과 본회퍼의 교회론이 어떻게 다른지는 저도 잘 모르겠습니다. 제가 선교적 교회를 잘 알지 못해서 정확한 답을 드리기가 어렵습니다. 다만 선교적 교회가 포스트모더니즘 상황을 긍정적으로 받아들이는 교회론이라고 했을 때, 어떤 의미에서는 겹치는 부분이 있을 것 같다는 생각은 듭니다.

최경환 그 질문에 대해 제가 좀 말씀드려도 될까요? 다 끝나 가는 마당에 논쟁을 불러일으켜서 좀 그렇긴 하지만, 본회퍼에 대해서는 너무 다른 해석들이 많습니다. 그중 하나는, 본회퍼가 정치참여를 했으니까 본회퍼의 교회론에 사회참여에 대한 대단한 신학적 통찰이 있을 것으로 생각하기 쉬운데, 본회퍼의 책에는 그런 내용이 거의 없습니다. 본회퍼는 한 번도 교회가 사회참여나 정치참여를 해야 한다고 말한 적이 없습니다. 오히려 그것은 열광주의에 빠지는 오류라면서 반대하기도 했습니다. 그래서 후기로 갈수록 본회퍼는 교회의 의미를 훨씬 더 축소했어요. 한 그리스도인이자 시민으로 개인이 정치에 참여하는 것은 반대하지 않았지만, 교회의 이름으로 참여하는 것에는 반대했습니다. 교회는 말 그대로 예배를 드리는 곳이지, 사회적 의제를 공론화하는 곳이 아니라고 했습니다. 그런 점에서 본회퍼의 교회론은 조금 더 예민하게 읽을 필요가 있을 것 같습니다.

또 하나는, 본회퍼에 대해서는 너무 다양한 초상이 있어요. "Many Different Bonhoeffer"라는 논문도 있을 정도입니다. 우리나라에서도 본회퍼는 순교자 이미지가 강해서 고신대에서도 많이 인용합니다. 당연히 에큐메니컬 진영에서도 인용하고요. 저는 본회퍼가 우리가 생각하는 모습과 많이 다를 수도 있다고 생각합니다. 그에게는 독일 민족에 대한 강력한 자부심도 있었고, 우리가 생각하는 것과는 다른 모습이 있습니다. 그런 점에서 본회퍼는 여전히 해석의 여지가 많고, 논쟁적 인물이라고 생각합니다.

Q2   이 자리에 역사를 공부하시는 분들이 많은데, 역사 속에서 과연 종교성이 없는 종교, 예전liturgy까지 포함하는지는 잘 모르겠습니다만 어떤 껍데기 없이 내용만 존재하는 종교가 가능한가 하는 본질적인 질문을 던져보고 싶습니다.

김광현   답하기 굉장히 어려운 질문인데요. 본회퍼가 화두는 던졌지만, 과연 '종교성 없는 기독교'를 우리가 만들어 낼 수 있을까 하는 의구심은 솔직히 듭니다. 본회퍼도 비종교적인 기독교를 이야기했지만, 종교적인 기독교를 지금 당장 완전히 폐기할 수 있다고 보지는 않은 것 같습니다. 그러니까 2,000년 역사 속에서, 기독교는 종교의 옷을 입었고, 종교의 옷을 입음으로써 기독교가 전파된 것을 인정하는 것 같아요. 그 점은 지금도 여전히 유효하다고 보는 것 같고요.

그렇다면 '비종교적 기독교는 도대체 뭘까?' 또는 '정말 비종교적 그리스도인이 가능할까?'에 대해서는 계속해서 답을 찾아가야 할 필요가 있다고 생각합니다. 다만, 본회퍼가 이런 이야기를 하거든요. "심지어 자신이 종교적이라고 하는 사람들조차도 사실은 비종교적이다." 그러니까 어쩌면 우리는 이미 충분히 비종교적인 그리스도인일 수 있습니다. 그리고 또 하나, 제 생각엔, 요즘 우리가 사용하고 있는 종교성이라는 말은 매우 모호하게 매번 그 의미를 달리하면서 사용되고 있다고 보입니다. 오늘날에는 스포츠도 종교이고, 콘서트도 종교이고, 심지어 국가나 시민도 다 종교가 된 상태잖아요. 종교 아닌 것이 없는 거죠. 그렇지만 결국 본회퍼는 '기독교가 만일 참된 것이라면, 종교라는 틀을 넘어서도 분명히 존재할 수 있을 것이다'라고 본 것 같습니다.

때때로 지나온 신앙을 부인하고 싶을 때가 있습니다. 새로운 지식과 경험, 삶의 지혜를 쌓아갈수록 과거의 신앙이 너절하고 미성숙했음을 깨닫습니다. 내가 사랑했던 교회의 수준이 겨우 이 정도였나 회의감과 자괴감이 들기도 합니다. 그 순간 어떤 갈림길 앞에 서게 됩니다. 교회를 박차고 나가거나 교회 안에 머무르면서 교회를 욕하거나. 순진했던 신앙은 버렸지만 새로운 신앙은 아직 찾지 못한 것입니다. 예수 그리스도의 증인이었던 디트리히 본회퍼는 미래의 교회에서 온 그리스도인입니다. 미래에서 온 그의 신앙은 낯설고, 어렵고, 불투명해 보이며, 받아들이기 두려울 수 있습니다. 그렇지만 그에게는 과거의 신앙과 현재의 상황을 돌파할 새로운 복음의 언어가 있습니다. 여기 그리스도의 제자가 있습니다.

여덟째 날 · 공공신학

새로운 역할과
자리가 열린다

공공신학의 어제, 오늘, 내일

.

최경환

최경환

| 인문학&신학연구소 에라스무스 연구원

대학과 대학원에서 신학을 공부했고, 출판사와 아카데미에서 일하면서 강연을 기획하고
세미나를 진행해 왔다. 현재 인문학&신학연구소 에라스무스에서 연구원으로 활동하면서
공공신학을 꾸준히 공부하고 있다. 저서로는 『공공신학으로 가는 길』, 『우리 시대의 그리스
도교 사상가들』(공저), 『태극기를 흔드는 그리스도인』(공저)이 있다.

저는 오늘 공공신학에 대해 이야기 나누려고 합니다. 먼저 본격적으로 공공신학을 공부하게 된 계기를 간단히 말씀드리죠. 저는 20대에 기독교 세계관에 관심을 두고 관련 서적을 읽다가 자연스럽게 그리스도인의 사회참여, 해방신학, 민중신학 등에 관심이 갔습니다. 그러다 우연히 공공신학이라는 학문을 소개받고 '이게 내 길이다'라고 생각하고 지금까지 그때의 관심을 이어오고 있습니다. 당시 국내에는 공공신학에 대한 글이나 책이 많지 않았습니다. 그런데도 심심치 않게 공공신학 관련 이야기가 여기저기서 나오고 있었고, 위기의 한국 교회가 지향해야 할 신학적 대안으로 언급되곤 했었죠. 이후에 남아프리카공화국에서 잠시 공공신학을 공부할 기회가 있었는데, 그때부터 본격적으로 공공신학 공부에 매진할 수 있었습니다. 국내에서 살펴본 자료는 극히 제한적인 내용이었고, 전 세계적으로 굉장히 다양한 종류의 공공신학이 있다는 사실을 알게 됐죠. 미국의 특정 교파가 소개한 공공신학이 아닌, 그야말로 세계 각국의 공공신학을 공부하게 됐습니다. 물론 그렇다고 그 많은 양의 공공신학 문헌을 읽고 소화했다는 것은 아닙니다. 그냥 '엄청난 연구가 진행되고 있구나' 하는 정도만 깨닫고 돌아온 거죠. 이제는 국내에도 공공신학에 대한 연구논문이나 책들도 많이 소개되어서 낯설지 않게 그 이름을 들어 볼 수 있습니다.

오늘은 제 개인적인 관심사나 최근 고민하는 문제를 중심으로 공공신학을 간략하게 소개하려고 합니다. 공공신학이라는 말이 실제로 학계에 등장해서 쓰인 역사는 길지 않습니다. 보통 어떤 학문의 분과가 형성되려면 먼저 학회가 형성되고, 학술지가 만들어져야 합니다. 그런데 놀랍게도 공공신학 국제네트워크Global Network for Public Theology라는 학회와 『국제공공신학저널』International Journal of Public Theology이라는 학술지가 만들어진 것은 2007년입니다. 물론 1970-1980년대에도 공공신학과 유사한 형태의 담론들이 있기는 했어요. 그러나 그것은 개별학자들의 작업이었고, 전 세계적인 네트워크가 생기고 학술지가 만들어진 것은 한참 후입니다.

『국제공공신학저널』은 1년에 네 차례 논문집을 발행하는데 지역으로나 내용으로나 그야말로 전 세계적이라 할 수 있습니다. 그리고 '공공신학 국제네트워크'에서는 3년에 한 번씩 국제심포지엄을 열어요. 심포지엄의 결과물을 책으로 엮어 내는데, 그 시리즈 제목이 "공론장의 신학"Theology in the Public Square입니다. 저는 이 제목이 공공신학의 특징을 정확하게 말해 준다고 생각합니다. 전통적으로 신학은 '교회 안'에서, 혹은 '교회를 위해서' 활용됐고, 그것을 신학의 자리라고 생각했습니다. 그런데 공공신학은 완전히 달라요. 공론장 안에서 신학을 하겠다는 거예요. 이 말은 신학의 활동 무대가 세상이라는 말인데, 이 점이 어쩌면 공공신학의 가장 큰 특징이라고 할 수 있습니다. 거칠게 말하면 공공신학은 '교회를 위한 신학'도 아니고, '교회의 신학'도 아닙니다. 쉽게 말해서 세속 영역, 세상 속에서 펼쳐지는 신학이라고 보면 됩니다. 그러면 "그게 신학일 수 있냐?"라고 말할 수도 있고, 또 "세상 속에서 어떻게 신학을 할 수 있냐?"라고 물을 수도 있겠죠. 이것이 공공신학의 가장 중요한 쟁점이라고 할 수 있습니다.

공공신학의 기원

제가 오늘 "공공신학의 어제, 오늘, 내일"이라고 제목을 잡은 것은 바로 이 논문 때문입니다. 남아프리카공화국 스텔렌보쉬대학교의 더크 스미트Dirk J. Smit 교수가 2013년 공공신학 심포지엄에서 기조 발제한 논문의 제목이 "공공신학의 패러다임? 기원과 발전"The Paradigm of Public Theology? Origins and Development 입니다.[1] 그는 정치신학, 여성신학, 해방신학처럼 공공신학이라는 말 자체가 가능한지, 그리고 오늘날 공공신학의 전 세계적 유행이 하나의 패러다임으로 자리매김할 수 있는지 설명했습니다. 스미트는 공공신학의 기원과 발전이 단순히 특정 지역에서 발생한 지엽적 신학이 아니라, 일종의 전 세계적 현상이라고 말합니다. 그리고 이런 현상으로 인해 공공신학은 오늘날 신학의 중요한 패러다임으로 자리 잡을 수 있다고 이야기합니다. 그는 이 논문에서 공공신학의 여섯 가지 기원 또는 특징을 소개합니다.

그 내용을 간단히 소개하면, 첫째는 '벌거벗은 공론장에서의 신학'Theology in the Naked Public Square 입니다. 이 말은 미국에서 시민종교 이후에 일어난 공공신학을 일컫는 말입니다. 로버트 벨라Robert N. Bellah가 1960년대에 시민종교에 대해 언급하고, 리처드 뉴하우스Richard Neuhaus 같은 사람이 1980년대에 벌거벗은 공론장을 이야기하면서, '공론장에서 신학은 어떻게 자리매김하는가'라는 논의를 본격적으로 시작합니다.

둘째, '공적 담론으로서의 신학'Theology as Public Discourse은 조금 다릅니다. 신학 자체가 완전히 공적 담론으로 바뀌어야 한다는 논의예요. 참여의 논리가 아니라 신학 자체의 성격을 이야기하는 것입니다. 주로 문화와 신학의 관계를 해석학적으로 풀어 내려는 시카고학파의 신학 방법론이라고 할 수 있습니다. 이들은 신학 자체가 공적 담론이라고 주장입니다.

셋째, '신학과 공론장'Theology and the Public Square은 독일에서 나온 논의를 바탕으로 한 건데요. 공공신학을 연구하는 많은 학자는 독일의 사회철학자 위르겐 하버마스Jürgen Habermas의 『공론장의 구조변동』에 기대어 논의를 시작합니다.[2] 역사적으로 공론장은 18세기 이후 영국, 독일, 프랑스에서 부르주아 계급의 자유로운 토론과 여론 형성의 맥락에서 만들어진 개념입니다. 이러한 공론장 논의가 이후에 어떻게 전개되고 발전했는지를 연구하는 것이죠. 공공신학자들은 어떻게 신학이 공론장과 관계를 맺고 있는지 연구하고 있습니다.

넷째는 '신학과 공적 투쟁'Theology and Public Struggles입니다. 이것은 쉽게 생각하면, 남아공과 남미에서 해방신학과 제3세계 신학이 어떻게 자신의 과제를 공공신학으로 전환했는지에 대한 이야기입니다. 기본적으로 공적 담론이란 합리적인 논의를 통해 합의에 이르는 과정입니다. 그런데 이와 반대로 합의가 아니라 불일치를 이루는 과정 자체도 공공신학으로 보자는 거예요. 다양한 투쟁의 현장에서, 또 저항의 현장에서 공적 담론이 어떻게 만들어지는지를 논하고 있습니다.

다섯째는 '신학과 세계화 속 공적 삶'Theology and Public Life in a Global World

이라는 주제로 세계화에 관련된 것입니다. 이 논의는 맥스 스택하우스 Max Stackhouse가 많이 다루기도 했고, 오늘날 세계화 현상 속에서 더욱 중요한 주제가 되고 있습니다. 최근에는 미로슬라브 볼프 Miroslav Volf가 『인간의 번영』에서 이 주제에 대한 작업을 많이 하고 있습니다.[3]

여섯째, '신학과 종교적인 것의 귀환' Theology and the Public Return of the Religion은 공공신학과 직접 관계가 있지는 않습니다. 하지만 오늘날 '종교의 귀환'이라는 표현을 자주 사용하는데요, 현대 철학자들, 종교학자들, 정치학자들이 종교에 상당한 관심을 보이면서 생겨난 표현입니다. 세속화 이후에 다시 탈세속화 현상이 두드러지게 나타나고 있기 때문에 그에 발맞추어서 종교의 역할이 어느 때보다 중요하다고 할 수 있습니다. 이러한 분위기 속에서 다시 종교가 공적 영역에서 역할을 할 수 있는 기회가 온 것이죠. 이런 영향에는 여러 가지 정치적 동학도 많이 작용합니다. '정체성의 정치'나 '인정의 정치'로 인해 종교가 공론장에 들어갈 수 있는 어떤 토대가 마련되었다고 할 수 있습니다.

스미트는 이 여섯 가지 주제를 가지고 과연 오늘날 공공신학이 하나의 신학적 패러다임으로 작용할 수 있는지를 검토했습니다.

공공신학의 배경

일반적으로 공공신학의 태동 배경으로는 세속화, 다원주의, 민주주의를 들 수 있습니다. 각각의 특징을 간단히 설명하면, 세속화란 공적 영역에서 종교의 자리가 축소되고 신앙은 사적 영역으로 후퇴하는 것을 말합니다. 다원주의란 기독교가 다원주의 사회 속에서 하나의 목소리에 불과하다는 의미입니다. 민주주의는 기독교와 문화, 사회, 정치의 접촉 방식을 다시 고려하게 만든 토대입니다. 누군가 제게 공공신학이 무엇이냐고 물어보면, 저는 이런 시대의 변화를 먼저 설명하고 싶습니다. 예를 들어 우리나라는 1987년 이후에 민주화가 이루어졌죠. 남아공은 1994년 이후에 민주적 절차에 의해 흑인 정부가 들어섰습니다. 그러니까 1987년 이전과 이후, 1994년 이전과 이후 기독교가 사회와 관계를 맺는 신학 방법론은 달라야 한다는 거죠. 오늘날 우리나라에서도 세속화, 다원주의, 특히 마지막 민주주의는 신학과 문화 혹은 정치와의 관계를 논의하는 데 굉장히 중요한 배경이 되었다고 할 수 있습니다.

공공신학은 하루아침에 생겨난 신학이 아닙니다. 이전에도 비슷한 유형의 신학이 있었죠. 공공신학은 시민종교나 정치신학과의 관계를 살펴보면 그 특징이 두드러집니다. 최근 자유민주주의가 시민들의 자발적 참여와 공동선을 위해 함께 노력하려는 모습이 부족하다는 비판이 일면서 다시 시민종교에 대한 관심이 높아지고 있습니다. 예를 들어, 미국의 『소저너스』Sojourners에서 활동하는 짐 월리스Jim Wallis는 "이제 기독교는 미국의 영혼을 돌봐야 한다"라고 말한 적이 있습니다.[4] 짐 월리스는 그동안 진보적인 복음주의자로서 공화주의로 대표되는 보수적인 정치 참여를 굉장히 비판했던 사람인데, 오히려 최근에는 공동체주의라든지 공화주의적 입장을 드러내기도 합니다. 이런 점에서 시민종교는 공공신학과 유사한 점이 많습니다.

정치신학과 해방신학도 공공신학과 중요한 관련을 맺고 있습니다. 몰트만은 이제 정치신학은 공공신학으로 전환해야 한다고 말한 바 있습니다.[5] 하지만 두 신학이 결정적으로 다른 부분을 짚어 볼 수 있습니다. 정치신학은 국가 이데올로기에 대한 저항, 억압으로부터 자유를 쟁취하기 위한 투쟁을 중요한 신학적 과제로 삼았습니다. 이들의 노력과 수고로 민주주의 운동 이후에는 그들이 원하던 세상이 형식적으로나마 이루어졌습니다. 그렇다면 이제 정치신학과 해방신학은 어떤 방식으로 전환되어야 할까요? 바로 이 부분을 연구한 것이 공공신학이라 할 수 있습니다.

실천신학 분야도 최근 20-30년 사이에 엄청난 도약을 했습니다. 보통 실천신학이라고 하면, 신학교에서 목회학, 설교학, 전도학, 상담학 등을 배우는 것으로 생각하지만, 제가 말씀드리는 실천신학은 통합적 학문으로서의 신학입니다. 해석학적 전통을 끌어안고 통합적인 신학 시스템을 구축하려는 새로운 패러다임이죠. 영국의 많은 학교에서 공공신학은 주로 목회적 돌봄, 기독교윤리, 그리고 실천신학 분과에서 가르치고 있습니다. 그래서 공공신학과 실천신학은 굉장히 연결점이 많다고 보시면 됩니다.

예레미야 29장 7절에 이런 말씀이 있어요. "너희는 내가 사로잡혀 가게 한 그 성읍의 평안을 구하고 그를 위하여 여호와께 기도하라 이는 그 성읍이 평안함으로 너희도 평안할 것임이라." 포로로 끌려가 이방인 땅에 살더라도 그 이방 땅의 평안을 위해 기도하라는 말씀입니다. 지금까지 정치신학과 해방신학은 대안적인 세상을 만들기 위해 기존의 시스템과 질서에 저항하는 공동체나 독특한 삶의 정체성을 강조해 왔어요. 그런데 예레미야 말씀은 그게 아니라, 지금 우리가 포로라는 현실적인 상황을 직시하고, 그 지역의 지도자와 시스템을 위해 기도하라는 거예요. 저는 이것이 공공신학과 기존 해방신학의 다른 부분이라고 생각합니다.

우리는 '후기 기독교 시대'Post-Christendom를 살아가고 있습니다. 그래서 어떤 이들은 현재의 시대적 분위기가 포로기 이후 이스라엘 공동체의 시대적 상황과 비슷하다고 말합니다. 이 시대에 필요한 신학은 '포로기 이후의 신학'Post-exile Theology, 또는 '재건 신학'Reconstruction Theology이라고 말하는 이들도 있습니다.[6] 최근 남아공에서는 이런 신학적 고민을 계속 이어 가고 있습니다. 남아공 같은 경우, 전에는 아프리카 해방신학이 강성이었는데, 민주화 이후에도 계속 저항의 신학을 해야 하는지 고민하고 있는 거죠. 그래서 이들은 이제 행정 시스템, 복지제도, 국가의 행정 기반 같은 것을 만들어 내는 신학을 하자고 입을 모읍니다. 이것이 공공신학으로 전이되는 과정이었습니다.

공공신학의 특징

이제 공공신학의 특징을 몇 가지 소개해 보겠습니다. 첫째, 모든 사람이 지적으로 동의하고 인지할 수 있는 보편성입니다. 타종교와 시민사회 속에서도 소통과 번역이 가능한 언어 구사가 공공신학의 중요한 키워드입니다.

둘째, 신앙의 사사화와 개인주의에 반대하고, 사회와 문화에 내재한 공통의 것에 관심을 둡니다. 이것 역시 우리가 많이 들어 왔던 이야기입니다. 그런 의미에서 공공신학은 기본적으로 '교회를 위한 신학', '교회의 신학'을 반대합니다. 처음에 얘기했지만, 신학의 자리는 교회가 아니라 세상이라는 것이죠. 이를 위해서는 언어가 중요해졌습니다.

셋째, 사회참여의 당위를 넘어 참여 방법의 정당성을 고민합니다.

민주주의의 절차적 정당성을 존중하고, 민주적 의사소통을 통해 의견을 수렴해야 한다고 말합니다. 그런 의미에서 혁명의 신학, 전복적인 신학과는 분명한 차이가 있습니다. 그래서 저는 공공신학을 민주화 이후 기독교 신앙의 사회참여 방식과 그 내용을 고민하는 신학이라고 정의하고 싶습니다.

저명한 흑인 신학자 제임스 콘James H. Cone은 자신의 지난 사역을 정리하면서 흑인 해방신학을 주장한 지 40년이 지났으나 여전히 흑인들은 차별을 받고 있다고 회고한 적이 있습니다. 그동안 해방신학이나 흑인신학은 정치나 사회 영역에서 굉장히 비판적인 목소리를 냈지만, 실제로 정책이나 법을 바꾼 예는 그리 많지 않다는 뼈아픈 얘기를 했어요. 제가 보기에, 그동안 해방신학은 (역설적으로) 너무 신학적이었어요. 정작 법을 바꾸고, 사회를 바꾸고, 행정 시스템을 바꾸는 것은 완전히 다른 접근입니다. 이것은 말 그대로 여론을 수렴하고, 권력을 손에 쥐어야 가능한 일입니다. 그런 점에서 공공신학은 신학적이지 않아요. 공공신학자들은 실제로 법률가나 복지가, 행정가와 함께 작업을 합니다. 그래서 협의체에 다양한 사람들이 참여해 자기 목소리를 내는 거죠. 예를 들면, 기독교 신학자로 널리 알려진 영국의 앤터니 티슬턴Anthony C. Thiselton은 정부의 위촉을 받아 '인간수정배아관리국'에서 활동하기도 했습니다. 이런 분위기가 유럽에서는 가능할 수 있겠다는 생각은 듭니다. 볼프강 후버Wolfgang Huber도 기업의 윤리강령을 만드는 일에 적극적으로 개입해 실질적인 변화를 끌어내기도 했거든요. 신학자들의 이런 활동은 구체적인 결과를 가져오고 제도를 바꾸는 일인데, 기존의 해방신학은 이걸 못했다는 비판이 있는 거죠.

그렇다면 오늘 우리가 자신에게 물어야 할 질문은 '한국 교회가 복음의 메세지를 세속사회 속에 녹여내려 할 때, 합리적인 절차와 과정을 밟고 있는가?' '공론장의 엄정한 비판의 무게를 견디면서 시민들의 공감대를 얻어내는가?'입니다. 이제는 이게 중요한 것이죠. 여러 사례가 있지만, 낙태죄 폐지 논쟁을 한번 보죠. 낙태죄 폐지는 한국에서 굉장히 오랫동안 시민사회가 여론을 만들어 왔던 이슈예요. 그런데 법원에서 낙태죄를 폐지한다고 했을 때 개신교에서 뜬금없이 나타나 반대 시위를 했거든요. 이렇게 해서는 절대로 국민의 공감을 얻어 낼 수 없고, 원하는 의제를 관철할 수 없습니다. 낙태죄 폐지의 옳고 그름을 떠나서, 어떻게 그리스도인들이 자기가 원하는 의제를 만들어 낼 것인가, 어떤 방식으로 참여할 것인가를 고민해야 합니다. 기독교가 시민사회에서 자신의 의제를 관철하려고 할 때에는 어쩔 수 없이 시민사회의 문법과 논리를 따라가야 합니다. 그리고 그것을 얼마만큼 잘 활용할 수 있느냐가 굉장히 중요하죠.

공공신학의 이슈

이제 공공신학의 오늘과 내일을 이야기해 보려고 합니다. 이 부분은 공부가 부족해 제가 좀 자신이 없는데, 아는 부분만 간단하게 언급하겠습니다. 한국 개신교가 민주화 이후 어떻게 사회와 접촉했는지를 생각해 보죠. 노무현 정권 이후에 시청 앞 기도회가 활발하게 열렸습니다. 광장이 열리는 시대가 그때부터 시작된 거죠. 그러면서 보수 기독교의 정치 세력화가 두드러졌습니다. 공론장에 참여하는 세력이 점차 보수화되는 현상은 미국의 '도덕적 다수'Moral Majority 운동을 비롯해 전 세계적 현상이라고 할 수 있습니다. 최장집 교수는 "민주화 운동의 중심세력이 주도하는 운동은 상당 정도로 탈동원화된 반면, 보수적인 사회운동은 뚜렷하게 활성화되었다"라고 평가한 바 있습니다.[7] 또 강인철 교수는 이런 이야기를 하더라고요. 시민종교라고 하는 것은 근대화 이후, 세속화 이후에 나온 현상이거든요. 정치인들은 시민종교를 필요로 해요. 왜냐하면 세속화 이후 사람들을 동원하고 그들의 열망을 결집하길 원하기 때문이죠. 반대로 종교 세력은 어떨까요? 자신들의 정치참여 정당성을 확보하기 위해 어떻게든 정치와 연결되기를 원해요. 서로 전략적 상호관계가 있다는 것입니다.[8] 우리나라도 보면 알겠지만, 전광훈 목사라든지 보수적인 기독교 단체와 한국의 보수정당이 밀접하게 결탁하고 있죠. 전략적 상호관계라고 할 수 있습니다.

그러면 왜 이렇게 한국 개신교가 공적으로 재등장했는지 생각해보겠습니다. 교회의 성장은 2000년도 이후로 둔화하다가 최근에는 뚜렷하게 감소하는 추세입니다. 그러면서 위기의식을 느끼죠. 기독교에서는 감소의 원인을 외부에서 찾았습니다. 대중문화에 우리의 자리를 빼앗겼다는 프레임을 만든다든가, 이슬람, 동성애, 공산주의, 종북 등으로 인해 기독교가 위기를 맞고 있다는 논리를 만듭니다. 이런 프레임으로 기독교와 세상, 또는 아군과 적군을 나누어서 계속 갈등 관계를 만들고 묵시론적 전쟁 상황을 만들어 내는 거죠. 그렇게 함으로써 우리가 갖고 있던 역사의 기억을 왜곡하기도 합니다. 자신들의 교세 성장이 멈춘 것은 세속 사회 때문이라고 생각하는 이들이 더 이상 가만히 있지 않고, 적극적으로 공론장에 나와 자신들의 정치적 목소리를 발화하기 시작했습니다. 이것이 바로 최근 몇 년간 기독교인들이 갑자기 광장에 나가 기도회를 개최하고 태극기 부대로 동원된 배경입니다.

이제 제가 가지고 있는 질문 세 가지를 나누어 보겠습니다. 제 개인적인 질문에 여러분이 얼마나 공감하실지 모르겠는데 한번 생각해 봤으면 좋겠습니다. 첫째는, '기독교는 다원주의를 진지하게 받아들일 수 있는가?'입니다. 볼프의 질문이기도 한데요. 기독교는 다원화된 사회에서 하나의 목소리에 불과하고 그 목소리가 관철되지 않을 것까지도 염두에 두어야 해요. 그러면 그리스도인들은 굉장히 큰 충격을 받습니다. 보수 기독교든, 진보 기독교든, 복음주의자든, 자유주의자든 모두 '하나님 나라'를 이 땅에 실현하려고 행동하는데, 기존의 신학 프레임을 가지고 어떻게 오늘날 다원주의 속에서 자신만의 의제를 만들어 갈 수 있을까요? 진지하게 고민해야 한다고 생각합니다.

둘째는 제도 정치를 통해 의제를 만들지, 아니면 시민사회를 통해 참여할지에 대해 공공신학은 고민해야 합니다. 제임스 헌터James D. Hunter 나 윌리엄 캐버너William T. Cavanaugh 같은 학자들이 공공신학에 대해 가하는 비판은 기독교가 사회참여를 하거나 사회선교를 할 때 너무 정치적이라는 거예요. 캐버너는 공론장에 나가서 기독교가 공적 투쟁을 하는 것 자체가 이미 근대 국가 시스템이 만들어 놓은 체계 안에서 놀아나는 것이라고 날카롭게 비판합니다.[9]

셋째는 공공신학과 교회중심적 윤리ecclesial ethic가 어떻게 관계를 맺을 것인가입니다. 다시 한번 얘기하지만, 제가 볼 때 공공신학은 신학이 부족하고 실천적 방법론만 있어요. 교회의 사회참여를 주제로 삼으면서도 교회론에 대한 고민은 약한 편입니다. 사실 공공신학을 잘 실행하면 교회가 성장하는 것도 아니며, 교회가 성장하기 위해 공공신학을 선택해야 하는 것도 아닙니다. 공공신학은 한 사람의 그리스도인으로서 사회 속에서 어떤 실천을 할 것인가에 대한 고민이 핵심이라서 그런지 몰라도, 교회론에 대한 깊은 성찰이 부족합니다. 그래서 공공신학과 교회 중심적 신학, 전통적인 교의학과의 관계를 어떻게 풀어내느냐가 중요한 이슈라고 생각합니다.

공공신학의 미래

이제, 공공신학의 미래와 관련한 몇 가지 이야기를 나눠 보겠습니다. 여기서 질문을 통해 공공신학이 풀어야 할 과제나 앞으로의 연구 주제를 제시해 보고자 합니다. 제 자신에게 던지는 질문이기도 하고 여러분에게 던지는 질문이기도 합니다. 첫째는, '다원주의 사회, 민주주의 사회에서 종교의 예언자적 증언이 가능한가?'입니다. 옛날에는 나단 선지자가 다윗 왕을 향해서 하나님의 이름으로 경고할 수 있었지만, 지금은 그런 사회가 아닙니다. 그러면 종교는 어떻게 예언자적 목소리를 낼 수 있을까요? 남아공의 기독교윤리학자 에티엔 드 빌리어스Etienne de Villiers는 "예언자적 증언은 먼저 교회를 향해서 하라"고 말합니다.[10] 성경 속 예언자들이 이방인이 아닌 이스라엘 백성에게 말씀을 선포했으니 오늘날 우리도 세상을 향해 복음을 선포할 것이 아니라, 교회를 향해 선포해야 한다는 거죠. 하지만 그럼에도 기독교가 세상을 향해 예언자적 증언을 할 수 있는데, 그때는 세상이 알아들을 수 있게 하라고 충고합니다. 계시의 목소리나 복음의 목소리가 아니라 세상과 우리가 공명하고 있는 부분으로 예언자적 증언을 하라는 거죠. 이것이 공공신학의 핵심이라고 볼 수 있지만, 그럴 경우 어떤 이는 "그게 기독교냐?" "그럼 일반 시민 단체와 뭐가 다르냐?" 같은 질문을 쏟아낼 수 있습니다. 깊이 고민해 볼 문제입니다.

두 번째 질문은 '종교는 시민의 덕civic virtue를 배양할 수 있는가?'입니다. 이 내용은 파커 파머Parker J. Palmer가 『비통한 자들을 위한 정치학』에서 한 이야기입니다.[11] 현대의 민주주의가 절차적 정당성이나 합의를 중요하게 받아들이지만, 내용 없는 형식주의라는 비판도 받고 있습니다. 파머는 절차적 정당성만으로는 민주주의가 제대로 돌아가지 않는다고 말합니다. 민주주의가 잘 작동하려면 각각의 시민들이 사회와 공동체를 지키고 이끌겠다는 열망이 필요하고, 실제로 그에 걸맞은 덕을 함양해야 합니다. 그는 국가가 시민의 덕을 키우는 데 실패했다고 진단하고, 국가의 공적 가치들을 배우고 습득할 수 있는 가장 훌륭한 베이스캠프는 바로 교회와 학교라고 이야기합니다. 저는 이것이 매우 중요한 부분이라고 생각해요. 기독교가 앞으로 21세기 민주주의 사회에서 공적 신뢰도를 획득하는 방법 중 하나는 교회가 시민적 덕을 함양하는 역할을 하는 거예요. 셸던 월린Sheldon S. Wolin이라는 미국 정치학자가 말하길, 칼뱅은 제네바 교회에서 이미 성도들을 민주주의 시민으로 교육했다고 합니다. 교회가 민주 시민을 육성하는 모판 역할을 했다는 것이죠. 이로 인해 유럽 사회에서 민주주의가 꽃을 피웠다고 분석합니다.[12]

세 번째 질문은 '교회가 대안/대항 공론장이 될 수 있는가?'입니다. 여기에서 제가 소개하고 싶은 책이 있습니다. 애블린 히긴보탐Evelyn Brooks Higginbotham이 쓴 『의로운 분노』Righteous Discontent라는 책입니다.[13] 이 책은 1880년부터 1920년대까지 미국의 흑인 침례교에서 여성들이 어떻게 대안 공론장을 만들었는지를 분석한 책입니다. 저는 이 책을 낸시 프레이저Nancy Fraser의 책을 읽다가 알게 됐는데, 애블린은 19세기 말 미국 사회에서 흑인 여성들이 자기 목소리를 낼 수 있는 공간은 교회가 유일했다고 말합니다. 자기 목소리를 낼 곳이 없는 흑인 여성들에게 교회가 '수다 공간'이 됨으로써 정치적인 배아를 형성했다는 것입니다. 공론장에서 아무도 자기들의 목소리를 들어주지 않을 때, 누구도 자기들의 자리를 만들어 주지 않을 때, 유일하게 교회가 그들의 이야기를 경청하고, 그들에게 자리를 마련해 주었다고 합니다. 정말 감동적인 일화입니다.

한국 교회가 공적인 신뢰도를 회복하기 위해서는 사회에서 목소리를 내지 못하는 사람들이 교회에서 '재잘거리며' 목소리를 낼 수 있는 대안공간이 되어야 합니다. 아이리스 영Iris Young도 재잘거리는 그 목소리가 사실은 사회를 가장 활기 있게 만드는 원동력이라고 말한 적이 있습니다. 공공신학에서 말하는 공론장의 중요한 특징 중 하나는 바로 누구에게나 공개되고 열린 의사소통 구조를 만드는 것입니다. 그런데 실제로 목소리를 내는 사람들은 대부분 똑똑한 남성들입니다. 공론장에서 발화되는 목소리는 대부분 논리적이고 이성적인 말들이잖아요. TV 토론에 나가려면 말을 잘해야 합니다. 그렇지만 합리성과 논리가 없는 사람들도 많거든요. 그런 사람들은 공론장에 들어가기가 몹시 어렵습니다. 하지만 말 잘하는 사람만 마이크를 잡으란 법이 있나요? 공론장에서 목소리를 내지 못하는 사람들이 따로 대안 공론장을 만들고, 거기서 계속 재잘거리는 목소리를 만들어 낼 때, 기존의 공론장을 흔들 수 있습니다. 다양한 공론장, 복수의 공론장이 형성되고, 그런 공론장이 이곳저

곳에서 우후죽순 생겨날 때, 우리 사회는 더욱 건강해질 것입니다. 교회 역시 그런 역할을 하면 좋겠습니다. 어디서도 하지 못했던 말을 눈치 보지 않고 맘껏 할 수 있는 교회, 주류에서 밀려나 힘들고 지친 사람들이 쉼과 위로를 얻을 수 있는 교회, 그런 교회의 탄생을 꿈꿔 봅니다.

▲▲▲

전성민 가장 단순한 질문을 하나 먼저 드리겠습니다. '시민종교'라는 말을 계속 쓰셨는데, 시민종교에 대해 짧게 무슨 뜻인지 설명해 주실 수 있을까요?

최경환 벨라가 처음에 시민종교를 이야기한 것은, 미국 대통령의 연설문 세 개를 분석하면서 거기 하나님^{God}이라는 말을 썼는데. 이 하나님이 기독교의 신과 같은 종교적 색채를 띤 것이 아니라, 미국의 독특한 우월감, 미국의 보편적인 사람들이 가진 정서를 표현하는 것이라고 했습니다. 저는 이 시민종교라는 말이 민주주의 이후에 시민의 덕을 형성하는 데 중요한 연결고리가 된다고 생각하고요. 이 개념은 긍정적으로 작동할 수도 있고 부정적으로 작동할 수도 있다고 생각하는 거죠.

Q1 한국에 사는 ○○○이라고 합니다. 한국어로 번역되거나 한국인 연구자가 쓴 책 중에 공공신학에 대해 잘 알 수 있는 책이 있을까요?

최경환 한 권만 꼽는다면, 미로슬라브 볼프의 『광장에 선 기독교』를 추천합니다.

여덟째 날 · 공공신학

이영석 저는 교회를 다니기는 하지만 신학과는 거리가 먼 사람입니다. 제가 평소에 한국 교회와 개신교에 느꼈던 문제점이 오늘 강의에 다 녹아 있는 것 같아요. 이 점 고맙게 생각합니다. 우리가 사는 이 시대는 탈중심주의, 다문화주의, 탈권위주의를 강조합니다. 그리고 지식민주주의 등이 일상화되어 있습니다. 그런데 한국의 보수적인 그리스도인들에게는 1960–1970년대 한국 기독교 평탄기에 형성된 사회관이나 가치관이 세대를 뛰어넘어 계승되는 것 아닌가 하는 생각이 듭니다. 그런 눈으로 현재 사회를 보니까 엄청난 불일치를 느끼는 것이죠.

아까 최장집 교수가 촛불혁명 이후에 한국의 보수 담론이 공론장을 채웠다는 것은 다른 시각에서 봐야 하지 않을까요? 오히려 한국은 탈권위주의에 접어들면서 이미 공론장이 완전히 형성되었고, 거기에 적응하지 못한 보수 기독교 세력이 대안적 공론장을 찾아 광화문으로 나갔던 것이죠.

제가 오늘 가장 관심 있게 들었던 내용은, 신학자나 그리스도인이 시민사회나 시민세계에 참여할 때, 신학적·종교적 언어보다는 일반 언어를 사용해야 한다는 것입니다. 지금은 언어가 통하지를 않아요. 제가 서양사학회에 속해 있는데, 회원 중에 제가 교회를 다닌다고 하면 깜짝 놀라는 사람들이 있어요. 왜냐하면 제가 평소 이야기하는 것, 저의 스타일, 저의 학문적 지향성 등이 한국의 기독교와 전혀 맞지 않는다고 생각해요. 제가 말씀드리고 싶은 것은 한국 교회의 역할이 중요하다고 생각하시는 분들은 일반 언어로 공론장에 참여할 수 있도록 연마해야 합니다. 현재 개신교는 한국 사회에서 소수라는 점을 인정하고 출발해야 해요. 소수자 입장에서 다수를 설득하려면 당연히 그들의 언어, 일반 언어로 해야죠. 그 점이 지금 굉장히 부족하다고 느낍니다.

최경환 교수님이 말씀하신 부분은 요즘 저의 고민이기도 합니다. 교회가 그동안 사회참여나 사회선교, 구제, 선교 등 다양한 활동을 해왔는데,

과연 교회가 그동안 제대로 못 해서 교회가 비난받고 공공신학까지 대두하는 것일까? 그럼 교회가 정말 그런 것을 잘하면 되나? 하는 생각을 다시 한번 하게 됩니다. 공공신학을 비판하는 목소리 중에 캐버너 같은 사람은 교회가 사회참여를 하지 않아서 비판을 받는 게 아니라, 오히려 그 반대라고 이야기합니다. 오늘날과 같이 세속화 시대에는 교회가 교회만의 독특성을 보여줄 때 거기서 사람들이 목마름을 해소하는 것이지, 사회참여는 해답이 아니라는 것입니다. 교회가 성찬과 말씀 선포와 공동체 됨 같은 교회다움을 보여주는 매력이 약해진 게 문제라는 것이지요.

Q2   '기독교는 다원주의를 진지하게 받아들일 수 있는가'라는 문제를 제기하셨는데요. 그 질문과 관련해서 구체적인 쟁점이 있다면 소개해 주실 수 있을까요?

최경환   예를 들어 '그리스도인들은 낙태를 반대하는데 일반 사회는 지금 낙태죄를 폐지하려고 한다'라는 상황이 생기면, 어떻게 해야 할까요? 시민단체와 관계 기관들이 오랜 기간 축적한 연구와 여론이 있습니다. 법은 국민 정서를 반영하면서 시대에 따라 계속 바뀝니다. 정부도 민감한 의제에 대해서는 "국민 합의를 통해서 차차 문제를 해결해 나가겠다"라는 표현을 합니다. 그런데 과연 기독교가 그 안에 들어가 하나의 목소리로서 발화할 수 있는 어떤 활동을 했는지가 관건입니다. 저는 그런 활동과 경험이 없다면 기독교가 아직 공론장에 나갈 준비가 되지 않았다고 봅니다. 우리가 생각하는 하나님 나라가 이 땅에서 실현되지 않을 수도 있다는 점을 겸허히 받아들여야 하는 거죠. 그러면 '이 세상의 여론과 타협하자는 거냐?'라고 생각할 수도 있습니다. 기독교가 세속 사회에서 어떻게 합의를 만들어 낼지는 사실 어려운 부분입니다. 그래서 미로슬라브 볼프는 처음부터 정치적 다원주의라는 전제를 받아들여야 논의를 시작할 수 있다고 봅니다. 일단 이 사실을 받아들이고 나면 기독교의 전략은 바뀝니다. 기독교는 여러 목소리 중 하나의 목소리로 의미를 찾을 수 있으며, 그 영향력이 무척 축소된다는 점도 인정하게 됩니다.

Q3 저는 미국 인디애나에 사는 ○○○입니다. 결론 부분에서 '교회가 민주주의 시민 덕성을 기르는 학교 역할을 해야 한다'라고 하셨는데, 저도 굉장히 공감하는 부분입니다. 그런데 혹시 그리스도인이 교회 밖으로 나가 정치에 참여하는 문제에 관한 연구가 있는지, 평소 생각은 어떠신지 궁금합니다.

최경환 제 답변이 한정적일 것 같은데, 제가 아는 범위 내에서 말씀드리겠습니다. 몰트만이 이런 이야기를 했습니다. 유럽 교회에는 주교 시스템이나 국가교회 형태의 유산이 많이 남아 있지만, 미국 교회는 국가의 간섭에서 벗어난 자유교회가 주를 이루고 있어서 민주적인 자발성을 실험할 가능성이 크다고 봤습니다. 그러면서 유럽의 국교 중심, 주교 중심의 교회들이 얼마나 그 자발성을 실험할 수 있겠냐며 약간 회의적이라고 했습니다. 회중교회는 아무래도 밑에서부터 올라오는 다양성을 담아낼 수 있는 제도적 특성이 있기 때문이겠죠.

그리고 제가 말씀드린 시민 덕성은 '교회가 과연 민주주의 덕목들을 함양할 수 있는가?'라는 질문과 연결됩니다. 볼프는 굉장히 긍정적으로 봅니다. 예를 들어, 성령의 아홉 가지 열매에서 말하는 자비, 충성, 양선, 온유, 절제 등은 사실 민주주의가 요구하는 덕목입니다. 기독교가 만약 이런 기독교적 성품을 잘 함양한다면, 자연스럽게 민주 시민의 역량도 증진할 수 있을 것입니다.

전성민 오늘 이 자리에 공공신학 전공하신 분이 또 계십니다. 김민석 목사님 혹시 더 해주실 부분이 있을까요?

김민석 전체적으로 잘 정리해 주셨다고 생각하고요. 저와 관점이 약간 다른 부분만 몇 가지 말씀드리겠습니다. 먼저, 공공신학을 교회와 구분해서 강조하셨는데요. 제가 경험했던 남아공의 공공신학과 제가 연구했던 독일의 하인리히 베드포드-슈트롬Heinrich Bedford-Strohm 교수의 신학을 분석해 보면 좀 다른 특징을 볼 수 있습니다. 슈트롬이 공공신학의 여섯 가지 특징 중 하나로 이야기한 것이 '공공신학은 신학에 바탕을 두어야 한다'입니다. 신학이 없으면, 교회 전통이나 신학을 벗어나면, 공공철학이나 공공사회학은 될 수 있어도 공공신학은 될 수 없다고 강조합니다. 물론 공공신학이 외부적 활동과 실천적 요소를 강조하기는 합니다. 사실은 그 근간에 신학이 깔려 있다고 전제하기 때문에 강조를 안 할 뿐이지, 신학 없이 공공신학을 할 수 있는 것은 아닙니다.

그리고 공공신학이 대부분 실천신학에서 다뤄진다고 하셨는데요. 제가 공부한 스텔렌보쉬 대학교의 경우에는 조직신학 분과에서 공공신학을 연구하고 있습니다. 제가 알기로는 독일도 마찬가지로 조직신학 분과 교수들이 전 세계 공공신학 학회에서 중요한 역할을 하고 있습니다. 다만 신학적 근거를 마련하는 작업은 아직 부족하다고 저도 생각합니다. 공공신학자들도 공공신학이 아직 확고하게 하나의 패러다임으로 자리를 잡지 못했다고 인정합니다. 아직도 공공신학자마다 공공신학에 대한 정의가 다 달라요. 그들조차 '이것이 공공신학이다'라고 말하기가 어렵다고 합니다. 공공신학자들은 공통적으로 모호성이라는 단어를 사용해요. 그래서 때때로 '나는 공공신학자가 아니다'라고 하는 사람이 공공신학자들 사이에서 공공신학자로 여겨져요. 또 반대로 '나는 공공신학자야'라고 이야기하는 사람이 공공신학자들 사이에서는 '저 사람은 공공신학자가 아니다'라고 평가되기도 하고요. 이것이 바로 공공신학의 모호성을 잘 드러내 준다고 생각합니다. 이제 그 부분은 우리가 만들어 가야 할 작업이라고 봅니다. 정치신학이나 해방신학도 초기 발전기에는 확고하게 '이것이 해방신학이다'라고 이야기할 수 없었으니까요. 저는 공공신학 분야가 활화산 같다고 이야기합니다. 지금 이 순간에도 전 세계에서 수십 편의 글들이 발표되고 있어요. 제가 따라가지 못할 정도로 다양한 논의가 일어나고 있는데, '공공신학은 무엇이다'라고 어느 정도 개념 정리가 되려면 앞으로 몇 년이 더 지나야 하지 않을까 합니다.

덧붙여서 공공신학과 관련한 한국의 상황은 조금 편중돼 있다고 생각해요. 특히 국내에는 맥스 스택하우스의 공공신학이 많이 알려졌는데, 제가 남아공에 가서 공공신학을 전공하면서 느낀 것 중 하나는 너무 한쪽에 치우친 정보만 있다는 거죠. 제가 지도교수를 처음 만나서 공공신학에 관해 대화하면서 들은 말이 "너는 어디서 그렇게 편향된 한쪽 이야기만 듣고 와서 나랑 이야기하냐?"였습니다. 한글로 된 웬만한 자료는 다 읽고 갔는데도, 한쪽에 치우쳐 생각하고 있다는 평가를 받았어요. 나중에 원서들을 읽으면서 한쪽 이야기만 국내에서 들었다는 생각이 들었습니다. 한국에 더 다양한 공공신학이 소개될 필요가 있는데, 어쩔 수 없이 지금은 영어로 된 연구서를 읽을 수밖에 없는 상황이 아닌가, 그런 생각을 합니다.

최경환   전통적인 백과사전식 교의학을 하던 방식을 넘어서서 현재는 다양한 상황 신학이 제기되고 있다고 생각합니다. 생태 신학이나 퀴어 신학 등 여러 가지가 있죠. 이제는 신론, 기독론, 인간론, 교회론이 먼저 존재하고 그것을 실천신학에 어떻게 적용할지를 고민하는 연역적 방식으로는 신학을 구성하기 어렵습니다. 오늘날 신학은 파편화되고 다원화되었기 때문에 귀납적으로 구성할 수밖에 없습니다. 공공신학도 마찬가지입니다. 최근 공공신학 관련 학술지에 올라오는 글을 보면, 대부분이 자기 지역 상황에 신학이 어떻게 응답할지를 다룹니다. 공공신학은 신학의 중심 주제나 핵심 개념을 잡아서 작업하는 것이 아니라, 자신이 겪고 있는 현장의 문제를 가지고 올라가는 방식을 취합니다. 그래서 '신학 전통 중에서 어떤 신학자, 어떤 개념이 지금 이곳의 문제를 잘 설명할 수 있을까?'를 고민하면서 글을 쓸 수밖에 없습니다. 공공신학만 그런 것은 아닙니다. 지금 대부분의 신학이 이런 방식으로 완전히 재구성되는 과정에 있습니다. 전통적인 교의학을 순서대로 배우는 신학은 점차 힘을 잃고 있습니다. 지금 조직신학은 생태 위기나 기후 위기, 소수자 문제 등을 중요하게 다루고 있습니다. 공공신학도 마찬가지입니다. 공공신학은 처음 출발부터 중심이 없었고, 앞으로도 '우리 사회가 직면한 문제에 어떻게 신학적으로 응답할 것인가'라는 고민이 더 많아질 것으로 생각합니다.

전성민 어떻게 해서 공공신학에 관심을 갖게 되었는지, 또 연구 주제로까지 삼게 되었는지, 개인적인 이야기를 짧게 해주셔도 좋을 것 같습니다.

최경환 저는 20-30대에 기독교 세계관을 공부하고, 성서한국 같은 기관에서 사회참여 활동을 하면서 계속 이쪽 분야에 관심을 두고 있었습니다. 그러다가 공공신학이 있다는 이야기를 들었고, 자연스럽게 공부를 하게 되었습니다. 2000년 이후 촛불집회에 참여하고 세월호 사건을 겪으면서 사회적 고통과 기독교의 사회적 역할에 대해 깊이 생각하고 고민한 시간이 있었습니다. 사회적·정치적 문제를 신학적으로 해소하는 하나의 방법론으로 공공신학이 좋은 도구가 될 수 있겠다고 생각했습니다. 실존적 고민이 신학적 성찰과 만났다고 할까요.

옥성득 질문은 아닙니다. 몇몇 대학에서 교양과정으로 기독교 개론을 가르칠 때 방법론을 고민하고 있습니다. 저 같은 경우는 주립대학에서 한국기독교학을 가르쳐야 해서 교수로 임용될 때부터 해온 고민이기도 합니다. '세속적인 환경에서 어떻게 일반 언어로 기독교를 가르칠 것인가?' 하는 것이죠. 공공신학이 하나의 방법론이라고 처음에 말씀하셨는데요. 같은 고민을 의외로 많은 교수들이 하고 있고, 학생들도 하고 있다는 점을 참고로 말씀드립니다.

박정위 저는 오타와에 사는 박정위입니다. 아까 말씀 중에 '공공신학은 민주화 이후 기독교 신앙의 사회참여 방식'이라고 말씀하셨고, 민주화에 대해서도 여러 번 언급해 주셨는데요. 보편적으로 민주화라는 정치적 사건이 공공신학에 선행해야 하는지, 아니면 우연히 한국적 상황에서만 적용되는지 궁금합니다.

그리고 구체적인 예를 들어 설명해 주시면 공공신학을 더 정확히 이해하는 데 도움이 될 것 같습니다. 가령, 2010년대에 아랍의 봄을 시작으로 중동 사회에 많은 변화가 있었고 그 결과 난민도 대거 발생하게 됩니다. 이러한 난민 사태에 공공신학을 적용한다면 어떤 형태로 나타날지도 궁금합니다.

최경환 제가 민주화를 계속 언급한 이유는 정치신학과의 차이를 설명하기 위해서였습니다. 실제로 자주 나오는 이야기입니다. 민주주의라는 핵심 키워드가 공공신학에 공기처럼 빠지지 않고 등장하는 경우가 많습니다. 하버마스는 유럽의 경우 국가와 교회의 중간에 시민사회가 있었다고 설명합니다. 시민사회라는 오랜 전통이 있었다는 것이죠. 근대 시민사회는 민주화 이후에 더욱 꽃피게 됩니다. 그런데 시민사회에는 정치적 문제만이 아니라 경제적 문제를 포함해 다양한 의제를 다루는 사회참여 단체들이 포함됩니다. 이러한 현상은 근대 이후 전 세계적으로 나타나며, 이른바 독재 정권에 저항하면서 새롭게 시민에 의한 정치가 만들어지면서 가능해집니다. 바로 이때 공공신학의 문제의식이 활발하게 꽃피게 됩니다. 브라질도 똑같습니다. 브라질 해방신학자들이 공공신학으로 전환하겠다는 이유도 여기에 있다고 볼 수 있습니다. 한국도 마찬가지이고 동남아시아도 비슷한 상황입니다. 그래서 저는 민주화라는 시대적 상황이 공공신학을 논의하기 위한 근간이라고 생각합니다. 그래야만 해방신학이나 정치신학과 무엇이 다른지 설명할 수 있다고 봅니다.

말씀하신 난민 문제도 굉장히 중요한데요. 앞서 말씀드렸듯이 공공신학의 참여 방식은 공적 합의 과정에 참여해 기독교가 하나의 목소리로서 제 역할을 하는 것입니다. 그러면 기독교가 어떤 목소리를 낼 것인지가 숙제입니다. 기독교 안에도 통일된 목소리가 없습니다. 난민을 받을 것인가 받지 않을 것인가부터 시작해서 이에 대한 성경적 근거, 조직신학적 근거를 열거하면 끝도 없습니다. 기독교가 어떤 방식으로 참여할지는 이야기할 수 있어도, 어떤 내용으로 참여할지는 명확하지 않습니다. 그것이 공공신학의 가장 큰 취약점입니다. 내용 없는 형식주의라는 것이지요. 그래서 제 나름대로 내린 결론은 '누구를 위한 공공신학인가?'가 가장 중요하며, 이 부분은 자신이 가진 신학 전통으로 채워야 할 부분이라고 생각합니다. 신학적 지향점에 따라 내용은 바뀐다는 것이지요. 저는 사회에서 가장 약한 사람들, 희생자들, 소수자들을 돌보는 신학을 전개하는 것이 공공신학의 지향점이자, 공공신학의 신학적 기초라고 생각합니다. 이것이 저의 개인적인 신학입니다. 이런 입장은 몰트만도 자주 이야기합니다. 기독교가 희생자들, 가난한 자들, 억압받는 자들 편에 서서 그들의 목소리를 공론장에서 대신 내자는 것입니다. 이 정도 명제를 가지고 모든 상황에 적용해 보는 것이죠. 난민 문제도 같은 원리를 적용해 기독교가 어떤 목소리를 낼지 정할 수 있다고 봅니다.

한국 교회가 사회로부터 손가락질을 받는 이유는 그동안 너무나 독선적이고, 이기적이고, 상식 이하의 모습을 자주 보여주었기 때문입니다. 공론장에서 교회는 가능하면 합리적으로 소통하고, 시민사회와 발맞춰서 함께 좋은 사회를 이끌고자 하는 동료 의식이 있어야 합니다. 하지만 이것은 출발점에 불과합니다. 교회는 우리 사회가 외면한 목소리에 귀 기울여 주고, 목소리를 상실한 이들을 대신해 목소리를 내주고, 그들이 맘 편히 쉴 수 있는 공간을 만들어 주어야 합니다. 저는 이 길만이 앞으로 한국 교회가 사회적 신뢰를 회복하는 길이라 생각합니다.

아홉째 날 · 이중 소명

일과 가정, 둘 다 되나요

유연해지는 일자리와 새로운 일상의 등장

송수진

송수진

| 경영학자, 고려대학교 글로벌비즈니스대학 부학장

고려대학교 정치외교학과를 졸업하고 미국 로드아일랜드 주립대에서 경영학 박사학위를 받았다. 피앤지(P&G)에서 마케터로 근무한 바 있으며, 한국개발연구원(KDI) 국제정책대학원에서 경제정책 석사학위를, 미국 시몬스 칼리지(Simmons College)에서 경영학 석사학위(MBA)를 취득했다. 소비자 행동과 소비문화이론에 관한 연구로, Psychology & Marketing, Journal of Advertising, Journal of Business Research 등의 저명 학술지에 논문을 발표했다.

저는 오늘 '이중 소명'^{dual calling}에 관해 이야기 나누려고 합니다. 함께 가정을 돌보고 함께 일하는 것은 우리 삶에 관한 이야기입니다. 그래서 이 주제를 이야기하려면 어쩔 수 없이 제 삶을 드러내 보여야 해서 부담이 있었습니다. 오늘 이야기할 내용은 제게 굉장히 절박한 질문이었고 답변이었습니다. 제 고민의 여정을 들어 보고 한 분이라도 위로받을 수 있다면, 혹시 이 주제에 대해 전혀 관심 없었던 분이, '이 주제에 참 많은 질문이 모여 있구나. 나도 이제부터 같이 고민해 봐야겠다' 하고 문제의식을 느끼신다면 그것만으로도 의미 있겠다 싶어 용기를 내 보았습니다.

제가 오늘 이야기하는 방식은, 저의 개인적 사례에서 출발하지만 결국은 저만의 이야기가 아닌, 저와 같은 사람들의 이야기, 저와 같아질 사람들의 이야기, 우리 사회 전반에 걸친 이야기임을 보여주는 것입니다. 느낌표처럼 딱 떨어지는 결론을 제안하려는 것은 아닙니다. 다만 '참 많은 질문을 들은 것 같다, (내 생각보다) 복잡하구나, (내가 당연하게 여겼던 것들이 당연하지 않아서) 혼란스럽다'라는 결론을 전달하면, 그것으로 성공이라고 생각합니다.

세 가지 질문 중 풀리지 않는

"개인적인 것이 정치적인 것이다"personal is political라는 말이 있는데요. 그런 당사자성을 무기로 이야기를 시작해 보겠습니다. 저는 귀여운 세 아이를 둔 엄마입니다. 이 아이들이 제게는 큰 축복이고 감사입니다. 그런데 제 삶의 또 다른 영역에는 다음과 같은 모습이 있습니다.

학부생	45.7%
대학원생	41.8%
직원	42.4%
차, 부장급 직원	24.6%
교수	16.1%
글로벌경영교수	11.1%

이 표가 뭘 말하는 것 같나요? '여성이 차지하는 비중'인데요. 우리 학교 학생의 45.7퍼센트가 여학생입니다. 대학원생의 41.8퍼센트가 여학생이고, 직원의 42.4퍼센트가 여성입니다. 그런데 차장·부장급 직원 중에는 24.6퍼센트만이 여성입니다. 교수의 여성 비율은 16퍼센트 정도입니다. 제가 속한 과는 11.1퍼센트입니다. 학부 때는 비슷한 수준으로 출발했는데, 심지어 직원의 성비도 비슷한데, 차장·부장급에서는 성별 균형이 사라집니다. 교수 세계에서도 여성 교수는 많지 않습니다. 표에서 보는 대로 10-16퍼센트 밖에 안 됩니다. 자녀가 셋인 분도 많이 없지요. 제가 공적·사적 양 영역에서 흔치 않은 사례로 살다 보니까, 이 주제에 대해 많이 고민한 것 같습니다.

저는 청년 때 세 가지 질문이 있었습니다. '내가 왜 태어났지? 그냥 태어난 건 아닐 텐데', '왜 하필 한국에서 태어났을까? 세상에 정말 많은 나라가 있는데', '여성과 남성 중에 왜 하필 여성으로 태어났지?'입니다. 이 세 질문에 답할 수 있다면, 답을 하며 산다면, 의미 있지 않을까 하고 생각했습니다. 도전하고 실패하고 연구하고 기도하면서 다음과 같은 힌트를 얻을 수 있었습니다.

저는 제가 배우고 가르치는 것을 좋아하고, 또 청년들에게 마음이 있는 사람임을 발견했어요. 청년들이 각자의 소명을 발견하고, 그 소명을 따라 누구와 비교하지 않고 살아가면서, 행복한 인생을 살도록 돕는 사람이 되면 좋겠다는 목적의식을 갖게 되었습니다.

왜 하필 한국인으로 태어났을까는 생각해 보니, 한국만의 문제가 있었습니다. 이를테면, 평화와 통일이라는 시대적 과제가 있습니다. 그래서 통일과 평화의 프로세스나 통일 전후 한국의 구조 재편에 작게나마 도움이 되기를, 또는 그런 일에 기여할 사람을 길러 내기를 바라며 소명으로 품게 되었습니다.

그런데 왜 하필 여자로 태어났을까에 대한 답은 전혀 알 수 없었습니다. 왜 남자가 아닌 여자로 태어났을까에 대한 답을 얻으려면 내가 여성이라서 겪은 독특한 경험, 정체성에 흔적이 남을 만한 차별이나 특혜가 있어야 할 텐데 그런 일이 없었던 거죠. 행운인 경우죠. 지금 돌이켜 생각해 보면, 나의 남편은, 남자 동료들은 자신이 왜 하필 남자로 태어났을까를 질문할 필요조차 없지 않았을까 하는 생각도 듭니다.

그러다 결혼을 했습니다. 결혼 후 수많은 감정을 경험하게 되었습니다. 특히 출산하면서, 나는 왜 여자로 태어났을까, 이것은 어떤 의미이고 이 시대에 여자로 사는 것은 어떤 의미일까를 스스로 해석하며 많이 부딪히는 시간을 보냈습니다. 출산 경험이 있는 분은 아실 수도 있을 텐데, 안 해본 분도 계시고, 또 약간 다를 수도 있어서 출산자의 심리를 짧게 말씀드려 보겠습니다.

출산하면서 제가 느낀 감정은 복합적이었습니다. '내가 직장생활을 하니까 나의 남편이나 아이는 나의 전적인 지원을 받지 못할 테고, 그 때문에 다른 사람들에게 뒤처지지는 않을까?' 하는 두려움이 있었습니다. 아이를 두고 직장에 나갈 때는 꼭 아이를 버리는 것 같은 슬픔도 느꼈습니다. 직장에 가면 엄마이면서 직장인인 사람은 소수이고, 앞서 말씀드렸듯이 10퍼센트에 불과할 정도로 이중 역할을 하는 사람이 적기 때문에 같은 경험과 감정을 공유할 기회는 무척 희소합니다. 몹시 외로운데, 또 늘 바쁘고 시간은 부족합니다. 직장 바깥에서라도 친구를 만나서 이 감정을 공유하고 소통하면 좋겠지만 그럴 만한 시간 여유가 없습니다. 그래서 항상 외롭고, '나의 힘듦을 누가 알아줄까…' 하고 생각합니다. 한편, 같은 24시간으로 두 영역을 다 해내야 하므로 업무 성과도 엄마로서의 성과도 늘 성에 차지 않습니다. 스스로에 대해 부족감을 느낍니다. 나도 시간만 충분하면 잘할 수 있을 것 같은데 그렇게 할 수 없어서 속상하기도 합니다.

사람들의 몰이해와 비난과 오해도 피할 수 없습니다. '너는 그래도 애 봐 주는 친정엄마, 시어머니가 있어서 일할 수 있는 거 아니야'라는 그래도 너는 편한 팔자 아니냐는 시선, '너희 집에 우리 엄마가 가서 일하느라 엄마 무릎이 아파'라는 같은 형제자매 사이의 눈치, '무슨 부귀영화를 누리겠다고 애를 두고 나가? 애는 그래도 엄마가 키워야지, 하나님이 주신 기업인데'라는 어르신들과 교회 지도자의 몰이해로 한

없이 슬퍼지기도 합니다. 이런 와중에 아무리 자도 피로는 사라지지 않고 정신적·육체적 피로는 계속 쌓입니다. 이렇게 지내다 보면, '왜 나만 이래야 해?'라며 분노하고, '누가 알아줄까?'라며 지치다가, '이렇게 고생할 필요가 있을까? 나 하나만 포기하면 되지'라면서 지금까지 하던 씨름을 그만두게 됩니다.

우리나라는 여성의 대학 진학률이 남성보다 높습니다.[1] 수석 입학자, 수석 졸업자, 수석 입사자의 상당수가 여성이기도 한데요. 그런데 출산하면, 방금 소개한 내러티브와 같은 삶과 심리를 경험하다가 포기하고 싶은 순간에 이르고, 실제로 포기하고 이탈하는 경우가 많이 발생합니다. 우리나라 여성의 경제활동 참여율을 보면, 20대 후반에 정점에 이르고 30대 초중반부터 크게 하락합니다.[2] 30년 넘게 고착되었고 OECD 국가 중에도 유사 사례를 찾기 어려운 M자형의 여성 경제활동 참여율 그래프는 같은 내러티브를 품은 여성들에게, 또 그 여성들과 함께 살고 있는 우리 사회에 많은 질문을 던집니다. 물론 엄마가 일하지 않으면 생계 자체가 어려운 가정이나 한부모 가정도 있습니다. 생계를 위해 꼭 일해야 하는 사람에게는 이런 고민조차 사치일 수 있습니다. 지금은 대학 졸업자이고 양부모 가정의 여성을 중심으로 한 내러티브를 소개하는 점을 감안해 주시면 좋겠습니다.

한편, 청년들에게 이런 현상은 어떤 영향을 미칠까요? 그들은 출산한 언니가, 이모가, 직장 선배가 직장에서 이탈하는 모습을 계속 봅니다. 그러면서 '출산하면, 가정과 직장을 병행하기란 정말 어렵구나. 둘 중 하나를 선택해야 하는 문제구나. 그럼 나는 결혼하지 말아야겠다. 출산은 더더욱 말아야겠다'라고 생각할 수 있습니다. 사적 영역과 공적 영역의 병행에 두려움을 갖거나 '둘 중 하나를 포기해야 하나?'라며 고민하게 됩니다. 출산한 여성은 공적 영역을 포기하고, 청년들은 사적 영역을 포기하는 일이 생깁니다.[3] 두 소명의 영역을 병행하겠다고 결단하고, 앞으로 나아간다고 하더라도 실천하면서 부딪히는 문제가 많습니다. 사회 제도와 문화와 인식에 장벽이 많아서, 이것을 어떻게 헤쳐 나갈까, 극복해 나갈까, 하는 고민을 신앙인이든 비신앙인이든 다들 하고 있습니다.

이에 더해, 여성 그리스도인들은 실존적 질문도 합니다. 교회에서는 우리를 어떻게 볼까, 하는 것이죠. 하나님은 애초에 남성과 여성이 일하는 문제에 대해, 남성과 여성이 가정을 돌보는 문제에 대해 어떻게 생각하셨을까, 어떻게 디자인하셨을까, 하는 질문을 품게 됩니다. 돈이 많다면 중국집에 가서 짬뽕도 먹고 짜장면도 먹고 탕수육도 시킬 수 있지요. 하지만 돈이 적으면 결국 짜장면과 짬뽕 중에 하나만 선택해야 합니다. 그런 문제가 발생하면 결국 우선순위에 따라 결단을 내려야 합니다. 아이가 태어나는 때부터, 정해진 시간 안에 뭘 해야 할지를 결정해야 하는 순간이 많이 생깁니다.

그럴 때는 우리가 믿는 바, 우리가 인식하는 바가 영향을 미칩니다. '하나님은 생육하고 번성하라고 하셨어. 여성을 돕는 배필로 지으셨어. 그러니까 내가 가정에 있는 것을 더 기뻐하시겠지? 그래도 가정이 내게 주신 일차적 소명이 아닐까?'라고 결정하고, 두 번째 것을 차순위로 돌리는 일이 발생할 수 있고 또 발생하게 됩니다.

이런 관점에 있는 여성들을 여성주의 사고방식이 해방시키죠. '너는 성별에 따라 집단적으로 분류되는 사람이 아니야. 너도 너의 부르심(부르심이라는 단어를 쓰지는 않지만)에 따라 개별적으로 존재할 수 있어'

라고 말해 줍니다. 하지만 많은 그리스도인은 여성주의 사고방식이 여성의 정체성에 해방을 준다고 해도 무조건 수용하기란 좀 어렵습니다. 성경에서는 여성주의 사고방식을 어떻게 해석하고 있을까? 하나님 말씀과 여성주의 사고방식은 병립할 수 있을까? 이런 고민을 다시 한번 하게 됩니다.

그런데 교회에서 이런 주제를 다루는 설교를 들을 수 있을까요? 아쉽게도 교회 안에서는 이런 이야기가 잘 들리지 않습니다. 왜 그럴까 생각해 보면, 목회자나 성경 교사의 다수가 중년 이상의 남성이라는 점에 눈이 갑니다. 그분들의 삶을 생각해 보면, 이 주제가 피부에 와닿는 문제일까, 싶습니다. 아마도 아닐 것 같습니다. 이 주제에 대해 공부하고 연구해서 대안을 제시하고 설명해야 하는데, 세상의 수많은 문제 중에서 굳이 이 문제에 천착할 동기가 적습니다. 또한 본인의 삶도 그러하기 때문에, 그런 삶의 경계 안에서는 이 문제를 돌파할 만한 통찰이 나오기 어렵지 않을까 하는 생각도 듭니다. 교회와 페미니즘이라는 주제에 대해서는 『페미니즘 시대의 그리스도인』을 읽어 보시면 좋겠습니다.[4]

전통적으로 소명을 이해해 보았으나

저는 씨름하고 기도하고 부딪히던 시간을 통해 사회인으로서의 소명도 엄마로서의 소명만큼 중요하다고 인식하게 되었습니다. '왜 태어났는가?'와 '왜 한국에서 태어났는가?'에 대한 힌트를 '왜 여자로 태어났는가?' 이전에 발견했다고 말씀드렸지요. 그만큼 제게는 깊은 정체성인데요. 이렇게 '여자의 소명'을 붙들고 고민하는 게 어쩌면 제가 여자로 태어난 이유가 아닌가 생각합니다.

실제로 아이들은 장성할수록 엄마의 도움이 별로 필요 없게 됩니다. 대학만 가더라도 부모가 해줄 수 있는 것은 인생의 조언 정도이고, 자녀들은 인생을 독립적으로 개척해 나가죠. 그러면 그때 가서 엄마들은 뭘 할까요? 전업주부를 하느라 직업 세계에서는 이탈했고, 유연하지 않은 노동시장에 다시 진입하기란 여간 쉽지 않습니다. 그럼 그때 가서 뭘 해야 할까요? 인생이 거기서 끝날까요? 아니지요. 선배 여성들은 대안적 참여로 세상에 많이 기여하고 있습니다. 시민사회 참여나 교회 봉사, 마을 공동체 활동 등 세상에 필요한 많은 중요한 일을 감당하고 있습니다. 그렇지만 모든 여성이 다 그렇게 살기는 또 어렵지요.

만약 이 문제가 나만의 것이 아니고 보편적이라면, 학술적으로는 뭐라고 하는지 찾아보았습니다. '소명'은 아시는 대로 기독교 용어로 출발했습니다. 부르는 자가 있고, 부르심을 받은 자가 있습니다. 지금은 경영학의 인사조직이나 진로계발학 등에서도 소명이라는 용어를 개념적으로 사용하고 있습니다.

학자들은 소명에 크게 세 요소가 있다고 말합니다. '초월적 부르심', '자기 삶의 목적과의 합일성', '사회적 지향성'이 있는 것을 소명이라고 정의합니다.[5] '초월적 부르심'이란, 부르는 자가 외부에 있음을 의미합니다. 부르는 자는 국가, 가족의 전통, 사회의 필요, 더 높은 권위 등의 외재적 요소를 모두 포괄하는 존재입니다. '자기 삶의 목적과의 합일성'이란, 삶에서 수행하는 특정 역할에 의미를 부여하고, 자신이 하는 일이 인생의 목적과 맞닿아 있어서 삶의 목적을 구현하는 수단으로 가치가 있다는 것입니다. '사회적 지향성'이란, 개인의 직업적 선택이 공공선을 증진한다거나 타인을 직간접으로 돕는다는 것입니다. 이러한 세 요소를 가지고 있는 것을 소명이라고 정의하고 있습니다. 학술적 정의이자 일반적 이해임에도 불구하고, 이 정의가 제게 깊이 와닿았고 좋은 인식이라는 생각이 들었습니다.

기독교적 소명 – 루터의 견해

좀 더 좁혀서 기독교에서 소명을 어떻게 이해하는지 살펴보겠습니다. 기독교에서는 소명을 한 사람 한 사람에 대한 하나님의 부르심이라고 이야기합니다.[6] 마르틴 루터는 하나님이 세상을 통치하실 때 '너의 직업 세계에서, 너를 통하여, 내가 세상을 다스리겠다'라고 하셨으며, 이를 소명으로 해석합니다. 즉, 하나님의 동역자이자 대리자로서 그 역할을 감당하는 것을 소명이라고 말합니다.[7] 제가 다음에 인용한 문장은 막스 베버가 루터의 저작을 요약한 내용입니다.

하나님은 모든 일에서 너를 통해 일하실 것이다.
우유를 짜는 것도 너를 통해서 하실 것이고,
네가 하는 일이 아무리 비천한 일일지라도 그 일을 하나의 작품으로 만드실 것이다.
가장 위대하고 웅장한 일들은 물론이고 가장 미미한 일들에도 은혜를 주실 것이다.[8]

루터는 성직만 소명이라고 생각했던 당시의 이해를 '일반인이 하는 노동도 소명'이라고 확장하는 데 공헌했습니다. 노동은 하나님이 세상을 다스리는 표현이고, 하나님이 각 사람의 일을 통해 서로를 섬기게 하신다고 보았습니다. 그러므로 수도사가 수도원에서 수도하듯이, 모두가 절제하며 근면하게 서로를 섬기고 도와야 한다고 했으며, 이것이 기독교에서 말하는 소명입니다.

소명의 정의를 간략히 살펴보았는데요. 제가 처음에 제기했던 질문, '엄마인 내가 일하는 문제에 대해 하나님은 어떻게 생각하실까?'에 대한 답을 찾을 수 있나요? 없는 것 같아요. '그래, 듣다 보니 소명이 뭔지는 알겠다.… 그런데 왜 지금 내가 고민하는 문제에 대해서는 답이 없지?'라는 생각이 들었어요. 여성 그리스도인인 제가 하나님께 예배하는 것은 개인적 결단입니다. 하나님과의 관계 속에서 개인적으로 발견하는 것이므로, 여성이든 남성이든 차별 없이 예배자의 소명을 인식하고 구현할 수 있습니다. 그런데 제가 공적 영역에서 교사로서의 부르심도 느꼈고 훈련도 받았고 재능도 있는 것 같은데, 엄마가 되어서도 사회에 나가서 일하는 문제에 대해서는 답이 없는 거예요.

루터는 "여자는 출산할 수 있으므로 엄마가 되는 것은 불가항력적일 만큼 강력한 하나님의 뜻이다"라고 했고[9], "가정은 아내에게 주시고 사회는 남편에게 주셨다"라고도 했습니다[10]. 그는 일반 소명의 영역에 가정주부도 포함해 그 역할을 소명의 영역으로 높였죠. 하지만 의도치 않게 그 해석이 개신교 전통처럼 고착화한 측면이 있습니다.

마르틴 루터의 논의에 따르면, '가정주부는 이미 소명의 삶을 살고 있는데, 굳이 그 소명의 영역을 두고 밖으로 나올 필요가 있는가?', '여성 그리스도인들이 왜 사회적 소명을 추구하고 싶어 하는가?' 같은 주장이 정당해집니다. 이러한 소명 인식을 내재화한 여성 그리스도인은

'가정이 소명의 영역인데 왜 나는 그 소명을 팽개치고 밖으로 나가고 싶어 할까?'라는 자기 점검이나 교회 안의 비난 섞인 시선에 영향을 받을 수 있습니다. 남성이 포함된 교회 구성원들 역시 여성의 사회 참여에 편향된 시각을 가질 수 있습니다. 그럴수록 여성의 사회 참여와 남성의 돌봄 참여가 확장되도록 사회 제도와 구조의 한계를 보완할 필요가 있다는 사실을 인지하기도 힘들고, 그에 따라 행동하기는 더욱 어렵습니다. 이러면 공적 영역에 기여하도록 부르심을 받고 걸맞은 재능까지 있고 훈련까지 마친 여성이라 할지라도 공적인 소명 의식을 계속 품기란 어려워집니다.

여성 그리스도인이 직장에서 일하려면, 가뜩이나 일과 가정의 양립이 어려운 문화와 제도 속에서 자신이 수행하던 돌봄 노동의 대안을 찾아야 하는데, 이에 더해서 교회의 가르침과 하나님의 뜻에 어긋날 수 있다는 자기 비난까지 감수해야 합니다.

전통적인 소명 인식을 기초로 세 가지 질문을 할 수 있습니다. 첫째, '남성의 직업은 소명이다. 그럼 여성의 직업은 무엇일까?' 이 논리를 그대로 가져와서, 둘째, '엄마라는 존재는 소명이다. 그럼 아빠의 존재는 어떤가?' 다음은 개인적 차원의 질문으로, 셋째, '나를 결국 엄마로만 부르실 거라면, 하나님은 내게 왜 이런 소망과 재능을 주시고 훈련을 시키시고 기회까지 주셨을까?'

기독교적 소명 – 오스 기니스의 견해

세 질문을 고찰해 볼 시각이 있으면 좋겠다고 생각했습니다. 오스 기니스의 '소명의 다차원성'을 기초로 생각을 전개해 보겠습니다.

오스 기니스의 소명에 대한 이해[11]

오스 기니스는 하나님을 예배하는 1차 소명과 직업(일)을 통해 세상을 섬기는 2차 소명이 다 같이 중요한 소명의 요소라고 언급했습니다.[12] 이때 일의 영역 가운데 선을 하나 그어 봅시다. 선을 그어 놓고 생각해 보면, 남성과 여성이 성별에 따라 어느 영역에 더 많이 배치돼 있고, 일반적으로 배치되는지, 그리고 교회 안에서 여성과 남성을 각각 어디로 배치하는지가 더 잘 드러납니다.

이중 소명 관점[13]

좀 더 자세히 살펴보겠습니다. 세상의 일에는 공적 영역과 사적 영역이 존재합니다. 중요도의 차이는 아니고, 이해를 쉽게 하기 위한 용어입니다. 공간으로 구분하자면, 주로 가정에 해당하는 곳이 사적 영역이고, 급여를 받고 노동을 제공하는 일터가 공적 영역입니다. 노동이라는 개념어를 사용하자면, 비시장 노동과 시장 노동, 돌봄 노동과 직업 노동

아홉째 날 · 이중 소명

으로 표현할 수 있습니다. 여기에 제가 하나 덧붙이면, 자아와도 연결됩니다. 사적 영역은 주로 개인적·사적 자아를 발현하는 장이고, 공적 영역은 사회적·공적 자아를 펼치고 고취하고 실현하기 위해 애쓰는 터전입니다.[14,15] 여성은 태어나서 성인이 될 때까지는 사회적·공적 자아를 계발하도록 훈련받습니다. 그러다 결혼과 출산 후에는 개인적·사적 자아만 남고, 나머지 자아인 사회적·공적 자아는 발현할 공간을 잘 얻지 못합니다.

이중 소명 개념[16]

이 관점으로 좀 더 논의를 전개해 보겠습니다. 가정과 직장, 둘을 병행할 수 있으면 참 좋겠는데, 그게 쉽지 않습니다. 그래서 선택의 순간이 오면, 보통은 다음 두 가지 논거를 들어 결정합니다. 첫째가 비교우위, 둘째가 기회비용입니다. 둘 다 경제학 용어인데요.

먼저, 비교우위입니다. 남편과 아내 중에 누가 돌봄에 더 유리한지를 따지는 것입니다. "나랑 너랑 둘 중 한 명이 일을 그만둬야 해. 누가 아이를 더 잘 돌볼까? 당연히 네가 더 잘하지. 엄마인 네가 더 잘 볼 거

아냐.” 그렇겠죠. 사회·문화적으로 여성이 계속 아이를 돌봐왔기 때문에 그게 익숙해 보이고 당연하게 여겨집니다. 육아 정보도 엄마나 언니, 친구 같은 여성 그룹을 통해 전수받기가 쉽습니다. 그래서 여성이 더 잘 돌본다는 비교우위 관점에 따라서 여성이 아이를 전담하게 됩니다.

다음은 기회비용입니다. 기회비용은 ‘내가 무언가를 선택했을 때 포기하게 되는 옵션 중에 가장 큰 것’이라는 개념입니다. “너랑 나랑 둘 중 한 명은 애를 봐야 해. 누가 돈을 더 많이 벌어?” 애를 보기 위해 누군가 직업을 포기해야 한다면, 돈을 더 많이 버는 사람이 직업 세계에 남는 것이 가정 전체에 이익이겠지요. 실제 데이터를 보면 남성과 여성의 임금에는 격차가 있습니다. 남성이 돈을 더 많이 벌지요. 직업 전망도 일반적으로 남성에 호의적입니다. 남성이 승진할 기회를 얻거나 네트워크를 쌓기에 용이합니다. 평판도 아빠가 전업 돌봄 하는 것보다는 엄마가 전업 돌봄을 하는 것에 호의적입니다. 이렇게 연봉과 직업 전망, 평판 등을 고려한 기회비용 관점으로 엄마가 직장을 그만두고 아이를 돌보게 됩니다.

하지만 기독교 영역에서 목회자나 선교사 같은 직업을 선택할 때, 돈이나 직업 전망을 보고 결정하지는 않습니다. 부르심을 따라갑니다. 마찬가지입니다. 아빠도, 엄마도 다 같은 부르심입니다.

저는 ‘이중 소명’이 앞서 제기한 혼란을 넘어서는 데 도움이 된다고 생각합니다. 자녀를 돌보는 부르심도, 사회인으로서의 부르심도 남녀 모두에게 있다는 것이 이중 소명의 관점입니다. 이중 소명은 사적 영역만이 아니라 공적 영역도 소명에 포함되며, 남성과 여성 다 차별 없이 양쪽 영역 모두로 부르심을 받았다는 관점입니다. 이러한 관점은 앞서 언급한 선택의 순간에 어떻게 작용할까요? 이중 소명 관점으로 접근하면 엄마가 일터로 나가는 것은 아이를 버려두고 나가는 것이 아니라, 자신의 부르심을 따라 공적 영역으로 이동하는 것으로 이해할 수 있습니다. 또한, 비교우위나 기회비용 때문에 일방적으로 엄마가 일을 그만두고 아이 돌봄을 전담하는 선택, 곧 공적 영역을 포기하고 사적 영역을 전담하는 선택도 하지 않게 됩니다.

또한, 공적 영역과 사적 영역 모두 소명에 포함되며, 양성 모두에게 주어진 것이라면, 아빠 역시 돌봄 영역을 소명으로 인식하고 받아들일 수 있게 됩니다. 공적 소명에 함몰되어 사적 소명을 방기하지 않게 됩니다. 교회 바깥의 표현을 빌리자면, "일중독에 빠지거나 독박 육아에 갇히지" 않고 "함께 돌보고 함께 일하는" 프레임으로 교체할 수 있습니다.

풀기 어렵지만 해봄 직한 숙제들

그렇다면 이중 소명이 가능해지려면 무엇이 필요할까요? 완벽한 해결책은 아니지만, 논의의 출발점을 삼기 위해 몇 가지 제언을 해봅니다. 아시다시피 우리나라는 OECD 국가 중에서 출생률이 가장 낮습니다. 이 문제를 해결하려고 지금까지 정부는 100조 원이 넘는 어마어마한 예산을 쏟아부었습니다. 그런데도 출생률은 계속 떨어지고 있습니다. 현재 논의하는 대로 정부와 기업이 양육 비용을 보태기만 하면 이 문제가 해결될까요? '너는 집안일과 양육만 해. 돈은 우리가 댈게'라는 접근으로는 풀리지 않는 문제가 있습니다. '사회적 자아'를 구현할 수 있는 정책이라야 항구적 수단이 될 수 있습니다.

인간에게는 공적 자아가 있고, 사적 자아가 있습니다. 달리 말해 사회적 자아와 개인적 자아가 있습니다.[17] '돈 줄게, 양육만 해'라며 아무리 지원해도 공적·사회적 자아를 발현할 공간을 마련해 주지 않으면, 자아의 한쪽은 텅 빈 채로 채워지지 않습니다. 그래서 엄마들에게도 일할 수 있는, 공적·사회적 자아를 실현할 공간을 제공해야 합니다.

자, 그러면 가정에 있는 엄마들을 다 끌어내 아빠처럼 일하게 한다고 해서 이 문제가 해결될까요? 자녀들은 어떡해야 할까요? '이제 엄마 아빠 둘 다 버니까 육아 도우미나 조부모에게 돌봄 노동을 전적으로 맡기자. 이제 부모는 일만 하자.' 이렇게 하면 될까요? 앞에서 돌봄 영역, 사적 영역도 공적 영역만큼이나 중요하다고 말씀드렸습니다. 사람에게는 공적 자아와 사적 자아가 있고, 이것은 인간의 근원적 부분이기 때문에 이중 소명이 가능한 사회를 만들려면 매우 많은 단계를 거쳐야 합니다.

이상적인 프로세스를 생각해 보자면, 모든 아빠도 아빠로 살고, 모든 엄마도 엄마로 살면서, 양쪽 다 사회인으로도 살 수 있는 세상이 되도록 사회 제도와 인식을 개편해 나가는 것이 올바른 방향입니다. 예전에 생계를 오롯이 홀로 책임졌던 아버지처럼 모든 엄마를 돈만 버는 생계 부양자로 만들자는 것은 아닙니다. 오히려 원하는 사람은 일터로 나가서 일할 수 있게 하되, 아빠도 엄마처럼 주 양육자로 돌봄에 참여할 수 있게 하자는 것입니다.

그러려면 아빠가 칼퇴근해야 합니다. 일하는 엄마도 칼퇴근해야겠죠. 이게 가능할까요? 최근 이 문제를 해결하기 위해 점점 '워라밸'work and life balance을 많이 언급합니다. 일과 가정을 균형 있게 유지하자는 논의가 계속되고 있고, 주 52시간 근무제가 도입되기도 했습니다.

그런데 조금만 더 생각해 보면, 우리나라 기업의 70퍼센트 이상이 중소기업입니다. 중소기업의 근무·임금 조건은 열악하므로 칼퇴근과 주 52시간 근무는 쉽지 않습니다. 창업근로자나 1인 기업도 많습니다. 그들이 칼퇴근할 수 있을까요? 쉽지 않겠죠. 대기업과 정부, 공공기관이 주 52시간 일하고 칼퇴근하는 데서 끝나지 않고, 중소기업과 창업근로자까지로 워라밸이 확산해야 진정한 이중 소명이 가능한 사회가 될 텐데요.

이렇게 되려면 사회 전체가 부담해야 하는 비용이 당연히 증가합니다. 이 문제에 대해서는 경제학자 낸시 폴브레가 『보이지 않는 가슴』 The Invisible Heart이라는 책에서 자세히 설명합니다. 한번 읽어 보시기를 추천합니다.[18] 경제학자 애덤 스미스는 시장을 '보이지 않는 손'이라고 표현했습니다. 폴브레는 그걸 비틀어서 '보이지 않는 가슴'이라고 합니다. 핵심은 경제를 잘 작동하게 만드는 데는 '보이지 않는 손(시장)'만이 아니라 '보이지 않는 가슴(비시장적 노동)'이 필요하다는 것입니다. 시장 노동에만 가치를 부여하고 인센티브를 부여하면 사람들은 모두 다 시장으로 이탈한다고 보았습니다. 이 현상이 바로 한국 사회에서는 비혼과 저출생으로 나타나고 있습니다. 폴브레는 아이들도 국방, 사회안전망, 도로 같은 공공재이므로 돌봄에 필요한 사회적 비용을 사회 전체가, 국가가 담당해야 한다고 말합니다. 지속 가능한 사회를 위해서는 돌봄 노동을 체계적으로 보상할 수 있어야 한다고 주장합니다.

저는 폴브레의 책을 무척 인상적으로 보았는데, 경영학자로서 한 가지 질문이 떠올랐습니다. '아이들을 공공재로 인식하고 그 돌봄에 비용을 지불해야 한다면, 궁극적으로 누가 그 돈을 내야 할까?' 정부가 모두 지불하면 될까요? 어떤 기업이 "육아휴직 다녀오세요. 2년간 생활비를 드리고 대체 근로자도 채용할게요"라고 할 수 있을까요? 이런 접근법으로는 해결이 요원하다고 생각합니다. 기업도 지속 가능한 수익 모델이 나름 있어야 하고, 경영 상황이 녹록지 않은 중소기업과 영세기업, 1인 기업이 현장의 다수를 차지하고 있기도 합니다.

그래서 저는 가치사슬에 속한 모든 이해 관계자가 돌봄에 대한 사회적 비용을 분담해야 하는 게 아닌가 합니다. 가치사슬이라는 단어는 경영학에서 많이 사용합니다. 생산자가 상품(가치)을 만들어서 최종소비자에게 전달하기까지는 원재료 판매자, 부품업자, 유통업자, 중간판매상, 에이전시 등 많은 경제 주체가 참여합니다. 사회 전반이라고 말할 수 있는데요. 이 가치사슬에 속한 모든 이해 관계자가 비용을 분담해야 이중 소명이 가능한 사회가 올 수 있다고 생각합니다. 그런데 이게 가능할까요? 한번 생각해 보죠.

1970-1980년대까지만 해도 미용실에 갈 때 예약 없이 갔습니다. 병원도 마찬가지였습니다. 하지만 지금은 미용실에서 파마하거나 병원에서 진료를 받을 때 예약하는 문화가 정착되었습니다. 소비자들이 기다림이라는 시간적 비용을 감수하는 거죠. 소비자가 무언가를 주문했을 때, 만들어서 도착하는데 1-2주가 걸린다, 바로 배달되지 않는다는 불편함을 감수할 수 있어야 근로자는 칼퇴근하고 집에 일찍 들어갈 수 있습니다. 소비자가 당연히 기다리고, 생산하고 배달하는 일정 조율이 가능하면, 일하는 엄마와 아빠들 역시 출퇴근 시간을 어느 정도 계획할 수 있겠죠.

이것이 가능할까요? 인간은 이기적인데, 소비자가 이런 비용을 부담하려 할까요? 가치사슬에 속한 모든 이해 관계자가 조금씩 양보하면서, 공공재인 아이들을 돌보는 데 들어가는 사회 전반의 비용을 분담하는 것이 가능할까요? 어렵겠죠. 이 땅이 하늘이 되지 않는 한 완벽한 상태의 구현은 어렵겠지요. 어렵겠지만 지금보다 더 나은 상태로 가기 위한 고민은 같이해 보면 좋겠습니다. 이 일이 가능할 수 있다는 힌트를 제가 찾아보았습니다.

파키스탄에 있는 나이키 공장이 어린이 노동자를 채용해 일을 시켰습니다. 조그만 아이들이 나이키 축구공을 만드는 일에 투입되었습니다. 이 사실이 알려지자 소비자들이 제품 불매 운동을 펼쳤죠. 그러자 나이키는 사과하고 더는 아동을 고용하지 않겠다고 발표합니다. 또 다른 사례는 공정무역 제품들입니다. 공정무역 커피나 초콜릿뿐만 아니라, 발달장애인들이 만든 비누, 재활용 원료로 만든 가방 같은 업사이클링 제품 등은 평범한 상품보다 구매에 제한이 있거나 더 비싸기까지 합니다. 그런데도 일부 소비자는 일부러 이러한 상품을 구매합니다. 텀블러도 좋은 사례입니다. 물론 재활용 용기의 수용과 확산이 관련 정책과 제도, 법률의 정비로 더 빨라졌지만, 플라스틱 자체가 환경에 유해하다고 생각하는 소비자들은 텀블러를 갖고 다니는 자발적 불편을 선택하기도 합니다. 소비자가 사회적 가치를 위해 프리미엄 가격이나 불편 감수 같은 대가를 치르는 사례입니다. 이처럼 소비자들이 돌봄에 대한 사회적 비용을 분담하는 때라야 진정으로 이중 소명이 가능한 사회가 될 것입니다.

소비자가 비용을 분담할 때, 당연히 강제해서는 안 되겠죠. 공공재인 아이들의 돌봄 비용을 흔쾌히 분담하려면, 이 문제가 중요하다는 공감 확산이 먼저 필요합니다. '아이 문제니까 결혼하고 자녀 있는 사람들 이야기 아니야?'라며 제쳐두지 않게 하려면 결혼 여부나 자녀 유무와 상관없이 돌봄 노동에 공감할 수 있어야 합니다. 그래야 사회의 전 구성원이 설득되면서 자발적 불편과 자발적 비용 지불을 선택할 수 있습니다.

의도하지는 않았으나 결과적으로 돌봄 노동에 대한 공감을 확산시킨 사례를 말씀드리고 싶습니다. '째깍악어'의 대표님을 인터뷰한 적이 있는데요. 대기업에서 마케팅 부문 고위직까지 지낸 분이었습니다. 그런데 어느 순간 재능 있는 동료, 후배, 선배 여성들이 자녀 양육을 위해 직장을 그만두는 모습을 연이어 보고는 '왜 이 문제가 해결이 안 될까?'라는 답답함을 느꼈다고 합니다. 그 문제를 해결하려고 직접 세운 회사가 째깍악어였습니다. 째깍악어의 돌봄 교사인 '악어선생님' 중에는 특이하게도 대학생이 많습니다. 대학생들이 짧게 몇 시간씩 동네 아이들과 놀면서 아르바이트로 돈을 법니다. 그런데 이런 일을 하면서 '아이들 돌보는 게 이렇게 어렵구나' 하는 공감대가 저절로 확장되는 결과를 낳습니다. 사실 돌봄은 아이에게만 국한된 일이 아닙니다. 나이가 들어가는 부모도 언젠가는 돌봐야 하고, 병든 가족이나 사회적 약자, 심지어 자기 자신도 돌봄 대상이 될 수 있습니다. 결국 돌봄에 공감하는 문화가 확산하면, 그 혜택은 자녀가 있는 가족뿐 아니라 사회구성원 전체에게 돌아갈 수 있습니다.

이중 소명이 '뉴노멀'이 될지도

돌봄에 대한 공감대를 확산시키고 누구나 흔쾌히 그 비용을 지불하는 데서 멈추지 말고, 한 가지 더 생각해 볼 지점이 있습니다. 과연 '일이란 무엇인가?'입니다. 만약 모든 일자리를 9시에 출근해 6시에 퇴근하는 관료제 기반으로 만든다고 생각해 봅시다. 모든 엄마도 사회인이 되고 모든 아빠도 사회인이 되려면, 일자리를 두 배로 만들어야 합니다. 산술적으로도 어렵고 아무리 그 비용을 소비자가 부담한다고 해도 분명 한계가 있겠죠. 그런데 돌봄 노동을 해야 하는 당사자인 아이 엄마나 아빠도 원하지 않을 수 있습니다. 왜냐하면 관료제 기반 일자리는 엄격하게 규격화돼 있어서 그보다는 유연한 일자리를 선호하는 부모도 많습니다.

코로나19로 인해 '뉴노멀', 새로운 일상에 관해 최근 많이 이야기합니다. 일자리에 관해서도 큰 변화가 나타나고 있으며, 재택근무도 많이 늘었습니다. 이전에는 얼마나 오래 자리를 지키고 앉아있는지, 얼마나 많은 시간을 투자했는지로 인사고과를 하고 근무 태도를 평가하는 인식이 있었습니다. 하지만 재택근무를 하면, 언제 얼마나 어떻게 일하는지를 통제하기가 어려우므로 성과 중심으로 평가가 이루어집니다. 성과 중심으로 평가 방식이 변화하면 이중 소명으로 사는 데 도움이 됩니다. 점차 원하는 시간에 원하는 만큼 원하는 장소에서 일할 수 있는 다양한 형태의 유연 근무제가 탄생하고 있습니다. 이에 관해서는 논란도 많고 고려할 점도 많습니다. 하지만 유연 근무가 확대된다면, 경력 단절여성이나 일하는 엄마, 청년, 은퇴자 같은 이들의 노동시장 진입 가능성이 조금은 넓어지지 않을까 예상합니다.

오늘 말씀드린 이중 소명은 우리 삶에 두 가지 소중한 영역이 있고, 두 영역 모두를 소명으로 인식하고 반응한다는 개념입니다. '함께 돌보고 함께 일하기'라고 표현할 수 있습니다. 이중 소명에 대한 관점을 더 자세히 살펴보고 생략된 논지를 파악하고 싶은 분은 제가 『신앙과 학문』에 게재한 "이중 소명, 성분리적 소명 인식의 대안 고찰"Dual Calling, an Alternative to Gender Separated Calling-Focused on Rebalancing Work and Family이라는 논문을 참조해도 좋습니다.[19] 이 분야가 경영학자인 저의 주 연구 분야는 아닙니다. 신학과 여성학, 사회학, 경영학이 교차하는 복잡한 주제에 관해 소비자 행동을 주로 연구하는 제가 온전한 견해를 제시하는 것은 가능하지 않습니다. 짧은 시간 안에 전달하느라 의도하지 않은 오해가 있을 수도 있습니다. 제가 제기한 질문에 대해 각자의 영역에서 답을 찾고 대안을 제시해 주시면 좋겠습니다.

Q1 제가 먼저 하나 말씀드릴까요. 마지막에 원하는 시간에 원하는 곳에서 자유롭게 일하는 흐름의 변화를 소개해 주셨습니다. 제가 일하는 캐나다나 미국 사회의 노동시장은 한국에 비해 유연한 편입니다. 한국은 상대적으로 더 경직돼 있지요. 노동시장이 유연해지기까지는 여러 역사적·사회적 과정을 거칠 텐데요. 문제는 과연 한국에서 그 과정이 쉽게 이루어질까 하는 의구심이 들어요. 물론 포스트 코로나19에는 좀 더 변화하리라 생각하지만, 얼마나 유연해질 수 있을까 싶네요.

송수진 저도 동의합니다. 심지어 모두 유연화해야 하는지도 잘 모르겠어요. 다만 지금은 너무 한쪽으로 치우쳐 있으니까 다른 쪽 방향으로도 가면 좋겠다 싶어서 이상향처럼 제시한 면이 있습니다. 결국 비율과 정도의 문제가 아닌가 합니다. 100퍼센트가 아니라 일정 정도 비율은 지금보다 조금 더 유연해지면 좋겠습니다. 이 정도로 이해해 주시면 좋을 듯합니다.

Q2　저는 가정사역 강의를 하고 있습니다. 오늘 이야기를 주로 성인 입장에서, 특히 엄마 입장에서 말씀하셨는데, 저는 들으면서 아이 입장도 생각해 보면 좋지 않을까 했어요. 아이에게는 돌봄 받을 권리가 있고, 그 돌봄을 부모가 나눠서 해도 참 좋지만, 주 양육자가 돌보는 것이 특히 생애 초기에는 굉장히 중요한 의미가 있다고 봅니다. 아이가 자라는 동안 애착감을 형성하는 대상인 주 양육자가 안정돼 있는 것이 아이의 평생 정신건강에 얼마나 중요한지를 저는 다루고 있는데요. 축소할 수 없는 아이의 필요에 대해서는 어떻게 생각하시는지 궁금합니다.

송수진　질문 주셔서 감사합니다. 저도 그 고민을 안 해본 것은 아닙니다. 지금도 늘 의식하고 있습니다. 지금 언급하신 내용이 가장 많이 들었던 이야기 중 하나이기도 합니다. 주신 질문은 전제가 달라서 답변하기가 쉽지 않은데요. 먼저, 돌봄 노동을 연구하는 분들은 '가부장적 모성'은 환상이라고 개념화합니다.[20] '엄마는 24시간 아이와 붙어 있어야 한다', '그 사람은 꼭 엄마여야 한다', '엄마는 아이의 필요를 최우선으로 해야 한다' 같은 이야기들이 나옵니다. 제가 돌봄 노동 전공자가 아니어서 관련 논의를 모두 소개해 드리기는 어려운데요. 하지만 그분들도 아이를 사랑하는 마음이 있고, 동시에 학자의 정체성을 가지고 연구했기 때문에 그 이야기도 한번 살펴보시면 좋겠습니다.

　　그 문제를 저도 개인적으로 고민했고, 그래서 남편이 먼저 졸업하자 저는 박사과정을 중간에 그만두고 남편을 따라서 한국에 들어와야 했습니다. 제가 진로계발학 문헌을 보면서 받은 위로는 개인차가 있다는 것이었어요. 어떤 여성은 엄마로서의 애착심과 모성애를 강하게 느끼고, 어떤 여성은 공적 소명을 추구하며 사적 소명과 균형을 맞춰 가는 게 필요하다고 느낍니다. 개인차가 있다는 것이지요.

지적하신 아이에 대해 말씀을 드리자면, 제 세 아이는 잘 크고 있습니다. 아이 친구들이 세 아이 엄마인 제 이야기를 종종 한다고 들었습니다. '나도 결국 엄마처럼 경력단절 여성이 되겠구나'라고 생각할 제 딸의 친구들에게, '내 아내도 우리 엄마처럼 집에서 아이 돌보는 사람이 되어야 해'라고 생각할 제 아들의 친구들에게, 다른 삶의 사례를 보여줄 수 있겠다는 생각이 듭니다.

이 주제는 답이 있는 문제는 아닌 거 같습니다. 저는 감사하게도 유연한 직장에 있습니다. 아무래도 유연성이 낮은 직장에 속해 있으면, 자녀가 부모를 꼭 필요로 할 때 같이 있기 어려우니까, 유연성을 강화하는 방향으로 직장 문화와 제도, 더불어 사회 인식까지 변화할 필요가 있겠지요. 또 가정마다 문화가 다르고 아이의 특성에도 차이가 있습니다. 개인마다 상황이 다 다르므로 천편일률적으로 '이것이 답이다' 하고 말하는 것은 조금 위험하지 않을까 합니다.

그리고 제가 30-40분간 짧게 여성학, 신학, 사회학, 경영학을 넘나드는 주제를 말씀드려서 강의 내용에 많은 한계가 있습니다. 이렇게는 말씀드릴 수 있을 것 같아요. 가령, 좋은 대학에 가고 싶어 하는 아이가 있으면, 국·영·수를 다 잘해야 합니다. 그런데 특히 수학을 못해요. 그럼 수학에 집중해서 일단 수학 실력을 올리라고 합니다. 이런 식의 접근이라고 이해해 주시면 좋겠습니다. 이중 소명은 모든 여성을 사회로 불러내려는 게 아닙니다. 현재 가장 부족한 영역을 강조해서 말씀드렸습니다. 공적·사적 영역 둘 다 소명의 장이며, 천편일률적으로 성별에 따라 한 영역에만 소명이 있다고 말하는 것은 좋지 않다는 정도로 이해해 주시면 좋겠습니다.

『슈퍼우먼은 없다』를 쓴 앤 마리 슬로터Anne-Marie Slaughter는 프린스턴 대학교 정치외교학과 교수였는데, 힐러리 클린턴이 국무부 장관으로 있을 때 여성 최초로 국무부 정책기획국장이 됩니다. 그렇게 승승장구하던 중에 두 아들을 위해 그 자리를 버리고 워싱턴을 떠나 집으로 돌아갑니다. 그랬더니 사람들은 "좋은 직업, 최고의 리더십, 국제정치 분야 교수로서 평생 하고 싶었을 일을 왜? 앞으로 승진도 할 텐데 왜?"라고 했습니다. 그는 이에 대한 답으로 부제가 "일, 가정, 여성, 그리고 남성"인 『슈퍼우먼은 없다』을 펴냅니다. 이 책에서 그는 아이를 전담해서 보살피는 주 양육자가 되고 싶어 하는 남성 이야기를 소개합니다. 주 양육자가 아이에게 필요하지 않다는 것이 아니라, 어떤 가정에서는 그 일을 아빠가 하고 싶어 하는 것입니다. 아빠 중에도 돌봄 노동을 전담해서 하고 싶어 하는 사람이 있고, 아빠들도 돌봄 노동에 더 많이 참여하고 싶은 욕구가 있습니다.

아이에게 주 양육자가 필요하다는 전제를 받아들인다고 해도, 주 양육자가 되기 위해 하루 6시간이 아니라 24시간을 단 한 사람이 아이를 돌봐야 한다는 전제를 수용한다고 해도, 주 양육자가 과연 꼭 엄마여야 하는지는 한 번 더 고민해 봐야 하지 않나 하는 말씀을 드리고 싶습니다.

Q3   여성 그리스도인이 공적 영역에서 좀 더 활발하게 활동하고자 할 때, 엄마로서의 본분 때문에 교회의 지지를 많이 받지 못하는 것도 사실입니다. 예전에 출석한 미국 교회의 부목사님 사모님이 큰 자동차 회사 엔지니어였거든요. 큰아이를 낳을 때까지는 직장을 다녔는데, 둘째를 낳고는 아이 양육을 위해 퇴직했습니다. 담임목사님이 그 소식을 광고 시간에 전했을 때, 회중이 크게 손뼉을 쳤습니다. 이런 부분을 성경적으로 어떻게 해석하고 접근해야 여성들이 좀 더 구체적으로 행동할 수 있을지 고민이 필요합니다.

또 미국과 캐나다 노동시장이 한국보다 유연한 것은 사실이지만, 아이들을 다 키워 놓고 자기 분야에서 자기가 원하는 일을 하기가 그렇게 쉽지는 않습니다. 지금까지 교회는 엄마가 자기를 희생해서 가정을 지키고 아이 키우는 일을 큰 미덕으로 여겼고, 격려를 아끼지 않았습니다. 그래서 공적 영역에서 소명을 다하는 일이 현실적으로 어렵기도 하고, 적극적으로 접근하기도 어려운 부분입니다.

송수진 말씀 감사합니다. 제가 오늘 굳이 노동, 신학, 여성학 전문가가 아닌데도 이런 말씀을 드린 이유는 오늘 모인 교수님과 목사님을 포함해서 남성들에게 부탁을, 조금 과장하면 협박을 하기 위해서입니다. 앞서 말씀드린 대로 '한국 여성의 연령별 경제활동 참가율'은 전 세계에서도 독특한 M자형입니다. 반면 'OECD 여성의 연령별 경제활동 참가율'은 20대 후반부터 40대 중반에 이르는 기간 동안 떨어지지 않습니다. 하지만 한국 여성의 경제활동 참가율은 그 기간에 확 낮아집니다.

다만, 최근으로 올수록 참가율이 낮아지는 시기가 조금씩 늦어집니다. 결혼과 출산을 늦게 하면서 경제활동에서 이탈하는 시기가 늦춰졌을 뿐이지 30년이 지난 지금도 여전히 깊이 파입니다. 오늘, 소명과 하나님 나라에 관한 이야기를 하고 있는데요. '하나님이 주신 공적 영역에서 소명을 펼치지 못하고 있다'라는 논의까지 이어지지는 않더라도, 업무적으로 훈련받은 여성들이 쓰이지 못하고 그 재능이 사장되는 안타까운 현실만이라도 정확히 알면 좋겠습니다.

OECD 회원국의 합계출산율에서도 한국은 가임 여성 1명당 1.05명으로 최하위입니다. 참고로 OECD 평균 합계출산율은 1.65명이며, 이스라엘이 3.11명으로 맨 앞에 위치하고, 끝에서 두 번째인 스페인도 1.31명으로 우리와는 꽤 차이가 납니다.

심지어 이 수치는 2017년 자료이고, 그다음 해 한국의 합계출산율은 0.98명으로 더 떨어집니다. 여성 한 명이 태어나서 낳는 아이가 한 명이 안 된다는 말입니다. 남편과 아내가 결혼해서 자녀를 두 명은 낳아야 현재 인구 규모가 유지될 텐데, 그렇지 않다는 것이죠. 앞서도 말씀드렸듯이 정부가 100조 원을 투입했는데도 합계출산율은 나아지지 않고 있습니다.

남성의 가사·돌봄 노동시간과 합계출산율을 조사한 도표도 있습니다. 자료를 보면 무척 신기합니다. 남성의 가사·돌봄 노동시간과 합계출산율에 상관관계가 있음을 확인할 수 있습니다. 우리나라 맞벌이 부부의 가사노동 시간을 보면, 여성이 80퍼센트를 담당하고 남성이 20퍼센트 정도를 맡습니다. 맞벌이 부부인데도 상당히 기울어져 있습니다. 전업주부는 이 비율이 한쪽으로 더 쏠리겠죠.

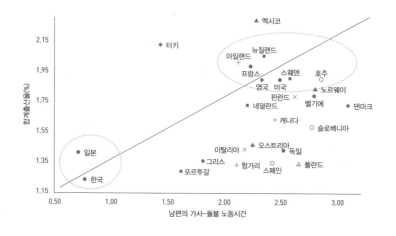

남성의 가사-돌봄 노동시간과 합계출산율의 관계

이런 상황을 직간접으로 목격한 청년들은 일과 가정은 양립할 수 없고 둘 중 하나를 선택해야 하는 문제라고 인식하기가 쉽습니다. 좋은 사회인이 되기 위해 평생 훈련받아 온 청년들은 공적 영역과 사적 영역의 병행이 어려운 현실 앞에서 비혼과 비출산을 선택하게 됩니다. 청년들의 이런 고민과 삶을 헤아리지 못하고, 하나님이 주신 소명의 영역은 '아빠-직장, 엄마-가정'이라고 가르치면, 청년들은 교회를 떠나거나 교회는 우리 삶과 동떨어져 있고 삶의 중요한 문제에 더는 답을 주지 못한다고 생각하게 됩니다. 교회나 직장에서 중요한 의사결정 과정에 깊숙이 관여하고 있는 남성들이 청년들의 이 같은 고민을 깊이 헤아려 주기를 바랍니다.

제가 지금까지 인용한 자료는 모두 경제인문사회연구회에서 2020년에 출간한 『저출산에 대응한 통합적 정책 방안』이라는 보고서에서 발췌한 것입니다. 정책적 제언과 쟁점에 대해 더 알기를 원하는 분은 이 보고서를 읽어 보셔도 좋겠습니다.[21]

Q4 잘 듣고 많이 배웠습니다. 감사합니다. 제가 듣기에 가장 중요한 점은, 이중 소명을 여성의 문제가 아니라 인간의 문제로 접근해야 한다는 것입니다. 오늘날에는 남성에게도 육아 문제는 인생에서 가장 중요한 과제이기 때문입니다. 물론 미국이나 캐나다 사회에서도 가사 노동이나 자녀 돌봄은 여전히 여성에게 집중되고 있는 것이 현실입니다. 그렇지만 한국 사회와 북미 사회 모두 방향만은 제대로 잡고 있다는 희망을 갖습니다. 또 교회가 순기능을 하지 못하고 교회의 가르침이나 교회에서의 경험이 오히려 걸림돌이 되는 것은 문제라고 느껴집니다. 반면, 교회가 새로운 의미를 찾고 함께 실천할 수 있다면, 그 기능을 할 수 있다고 생각합니다.

그런데 제가 한 가지 다른 말씀을 드리고 싶습니다. 잘 아시겠지만, 이중 소명이 비교적 성공적으로 이뤄지는 미국 가정들이 있습니다. 그런 가정들은 외국인 노동자의 도움을 받는 경우가 많습니다. 중산층 이상의 가정이 이중 소명에 성공합니다. 어떻게 보면 똑같이 겪어야 할 문제를 풍족한 경제 사정을 기반으로 소수민족에 전가한다는 면에서 바람직하지 않다고 보는데요. 그런 현상이 미래의 한국 사회에서도 발생할 수 있지 않을까 하는 생각이 듭니다.

송수진   중요한 지적입니다. 결국 부모가 돌봄에 참여할 수 있는 사회 전반의 제도와 인식이나 공적 돌봄 장치가 마련되지 않으면, 다른 인종, 다른 계급, 조부모 등에게 돌봄의 책임을 전가하는 방식으로 문제를 해결하려는 시도가 일어날 수 있습니다. 이중 소명이 특수한 계층에게만 가능해지는 상황은 문제 해결이 아니라 새로운 문제일 수 있습니다.

소명은 생계 수단이기도 하고, 만물을 다스리는 하나님의 통치이기도 합니다. 미로슬라브 볼프의 말[22]처럼 새 창조를 위해 우리 안에서 일하시는 성령의 일하심이며, 받은 은사를 통해 서로를 섬기고 세상을 만들어 가는 것이기도 합니다. 이중 소명은 일이 우리 삶에 절대적인 의미를 지닐 수도 있음을 내포합니다. 엄마나 아내처럼 주어진 자리를 (숙명처럼) 받아들이는 것만이 소명인의 삶이 아닌, 내게 주신 은사를 따라, 부르심의 길을 걸어가는 것이 '나의 나 됨', 정체성과 중요한 관련성이 있을 수 있음을 시사합니다. 하지만, 머리로 아는 것을 몸으로 사는 것은 쉽지 않습니다. 돌봐야 할 사람이 있고, 경쟁적인 시장에서 성과를 보이

기 위해 일과 가정 사이에 균형을 맞추는 것도 어렵습니다. '주신 자리'
와 '주신 은사'를 모두 활용할 수 있는 세상이 오면 얼마나 좋을까요. 우
리가 사는 사회가 어떻게 바뀌면 가능해질까요. 내 가족, 내 직장, 내 교
회를 넘어 모두가 그런 삶을 사는 방법은 뭐가 있을까요. 부족한 논의를
나름의 상상력으로 꺼내 보았습니다. 함께 고민해 주시길, 같이 답을 찾
을 수 있길 소망합니다.

질문하고 소통하며 고분고분하지 않기

한국에서 루터교 목사로 산다는 것은

·

최주훈

최주훈
| 중앙루터교회 담임목사

루터대학교 신학과와 한신대학교 신학대학원을 졸업하고, 독일 레겐스부르크 대학교에서 조직신학으로 철학박사 학위를 받았다. 현재 서울역 근처에 있는 중앙루터교회 담임목사로 사역하고 있다. 저서로는 『루터의 재발견』, 『예배란 무엇인가』 등이 있고, 편역서로는 『마르틴 루터 대교리문답』, 『마르틴 루터 소교리문답·해설』, 『마르틴 루터 95개 논제』, 『프로테스탄트의 기도』, 『기독교와 현대 사회』 등이 있다. 종교개혁 500주년 특집 CBS 3부작 다큐멘터리 "다시 쓰는 루터 로드"(2017)에서 길라잡이 역할을 맡았다.

안녕하세요. 중앙루터교회 최주훈 목사입니다. 제게 맡겨 주신 주제가 '한국에서 루터교 목사로 살아가는 것'인데요. 그래서 오늘은 학문적인 신학 이야기나 논쟁적인 주제는 최대한 제외하고, 주제에 맞춰서 조금은 가볍게, 제게 주어진 특수한 상황을 중심으로 이야기 나누려고 합니다.

변방의 작디작은

일단 오늘 주제가 주제인 만큼 개인적인 서사, 제가 누구인지는 말씀을 드려야 루터교회의 체계라든지, 목사가 되는 방법에 대해 이해가 가실 것 같아 아주 짧게만 소개하겠습니다. 저는 루터대학교 신학과를 나와서 한신대학교 신학대학원에서 목회학 석사 과정을 마치고, 독일에서 박사학위를 취득한 다음 곧바로 한국에 돌아왔습니다. 그리고 루터교회 목사가 되려고 루터대학교 대학원에 들어가 목사후보생 3년 과정을 다시 공부했습니다. 신학을 공부한 시간을 꼽아 보니까 학교 등록 기간만 정확하게 30학기더군요. 그런 다음 현재 제가 담임목사로 있는 중앙루터교회에 2010년도에 청빙 받았습니다.

이제 한국에서 루터교회에 대한 일반인의 인식이 어떤지 이야기해 보죠. 일전에 제가 성공회 사제들을 만났는데, 이런 이야기를 들려주시더라고요. 택시를 타고 "광화문에 있는 성공회 주교좌 성당에 가자"라고 기사님에게 말씀드리고 피곤해서 잠이 들었다고 합니다. 도착했다는 소리에 눈을 떠 보니 성공회 주교좌 성당이 아니라 상공회의소 앞이었답니다. 우스우면서도 속 쓰린 이야기였어요. 그런데 저도 비슷한 경험이 꽤 많습니다. 교회 다니지 않는 분들을 만나서 루터교회 목사라고 소개하면, 가끔 이런 소리를 들어요. "로또 교회요?" 그러면서, "그런 교회도 있어요?"라고 묻습니다. 이 정도면 한국의 소형교단 목회자에게는 아주 깜찍한 에피소드에 해당하겠지만, 성공회나 루터교회의 목회 현장에서는 일반인의 이런 인식이 간혹 교회 생존을 가늠하는 문제가 되곤 합니다.

어떤 루터교회 목사님이 "루터교에서 목회한다는 것은 한 손을 뒤로 묶고 링 위에 올라가서 싸우는 것"이라고 비유하시는 말씀을 들은 적 있습니다. 그런 말이 나올 정도로 한국에서 루터교회 목사로 살아가는 일은 만만치 않습니다. 물론 어느 교회를 목회하든지 다 목회적 어려움이 있겠지만, 저희 나름대로 갖는 특별한 핸디캡이 있는 것 같아요.

한국 개신교 신학 지형에서 루터라는 인물은 칼뱅 옆에 뻘쭘하게 서 있는 인물로 소개되고는 합니다. 또 종교개혁 이야기를 하더라도 루터를 미완성 인물로 소개하거나 칼뱅의 발아래 발판 정도로 소개하는 경우가 많습니다. 게다가 교회 현장에서는 루터교회가 예배 의식을 중시하는 전례 교회여서인지 가톨릭의 아류 정도로 여겨지거나, "여기는 이단이다"라는 소리를 너무 쉽게 듣는 교단이기도 합니다. 우리 교회에

열째 날 · 루터교

서 실제로 있었던 일인데요. 신천지 교인이 자기 신분을 밝히고 주일에 전도하러 왔다가 예배를 딱 한 번 드리고 자기네보다도 더 이상했던지 자취를 감춘 일도 있습니다. 상황이 이렇다 보니 루터교회에 새 신자가 유입되는 일은 매우 드물고 이례적입니다.

반면에 루터교회에서 오랜 기간 신앙생활 하신 분들의 면면을 보면, 다른 교회 교인에 비해 비교적 자기 자부심이 강하고 교회가 어떠해야 한다는 정체성도 강한 분이 많습니다. 그리고 우리 교회를 찾아오시는 새 신자를 보면, 대개는 다른 교회에서 오랫동안 봉사하고 리더 역할을 했던 분들이 여러 문제로 교회를 떠났다가 스스로 루터교회와 역사를 어느 정도 공부하고 저희를 찾아옵니다. 그러니 루터교회의 상황은 여느 다른 교회와 조금 다르다고 할 수 있습니다.

교회가 작다고 했는데, 얼마나 작은지 통계로 보여드리겠습니다. 2019년도 10월의 통계입니다. 정기총회 보고서를 보면, 전국에 52개 교회가 있고, 목사는 기관 목사를 포함해서 60여 명 정도입니다. 전체 교인 수는 3,184명이고, 주일 낮 평균 출석 교인 수는 1,667명입니다. 사실 한국의 웬만한 중형교회 하나만도 못한 크기입니다.

왜 이렇게 작을까요? 한국에 있는 루터교회는 1958년에 미국 미주리 시노드 루터교회LCMS가 한국 선교를 위해 미국인 선교사 세 분과 한국인 지원용 목사님, 이렇게 네 분을 한국에 보내면서 시작됩니다. 우리는 '선교' 하면, 외국에 가서 교회를 세우고 교인을 많이 늘리는 것, 곧 교회 성장을 떠올립니다. 당시 미주리 교단에서 파송한 네 명의 선교사가 한국에 도착했을 때는 이미 '장감성'(장로교, 감리교, 성결교)이라는 주류 교단이 자리를 잡고 있었습니다. 네 명의 선교사가 한국에 와서 당황했던 것 같아요. 교회를 세우려고 왔는데 교회가 이미 자리를 잡고 있었으니까요. 이런 현실에서 어떻게 선교적 가치를 구현할지 고민하기 시작했다고 합니다. 그래서 루터교회 선교사들이 한국에 오자마자 했던 일은 한국을 이해하기 위해 한국어를 배우고 한국 문화를 공부하는 것이었습니다.

한국 문화를 이해하면서 선교 정책을 바꾸는데, 교회를 세우는 교회 개척이나 교회 성장이었던 통상적인 목표가 "교회를 섬기는 교회가 되자"라는 목표로 바뀝니다. 그러면서 시작한 것이 1959년에 '루터란 아워'Lutheran Hour에서 시작한 「이것이 인생이다」라는 방송입니다. 그리고 '기독교통신강좌'를 시작하고, 기독교 교양 잡지 『새생명』을 발간합니다. 이렇게 문화선교, 문서선교, 방송선교를 시작했습니다. 그리고 또 많이 알려진 것이 1974년에 초교파 성서교육으로 시작한 '베델성서연구'입니다. 우리나라에 성경공부 프로그램이 전무했던 시절에 최초의 성경공부 프로그램이었지요. 베델성서연구는 지금까지 이어져 오고 있습니다. 가톨릭을 포함해 45개 교단에서 함께 참여해 공부했고, 목회자 1,600여 명을 포함해 총 47만 명이 베델성서연구 과정을 수료했다는 통계가 있습니다. 그 외에도 루터대학교와 컨콜디아사라는 출판사를 통해 문서선교와 교육에 선교역량을 집중합니다.

'왜 이렇게 한국에서 루터교는 작은가?'라고 하면, 여러 이유가 있겠죠. 그중 하나는 위와 같은 선교 정책에서 비롯합니다. "교회를 섬기는 교회가 되자"라는 선교 정책 그대로, 인기 라디오 방송이었던 「이것이 인생이다」의 마지막 말은 늘 "가까운 교회에 나가십시오"였습니다. 선교 초기부터 방송 말미에 교회 이름을 선전하고, 베델성서연구 같은 초교파 성경공부를 하면서 "루터교에서 하는 겁니다"라고 이야기했다면, 아마도 지금 상황은 다르지 않을까 하는 개인적인 생각도 해봅니다. 역사에 '만일'이라는 말을 붙이는 것처럼 바보 같은 일은 없겠지만 말입니다.

그렇다면 한국에서 이렇게 미미한 루터교의 세계적인 교세는 어떤지도 궁금하실 텐데요. 전 세계 루터교의 교세를 이야기할 때는 루터교세계연맹LWF, The Lutheran World Federation의 통계를 인용합니다. 가장 큰 루터교회 연맹체인데, 그곳에 보고된 총 성도 수가 7,550만 명입니다. 하지만 거기에 포함되지 않는 국제루터교평의회ILC, International Lutheran Council가 있습니다. 이 기구는 LWF와는 전혀 관련 없는 독립적 연합체입니다. 한국에 선교사를 보냈던 미주리 시노드 루터교회가 중심이 되어 만든 국제협력기구인데, 그곳의 2018년도 자료에는 신자 수가 715만 명으로 나옵니다.

그 외에도 독일의 독립루터교회연맹SELK, Selbständige Evangelisch-Lutherische Kirche도 있습니다. 이곳까지 통틀어서 전 세계 루터 교인은 약 8,300만 명 정도 되지 않을까 합니다. 물론 루터교회가 독일에서 시작했으니 그 세력이 독일에서 강한 것은 당연한데, 덴마크, 스웨덴, 핀란드, 노르웨이 같은 북유럽 국가에서 그보다 더 강합니다. 따로 설명할 시간이 없어서 아쉽지만, 방금 말씀드린 독일이나 북유럽 국가를 유심히 살펴보면, 인권·환경·교육 관련 정책이 탄탄하고 사회복지체계가 어느 나라보다 그 물망처럼 잘 짜여 있다는 특징을 보이는데, 이 역시 루터교회의 정신과 연결되어 있다고 할 수 있습니다.

그래서 루터교는 어떤가요

많은 분이 묻는 것 중 하나가 루터교 목사는 어떻게 되는가입니다. 공식적으로는 루터대학교에서 학부 4년을 마치고 신학대학원에 입학해서 3년간 공부하면서 교육 전도사 실습을 반드시 거쳐야 합니다. 그다음 1-2년 전임 전도사 과정을 거친 후 준목고시를 봅니다. 장로교회의 강도사 같은 것이지요. 준목고시에 합격하고 전임 준목을 1년 이상 실습하면 목사 안수를 받을 자격이 생깁니다. 신학대학원부터 학비 전액을 총회에서 장학금으로 지급하고, 총회의 전도사준목관리위원회에서 교회를 직접 배정해서 실습하도록 배려합니다. 현재 루터교의 미래를 생각해서 석·박사 이상의 타 교단 출신 인력을 어떻게 수급할지에 관한 논의도 시작했습니다. 아직 결론이 나지는 않았지만, 향후 1-2년 안에 이런 내용도 조정이 되리라 생각합니다.

준목으로 1년 이상 근무하면 자립교회의 청빙을 받거나, 목사가 필요한 교회에 총회가 파송하여 목사 안수를 줍니다. 현재 다른 교단에서는 편목과정이라고 해서 타 교단에서 목사 안수를 받은 목회자를 자기 교단의 목사로 받아들이는 과정이 있지만, 저희 교단에는 편목과정이 없습니다. 이 사안도 아주 치열하게 논의했으나 통과가 안 된 상태입니다. 다른 교단에서 목사안수를 받았어도 한국 루터교의 목사가 되는 것은 현재는 불가능합니다.

그리고 논쟁의 여지가 있지만, 아직 한국 루터교에는 여성 목사 안수 제도가 없습니다. 작년 총회에서 이 문제가 제기되어 여성 목사 안수에 대한 논의가 이제야 수면 위로 올라왔다고 할 수 있습니다. 이것도 해결해야 할 큰 문제 중 하나라고 생각합니다. 그렇다면 '왜 여성 목사 안수 제도가 없나요?'라는 질문이 생길 수 있는데요. 사실 루터교회는 여성 목사가 제일 많은 교회일 겁니다. 그런데도 한국 루터교회에는 여성 목사가 없습니다. 한국에 루터교회를 선교한 미국 미주리 교단이 굉장히 보수적이라서 교회 정책상 여성 안수를 아직 불허하고 있고, 따라서 한국에서도 여성안수 논의가 미진한 것으로 알고 있습니다.

또, 루터교의 목사는 수입이 어떻고, 복지는 어떤지가 초미의 관심사더라고요. 이전에 어떤 분이 제게 "루터교는 돈이 많아서 가면 5억을 준다면서요?"라고 이야기하시던데, 그렇지 않습니다. 한때 교단의 가용 재산이 1년에 두 개 교회 정도를 세울 수 있다는 결론이 난 적이 있습니다. 한 교회를 세울 때 약 5억 원 정도 소요된다고 해서 총회가 1년에 두 개 교회 설립을 목표로 삼고 '5억 프로젝트'를 시작했습니다. 하지만 이 프로젝트는 거의 폐기 단계에 있고, 오히려 교회 개척을 다변화해서, 단순히 건물 짓고 목회하는 전통적인 방법 외에 다양한 방식을 논의하고 있습니다. 예를 들어, 목사가 되어 한 교회의 부목사로 들어가면 받는 주거지원책이 있고, 미자립 교회 같은 경우에는 선교지원책이 있습니다. 최저생계비를 보장해 주고 의료비, 국민연금, 루터교회 목사 자녀의 대학 학자금까지 지원해 주고, 목회자 연수를 순차로 진행하면서 개척교회 외에도 기존 교회를 견실하게 운용할 수 있도록 교단이 지원하고 있습니다. 루터교회 목사가 되어 일단 목회를 시작하면, 총회가 목회에 필요한 최소한의 것을 책임지는 시스템이 갖춰져 있습니다.

장로교회나 침례교회는 개교회주의가 상당히 강하죠. 그런데 루터교회는 총회 중심이어서 언뜻 보면 주교제 중심의 가톨릭과 유사하다고 느낄 수 있습니다. 제가 볼 때 지금 루터교회의 정치 체제와 복지 시스템은 개교회주의와 주교제의 중간 정도인 것 같습니다. 총회 운영의 중심이 되는 총회장은 선출직으로 4년 전임제입니다. 총회장이 인사와 재정과 관련한 최종결재권자입니다. 목사와 평신도 대표로 구성된 11인 실행위원회가 견제 역할을 합니다. 개교회 시스템은 다른 주류 교단과 별반 다를 바 없습니다. 총회 지도부는 각 교회의 정책이나 시스템을 최대한 존중하고, 개교회가 자립할 수 있도록 도와주고 있습니다.

루터교에 장로 직분이 있는지 물어보는 분도 많습니다. 장로 있습니다. 권사도 있고 안수집사도 있습니다. 그런데 한국에 루터교가 처음 들어온 초기에는 장로와 권사 제도나 당회 자체가 없었습니다. 왜냐하면 당회가 장로교 체제이기 때문입니다. 그런데 당회가 생겨난 이유가 아주 재미있습니다. 루터교회는 목사와 집사로 구성된 위원회 체제였습니다. 그런데 교회일치운동이나 교회연합사업을 할 때 타 교단에서는 장로가 나오는데 루터교에서는 집사가 나오니까 불편한 점이 있었던 것 같아요. 그런 필요로 장로와 권사 제도가 생겼습니다.

종교개혁 때부터 이어온 관점과 실천

또, "루터교회는 루터를 믿나요?"라는 질문도 꽤 많이 받는데요. 루터 안 믿습니다. 제가 개인적인 이야기를 하나 하겠습니다. 얼마 전 독일에 있는 제 선생님인 한스 슈바르츠 교수님이 이메일을 하나 보내셨어요. "책이 하나 나왔는데 최 목사가 관심 있을지 모르겠어." 그러시면서 초고를 보내 주셨어요. 번역하라고 보내신 건지 모르겠습니다만, 책 제목이 "루터교회 교인이 아닌 사람을 위한 루터"Luther für Nichtlutheraner였습니다. 그런데 독일 가톨릭출판사에서 나온 책이었습니다. 읽어 보니까 1장에 나오는 이야기가 제 이야기 같았습니다. 내용은 이랬습니다. "얼마 전에 박사학위를 마친 한국인 제자가 '한국으로 돌아갑니다. 저는 꼭 돌아가겠습니다'라고 하길래, 어느 교회로 갈 거냐고 물었다. '교단이 뭐 그리 중요하겠습니까. 그냥 아무 데나 갈랍니다. 독일 싫습니다'라면서 떠났다." 그런데 거기서 슈바르츠 교수님이 "교단은 무척 중요합니다. 한국뿐만 아니라 모든 곳에서 다 마찬가지입니다. 교단이 중요한 이유는 어떤 목회자가 되기 위한 시스템으로도 중요하지만, 신학자나 목회자로서 어떤 위치에 있으려면 하나의 신학적 관점을 가져야 하는데, 그 관점이 굉장히 중요하기 때문에 교단이 중요합니다"라고 말씀하시더라고요. 그러면서 첫 번째 주제를 "세상에 중립이란 없다"로 시작했습니다. 그러니까 관점을 가져야 한다는 거죠. 루터교회가 루터를 믿는 것은 당연히 아니지만, 성서를 루터의 눈으로 보고 재해석하는 관점을 갖고 있다고 보면 됩니다.

저는 모든 권위를 다 넘어서서, 모든 것에 대해 질문을 던질 수 있는 태도를 루터교회의 가장 큰 장점으로 여깁니다. 루터교회에는 신앙고백서가 있습니다. 세 개의 공교회 신앙고백이 수록돼 있고, 그다음에 일곱 개의 역사적 문서로 구성돼 있지요. 이 신앙고백서의 관점으로 루터교회는 목회도 하고, 세상도 바라보고, 성경도 해석합니다.

그러면 루터교회의 신학적 색채가 어떤지 궁금하실 수 있습니다. 스펙트럼이 상당히 넓습니다. 아주 진보적인 곳부터 극보수까지 다 있습니다. 미국만 해도 대표적인 두 교단이 있습니다. 세인트루이스가 중심인 미주리 교단이 첫 시작이지만, 1974년에 교리 문제로 인해 '미국 루터교 미주리 시노드'Lutheran Church-Missouri Synod, LCMS와 '미국복음주의루터교회'Evangelical Lutheran Church in America, ELCA로 나뉩니다. 지금은 갈라져 나간 ELCA의 교세가 훨씬 커졌습니다. 신학적으로 보면 완전히 극과 극입니다. 미국 미주리 교단 중심의 국제루터교평의회ILC가 루터교세계연맹LWF과 하나가 되지 못하는 큰 이유 중 하나도 바로 이런 신학적 문제 때문입니다. 여성 안수도 그 문제 중 하나입니다. 한국의 루터교회는 1958년에 미주리 교단의 선교로 세워졌기 때문에 신학이나 교회 체계가 여러모로 보수적인 미주리 교단과 가깝지만, 최근에 그런 제한에서 벗어나 자유롭고 포용적인 신학을 추구하는 경향이 강해지고 있습니다.

루터교회의 취약점은 무엇이고 장점이 무엇인지도 한번 살펴보지요. 우선 루터교회 주일예배에는 늘 말씀의 예배가 있고, 그다음에 성찬의 예배가 반드시 이어집니다. 루터교 예배의 특징이라고 할 수 있습니다. 다른 교회를 다녔던 분이 루터교회 주일예배에 참석하면, '가톨릭 아닌가?' 하고 이상하게 생각해서 그다음 주부터 안 오는 경우도 종종 있습니다. 그러니 루터교회의 약점은 예배라고도 할 수 있습니다. 그런데 역설적이게도 그 단점이 동시에 우리의 장점이라고 확언할 수 있습니다.

루터가 헤드폰을 끼고 있는 그림이 있습니다. 2017년이 종교개혁 500주년이었죠. 독일에서는 그 전 10년 동안 해마다 특별한 주제를 선정해서 1년 내내 연구하고 여러 행사를 진행했습니다. 2012년 주제가 바로 '종교개혁과 음악'이었습니다. 음악은 루터교회에서 매우 중요합니다. 루터교회는 16세기 종교개혁 당시의 전통을 수용하지만, 동시에 문화적 적응력이 상당히 크다는 점을 말씀드리고 싶습니다.

예를 들어, 루터는 음악을 "신학과 더불어 하나님이 주신 최고의
선물"이라고 했습니다. 루터는 "하나님의 창조에는 원칙이 있고, 조화
와 질서라는 그 원칙에 의해 세상은 창조되었다. 그런데 그 조화와 질서
가 가장 잘 드러나는 것이 바로 음악"이라고 이야기합니다. 종교개혁을
대표하는 인물인 츠빙글리나 칼뱅과 비교해 보면, 오직 루터만 음악에
관해 언급했다는 사실을 어렵지 않게 발견할 수 있습니다.

그 밖에도 루터의 신학적 유산을 꼽으라고 하면 루터교회가 자랑
할 게 참 많죠. 잘 알려진 것은 '모든 신자의 만인사제직'과 '세속 직업
의 소명론'입니다. 여기에 더해서 잘 알려지지 않은 유산을 하나 더 소
개하고 싶습니다.

다음 사진 속 교회는 '비텐베르크시 교회'Stadtkirche St. Marien zu Wittenberg
입니다. 이 교회는 종교개혁 역사에서 여러모로 중요합니다. 이곳에서
루터가 오랫동안 목회하면서 2천 편 가까운 설교를 했고, 종교개혁 당

시에 떡과 포도주로 성찬을 나누었습니다. 보통 '회중 찬송'^{Coral}이라고 하는 찬송도 이곳에서 시작되었습니다. 또한, 이 교회는 청빙 제도로 '요하네스 부겐하겐'^{Johannes Bugenhagen}이라는 목회자를 청빙한 첫 번째 개신교 교회이기도 합니다.

더불어 꼽고 싶은 것은 이 교회가 오늘날 독일과 북유럽 국가 복지제도의 기원이라고 할 수 있는 '게마이네 카스텐'^{Gemienekasten}, '공동금고'를 시작한 교회라는 점입니다. 공동금고가 참 재미있습니다. 헌금함이기는 한데, 열쇠가 세 개입니다. 열쇠 세 개를 교회의 평신도 대표, 성직자 대표, 시의회 대표가 하나씩 가지고 있다가 지역사회에 재난이 발생하면 세 사람이 급히 만나 합의 후에 열어서 사용할 수 있습니다. 바로 그 공동금고를 시작했던 교회가 비텐베르그시 교회입니다.

이 금고가 나중에 독일 복지제도의 기원으로 불립니다. 우리나라는 관(官)이 주도해서 복지 정책을 펼치지만, 독일은 민관(民官) 협업으로 운용합니다. 그런데 여기서 '민'은, 개신교의 디아코니아^{Diakonie}와 가톨릭의 까리따스^{Caritas}라는 기관이 중심이 되어 움직입니다. 잘 아시듯 독일 국민은 종교세를 냅니다. 거둬들인 종교세로 목회자의 급여도 지

급하지만, 가장 큰 지출처는 독일 복지제도를 움직이는 바로 이들 기관입니다. 디아코니아와 까리따스에 종교세로 걷힌 재원을 지원해 독일 전역의 소외계층, 난민, 노인, 장애인을 그물망처럼 보호하고 있습니다. 이 복지제도의 유래가 이 비텐베르크시 공동금고에까지 소급됩니다.

질문하고 소통하며 저항하고

이제 결론을 이야기해야 할 시간입니다. 저뿐만 아니라 한국이나 외국에 있는 루터교회 목사들은 모두 같은 마음을 갖고 있을 겁니다. 루터교회의 특징을 한마디로 이야기한다면, 모든 신자가 다 사제라는 정신을 가지고, 교회 안에서 수평적으로 평등하게 소통해야 한다는 종교개혁의 유산 위에서 교회와 세상을 바라본다는 것입니다. 이와 더불어 교회와 세상은 분리되지 않으며, 그래서 일상의 중요함을 가르치고 또 그렇게 살아가는 것이 루터교회가 추구하는 방향입니다.

저에게 바람직한 루터교회의 방향이 무엇인지 묻는다면, 루터교회
는 '질문하고, 저항하고, 소통하고, 새로운 공동체를 만들어 가는 것'이
라고 설명합니다. 이 말은 제가 2017년도에 『루터의 재발견』(복 있는 사
람)을 쓰면서 책의 소제목으로 삼았던 것이기도 합니다. 루터의 일대기
를 이런 식으로 분류할 수 있지 않을까 해서 풀어 본 것입니다. 우리가
흔히 교회를 '코뮤니오 상토룸'communio sanctorum이라고 하는데, 곧 '거룩
한 사귐의 공동체'입니다. 그러면 거룩한 사귐의 공동체인 교회가 어떻
게 성립이 가능한가라는 질문이 생깁니다. 저희가 찾은 답은 '교회 안에
서는 질문이 있어야 한다, 질문을 통해 소통해야 한다, 그리고 질문하면
서 뭔가 잘못된 것이 있다면 저항할 줄 알아야 한다'라는 것입니다. 프
로테스탄트protestant를 '저항'이라고 많이 번역하는데, 저는 그 말보다 순
수한 한국말인 '개긴다'라는 표현을 잘 씁니다. 교회야말로 그런 프로테
스탄트 정신이 필요하지요. 단순히 혼자 저항하지 말고, 뜻을 품은 사람
들이 함께 수평적으로 소통하면서 뜻을 모아야 합니다. 이것이 소통입
니다. 그다음에 성경이 우리에게 제시하는 하나님의 나라 공동체를 일
상에서 구현해 나가야 한다는 것이 루터의 종교개혁이 우리에게 주는
가르침이고, 루터교회가 추구하는 가치입니다.

제가 이 주제로 이야기를 나눈다고 하니까 성락성결교회의 지형
은 목사님이 제게 전화를 거셨어요. 한 시간 정도 길게 통화를 했습니
다. 지 목사님은 성결교회에 계시지만, 루터신학을 전공하셨고, 제게도
여러모로 가르침을 주시는 분입니다. 목사님이 크게 세 가지를 제게 제
안하셨어요. 첫째, 루터 읽기입니다. 교파를 뛰어넘어 함께 모여 루터의

글을 읽고 공부하는, 배움의 자리가 있으면 좋겠다고 하셨습니다. 학자들의 모임 말고, 그렇다고 무조건 교회를 비판하기 위해 모이지도 말고, 순수하게 함께 모여서 사귀고 배우며 소통하는 자리가 있으면 좋겠다고 하셨습니다. 둘째, 루터교회에서 조금 더 힘을 써서 독일의 신학들을 소개해서, 한국 교계에 만연한 근본주의와 성장만능주의에 제동을 걸어주면 좋겠다고 하셨습니다. 한국에서는 루터교회가 너무 작아서 가능할지 모르겠지만, 어쨌든 그런 제언을 해주셨습니다. 셋째, 한국 루터교회가 루터교세계연맹LWF이나 국제루터교평의회ILC 같은 세계 루터교회 기구들과 협력해서 통일문제나 환경문제 같은 담론을 세계인들과 논의하는 장을 만들면 좋겠다는 제언도 해주셨습니다. 이 제언들이 루터교회뿐 아니라 우리가 함께 귀 기울여 듣고 실천해야 할 중요한 주제라고 생각해서 이 자리에서 소개해 드렸습니다.

오늘 이야기 나눈 주제가 "한국에서 루터교회 목사로 살아가는 것은 어떤가요?"였는데요. 저는 이렇게 답을 하며 마치겠습니다. "별로 어렵지 않습니다. 이렇게 살아갈 충분한 이유와 가치가 있어요." 감사합니다.

Q1   루터교회가 '루터란아워'나 '베델성서연구'를 통해 한국 교회에 기여한 바가 적지 않습니다. 이 좋은 전통을 어떻게 계승 발전시킬지 고민이 적지 않을 것 같은데, 루터 교단에서는 그 고민을 어떤 식으로 풀어가고 있는지요?

최주훈 굉장히 큰 고민이죠. 그런데 어떤 일을 할 때 가장 중요한 것은 주변 환경이나 돈보다도 '사람'입니다. 어느 교단이나 마찬가지겠지만 저희 교단에도 아쉬운 부분도 있고 반드시 도려내야 할 부분도 있습니다. 감리교회나 장로교회와 다를 바 없이 루터교회 안에도 여러 정치적 대립구조도 있고, 여러 숙제가 있습니다.

루터교회가 좋은 콘텐츠를 가지고 있으면서도 제대로 발휘하지 못하는 이유를 딱 두 가지만 말씀드리면, 먼저, '인재풀'이 너무 빈약합니다. 타 교단은 일단 사람이 많으므로 각 분야에 재능있는 분들도 상당히 많습니다. 그에 비해 저희 교단 목회자는 전부 합해 봐야 60여 명입니다. 그리고 지금 신학대학원에 있는 전도사와 준목 등 학생들도 10명 정도입니다. 저희가 1년에 뽑는 학생들이 기껏해야 4-5명 정도입니다. 한국에서는 루터교회가 너무 알려지지 않아서 루터교회 목회자가 되겠다고 찾아오는 사람도 별로 없습니다. 현실이 이렇다 보니 늘 인력난에 허덕이고, 결국 한국에서 도약하지 못하는 가장 큰 이유 중 하나인 것 같습니다.

다음은 교육 문제를 들 수 있습니다. 어떤 조직이든지 조직의 가치를 구현하려면 철저하고 올바른 교육이 필수입니다. 특히 루터 신학에서 '교육은 절대 타협의 대상이 아닙니다.' 그런데 부끄럽게도 교육이 심하게 무너져 있습니다. 교단 내부에서 이에 대한 심각성을 모두 인식하고 있고, 개선할 방법을 계속해서 찾고 있는 상황입니다. 루터교가 한국에 들어온 지 60년이 넘었는데, 이제야 그런 생각들을 하기 시작했으니 많이 늦었지요. 그래도 시작이 반이라는 마음으로 선한 미래를 꿈꾸고 있습니다.

Q2 안녕하세요. ○○○입니다. 아까 나온 '세상에 중립이란 없다'라는 말도

그렇고, '만인사제직'이나 '세속 직업의 소명'도 세계관 운동과 통하는 면이 있습니다. 가령, '중립이란 없다'라는 말은 화란 개혁주의자 중에서 도예베르트 같은 사람이 대표적으로 강하게 이야기했습니다. 루터교 내에 세계관 운동이 있는지 궁금합니다. 그리고 조금 다른 질문이기는 한데, 제가 창조론을 공부하는 사람이라서 여쭤 보고 싶습니다. 미국 루터교의 미주리 시노드는 1930-1940년대 창조과학의 강력한 중심지였는데, 아직도 창조과학 쪽 흐름이 강한지요.

최주훈 두 번째는 아주 쉬운 질문입니다. 한국에 루터교회를 선교한 미국 미주리 교단은 아직도 근본주의적인 창조과학을 강하게 주장하고 있습니다. 제가 보기에는 아주 유감스럽게도 그런 성향이 매우 강합니다. 앞서 다 말씀드리지 못했지만, 이것은 성서해석에 속하는 문제이고, 미국 루터교회가 미주리 교단과 복음주의 루터교회로 갈라진 중요한 이슈였습니다. 하지만 미주리 교단에서 주장하는 창조과학은 전 세계 루터교회에서 극우파에 속하므로 주류라고 보기는 어렵습니다.

그리고 세계관 운동에 대해 질문하셨는데요. 제가 아는 한 루터교회에서 세계관 운동을 따로 하지는 않습니다. 왜냐하면 이미 루터 신학 안에 세계가 어떤 곳인지, 일상이 무엇인지에 관한 아주 강한 개념이 자리 잡고 있기 때문입니다. 하나님의 나라는 동떨어진 곳이 아니며, 교회와 우리 삶의 자리는 구별되지 않는다는 개념이 분명해서, 세계관 운동을 따로 구분해서 하지는 않습니다.

혹시 제 생각이 틀렸다면 지금 함께하고 계신 미국 복음주의 루터교회ELCA의 황의진 목사님이 바로잡아 주실 수 있을 것 같은데요. 미국의 미주리 교단LCMS과 복음주의 루터교회ELCA와 관련한 이야기를 부탁드려도 될까요?

황의진 반갑습니다. 저는 미국 ELCA 교단에 속해 있는 황의진 목사입니다. 미국 내에서 루터교의 위치는 한국에서 장로교의 위치라고 보시면 됩니다. 저희 ELCA가 400만 명 정도 됩니다. 그리고 미주리 시노드가 200만 명 정도이고, 위스콘신 시노드가 35만 명 정도이고, 다 합치면 한 700만 명 가까이 되니까 무척 큰 교단이죠. 장로교는 미국에서 PCUSA, PCA 등을 모두 합쳐도 300만 명이 넘지 않습니다. 한국에서는 루터교회 목사가 되겠다는 사람을 찾는 일이 굉장히 어렵다고 하셨지만, 미국에서는 동네마다 하나씩 있는 교회가 루터교회입니다. 그리고 한국의 장로교인은 칼뱅을 중심으로 루터를 보지만, 미국에서는 오히려 루터를 중심으로 보는 편입니다. 왜냐하면 미국에서는 루터교회가 칼뱅을 바탕으로 하는 장로교회보다 주류이니까요.

세계관 운동은 말씀하신 대로 따로 있지 않지만, 교단마다 가지고 있는 세계관의 색채는 아주 다릅니다. 같은 루터 교단이지만 미주리 시노드가 저희와 분립했던 이유 중 하나가 여성 목사 안수 때문입니다. 저희 ELCA는 벌써 50년 전부터 여성 목사 안수를 시작했습니다. 성 소수자 문제도 벌써 10년 전부터 인정하고 그에 맞추어 제도를 바꾸어 가고 있습니다. 교단마다 가진 세계관이 분명한 것이지, 따로 세계관 운동이라고 부르는 것은 없습니다. 미국 루터교회의 지형도는 대략 이 정도입니다.

Q3 아이들이 어른들과 함께 예배드리는 루터교회 영상을 보았는데, 루터교회는 항상 아이들과 어른들이 함께 예배드리는지 궁금합니다.

최주훈 네, 우리 교회는 예배 시간에 아이들이 다 들어옵니다. 너무 당연한 일이지요. 어떤 분은 아이들이 들어오면 목회자가 설교할 때 힘들고 어렵다고 하는데, 저희는 아주 자연스럽게 받아들입니다. '가족으로 여긴다면 아이들도 다 들어올 수 있지 않나?' 하는 상식선에서 이해합니다. 제가 꼭 말씀드리고 싶은 것은, 교회 역사를 훑어보면 아이들을 예배 시간에 배제했던 적이 거의 없었다는 사실입니다. 그래서 예배 시간에 아이들을 못 들어오게 하는 것은 어쩌면 아주 특수한 한국적 상황이 아닐까 하는 생각마저 듭니다. 중세 가톨릭교회조차 예배 시간에 아이들이 들어왔습니다. 여성도 소외되지 않고 다 들어왔습니다. 다음 같이 생각하면 아주 간단합니다. 주일 공동예배를 명절을 맞아 멀리 있던 가족이 한데 모이는 시간이라고 생각해봅시다. 가족들이 모여 식탁에 둘러앉았을 때 아이가 갑자기 울거나 떠든다고 해서 밥상머리에서 나가라고 하지는 않겠죠. 아이를 잠깐 내보냈다가 들어오게 할 수는 있어도, 식구라면 다 이해할 만한 상황인 겁니다. 우리 교회 예배 영상을 보면, 아이들이 갑자기 울거나 소리를 내기도 하는데, 교인들은 오히려 그런 소리를 즐겁게 받아들입니다. 식구들이 모이면 당연히 일어나는 일이라서 전혀 문제가 되지 않습니다.

Q4 최근 성공회가 로완 윌리엄스나 톰 라이트 같은 분들로 인해 한국에서 각광 받고 있는데요. 한국에 소개할 만한 루터교 출신 학자나 작가가 있을까요?

최주훈 소개할 학자가 꽤 많죠. 많은 분이 알고 있는 본회퍼나 헬무트 틸리케 같은 분이 있고요. 그런데 현대신학계는 슈퍼스타가 없는 시대가 되었습니다. 슈퍼스타란 존재하지 않습니다. 물론 한국에 소개되어 인기를 끌고 있는 로완 윌리엄스 같은 분은 아주 훌륭한 신학자이지만, 제가 볼 때는 마케팅의 힘도 일부 들어갔다는 생각이 들어요.
그 정도 이야기하시는 분은 꽤 많지 않을까 싶습니다. 굳이 제가 이
자리에서 현재 살아 있는 신학자를 소개하기는 좀 그렇고요. 저라면
저희 선생님인 한스 슈바르츠 교수님을 소개하고 싶습니다.

Q5 팬데믹 상황에서 이루어지는 온라인 예배나 온라인 성찬에 관해 논쟁이
뜨겁습니다. 중앙루터교회는 온라인 예배 대신에 가정예배를 드리도록
한 것으로 알고 있습니다. 온라인 성찬도 수용하시는 입장인 것으로 알고
있습니다. 루터교회 목사로서 최근 상황과 예배에 관한 부분을 한 번 짚
어 주시기 바랍니다.

최주훈 예배는 상당히 긴 호흡으로 이야기해야 할 주제라서 짧게 말씀드리
기가 참 어렵습니다. 오해의 소지도 많고 자세한 설명이 필요한 부
분도 있습니다. 시간상 짧게 말씀드리자면, 우선 '예배는 그 자체로
교회 전체를 보여준다'라는 점을 전제로 해야 합니다. 보통 우리는
'예배를 드린다'라고 하지만, 루터교회에서 강조하는 면은 이와 다
릅니다. 예배란 우리가 무언가를 준비해서 드리는 게 아니고, '하나
님이 우리에게 주시는, 말씀과 성찬으로 주시는 은총의 사건에서 시
작한다'에 방점이 찍힙니다. 그러니까 예배라는 이름으로 무언가를
준비하느라 탈진했다면, 예배 정신과 동떨어져 있다는 증거입니다.

코로나19 사태를 맞아 온라인 예배를 드리거나 현장 예배를 고
수하는 경향이 나타났습니다. 반면, 우리 교회는 가정예배를 드리
면 좋겠다고 했습니다. 물론 한국의 루터교회 전체가 그렇게 한 것
은 아닙니다. 우리 교회만의 특수한 상황입니다. 루터 신학에서 가
정은 가장 작은 단위의 교회이기 때문에 시도해 본 것입니다. 루터

열째 날 · 루터교

는 교회를 이야기할 때, 세 가지 삶의 자리를 언급합니다. 혈연 공동체, 사회 공동체, 그리고 영적 공동체가 그 세 가지인데, 셋 모두 하나님이 우리에게 주신 삶의 자리라고 루터는 설명합니다. 이를 '삼중론'이라고도 하는데, 셋 중 어떤 것도 다른 무엇에 우선하지 않습니다. 다시 말해서, 우리 가정과 우리의 사회적 자리인 직장도 하나님이 주신 소명의 자리이므로 교회만큼이나 중요한 곳이라고 루터 신학에서는 설명합니다. 이러한 신학적 근거 위에서 코로나19 사태에 대처하기 위해 시도한 방법이 주일 가정예배였습니다. 코로나19로 인해 교회당 모임이 어렵다면, 예배의 자리를 바꾸어도 무방하겠다고 생각한 것이지요. 교인들도 찬성해서 쉽게 가정예배로 전환할 수 있었습니다. 여기서 중요한 것은, 교회는 건물이 아니라 사람들의 모임이라는, 아주 기본적인 신학입니다.

다만, 가정예배나 온라인 성찬에 대한 논의가 이루어지고는 있지만, 좀 더 깊게 고민해야 합니다. 루터에게 교회는 영과 물질이 거침없이 소통되는 공간입니다. 우리가 교회에 대한 다양한 형식을 고민하고 시도할 수는 있지만, 그 시도들이 개교회 중심에 머물러서는 안 된다는 점은 유념해야 합니다. 우주적 교회를 지향해야 한다는 것이죠. 그런 관심과 우리의 임시적 상황 등 여러 가지를 목회적 차원에서 함께 고민해야 하지 않을까 합니다. 현재 우리 교회는 온라인 예배와 제한적인 현장 예배를 같이 하고 있습니다.

옥성득 제가 질문 하나 할까요? 성공회에 4년간 출석한 제 경험으로 볼 때, 루터교와 성공회의 예전은 거의 비슷합니다. 규모도 비슷하다고 할 수 있습니다. 그런데 성공회가 사회적으로 더 많이 알려져 있고 영향력도 큽니다. 왜 루터교회는 그렇지 못한가 하는 궁금증이 생깁니다. 미국 미주리 교단과의 관계 때문인가요?

최주훈 그럴 수도 있고, 다양한 해석이 가능할 것 같은데요. 이 질문에는 저 보다는 루터대학교 총장을 지내신 박일영 교수님이 답해 주시는 게 더 낫지 않을까 싶은데요. 가능하실까요?

박일영 네, 저는 소개 받은 박일영입니다. 먼저 송구하다는 말씀을 드립니다. 지 금 질문도 그렇고, 강의 들으면서도 우리 루터교회 책임이 크구나 하는 생각을 했습니다. 하여튼 생각보다 훨씬 부족합니다. 저희가 좀 더 책임 의식을 갖고 한국 교회 전체를 위해서도 뭔가 공헌할 수 있도록 더 힘써 야겠다고 생각했습니다.

Q6 앞서 아이들과 같이 예배를 드린다고 했는데요, 처음부터 끝까지 같이 예 배를 드리나요? 미국의 황의진 목사님 교회도 그런지요. 제가 독일에서 공부했는데, 거기서는 아이들이 같이 예배를 드리다가 어느 순서가 되면 성경공부하러 나갔습니다. 아이들과 함께하는 순서를 선택적으로 하는 것인지 궁금합니다.

최주훈 저희는 끝까지 함께 예배를 드립니다. 교회마다 조금씩 다르기는 한 데, 기본적인 생각은 아이들도 같이 예배해야 한다는 것입니다. 아 이들이 설교할 때 맞춰서 나가는 교회도 있기는 합니다. 또 다른 예 도 있습니다. 어른 설교 전에 아이들을 설교단 위로 불러서 아주 짧 게 목사님이 그날 이야기를 해줍니다. 그런 다음에 아이들은 밖으로 나가고, 어른들을 위한 설교가 이어집니다. 성찬례 시간이 되면 나 갔던 아이들이 들어와 예전에 동참합니다. 그러니까 원칙은 아이들도 예배에서는 배제될 수 없다는 것입니다.

황의진 네, 미국 교회의 예배는 지금 설명하신 내용과 거의 동일합니다. 루터교의 특성이라고 제한할 필요는 없습니다. 미국 주류 교단에 속한 거의 모든 교회가 이런 형식으로 예배합니다. 아이들과 같이 드리는 예배가 기본 형식이라고 생각하면 됩니다. 그렇지 않은 교회는 10-20퍼센트도 안 된다고 보면 됩니다.

최주훈 참고로 덧붙이면, 중앙루터교회가 한국 교계에 조금 알려진 계기가 있었습니다. 제가 페이스북에 쓴 '출산 목회'라는 작은 글 때문인데요. 그 글이 널리 퍼지면서 중앙루터교회가 조금 알려졌습니다. 그 글의 핵심은 "우리 교회에서는 아이들이 떠들어도 됩니다, 울어도 됩니다. 예배 시간에 같이 와서 같이 성찬합니다"였고, 그저 우리 교회의 일상적인 이야기를 쓴 것뿐이었습니다. 그런데 그게 좀 충격적이고 신기한 이야기로 받아들여진 것 같아요. 당시에 아이가 있는 젊은 부부들이 우리 교회에 새 가족으로 들어오는 계기가 되었습니다. 신앙은 가르치는 게 아니라 함께 살면서 형성되거든요. 우리 교회는 함께 예배하고, 성찬 때 아이들에게도 떡을 줍니다. 그리고 성찬에 나온 아이들 머리에 손을 얹고 목회 기도를 해줍니다. 그럴 때 울면서 그 장면을 바라보는 부모가 종종 있습니다. 아이들과 함께하는 예배, 아주 작은 것이지만, 한국 교회가 고민거리로 품어야 하지 않을까 합니다.

Q7 루터교회는 예전을 중시하신다고 말씀하셨는데, 젊은 세대가 어떻게 받아들이는지 궁금해요. 열린 예배 같은 형식에 익숙한 한국의 젊은 세대가

전례 중심의 예배를 딱딱하게 여기지는 않는지, 잘 받아들이는지가 궁금합니다.

최주훈 답이 될지 모르겠는데요. 우리나라에는 소위 가나안 성도가 꽤 많다고 합니다. 서울에 있는 가나안 성도들이 모여서 여기저기 교회 탐방을 꽤 많이 하는데, 그들 사이에서 통용되는 이야기가 있다고 해요. 제가 들은 이야기입니다. 그분들이 제일 먼저 성공회 주교좌 성당을 갔다가 그다음에 중앙루터교회, 그다음에 청파감리교회를 찾아간다고 해요. 왜 그럴까요? 한국 교회의 일반적인 예배 형태보다도 전례 의식 안에서 무언가 종교성을 찾는 거죠. 그래서 성공회 주교좌 성당에 갔는데 너무 딱딱해서 안 맞는 거예요. 그다음에 우리 교회에 오면 전례가 있지만, 그 전례가 굉장히 자유롭고 편합니다. 우리 교회 주일예배에 와보시면 편안한 전례라는 것을 느끼실 수 있습니다. 그래서 자리를 잡는 분들이 있어요. 그런데 또 고민하다가 청파감리교회로 넘어가는 분들이 있어요. 그 이유는 교단이 너무 작아서 어디 가서 이야기할 수가 없다는 거예요. 그래서 결국은 '그래도 큰 교단으로 가야지' 하면서 청파감리교회로 넘어간다는 이야기를 들은 적이 있습니다. 물론 우스갯소리이지만, 제가 말씀드리고 싶은 핵심은 '전례가 결코 걸림돌이 아니다'라는 겁니다. 오히려 지금 이 시대는 위로를 강력하게 원하고 있으며, 기독교 역사 2천 년 동안 다듬어진 예전이 위로를 원하는 현대인에게 종교성을 전하고 초월의 세계를 맛보게 하는 좋은 통로가 되지 않을까 합니다.

한국에서 루터교회 목사로 살면서 늘 속에 품고 사는 말이 있어요. '해야 할 일을 발견한 사람은 결코 죽지 않는다.' 1등 아니어도, 주류가 아니어도 좋습니다. 중요한 건, 나에게 존재의 이유가 분명한가에 달려 있지요. 어수선하고 낯선 지금 이 시대야말로 내가 누구인지, 어디 서 있는지, 왜 여기 있는지, 스스로 묻고 답할 때입니다. 그 질문과 답이 깊어질수록 삶은 견고해질 것이고, 타인이 깃들 틈새는 넉넉해질 것입니다.

우연이 만든 기록

코로나19로 인해 지난해 3월 중순 캐나다는 락다운에 들어갔습니다. 그 때문에 봄학기 마지막 강의는 이름도 생소한 '줌'으로 진행해야 했습니다. 지금이야 모두에게 너무 익숙해졌지만, 그때는 무척 낯설었습니다. 실시간 온라인 강의와 양방향 소통이 가능한 이 플랫폼으로 공간적 제약을 넘어 세계 전역과 실시간 네트워킹이 가능해졌습니다. 갑자기 멈춰 버린 현실에 대한 작은 저항으로, 익숙하지는 않아도 줌에서 한번 만나자고 제안했습니다. 그리고 3월 20일에 처음 모임을 했습니다. 약 50명이 참석한 이 모임에서 UCLA의 옥성득 교수님이 정례적인 만남을 제안하셨습니다. 으레 그렇듯이 먼저 말을 꺼낸 사람이 책임을 지는 것이 불문율이죠. 아무 고민이나 기획도 없이, 그렇게 『신데카메론』은 아주 우연히 시작되었습니다.

팬데믹에 대한 설익은 목회적·신학적 예측이 막 터져 나오던 시기에, 첫 강의를 맡은 옥 교수님은 한국 개신교 역사의 주요 변곡점을 되짚어 보며 냉정하게 오늘을 바라보고 내일을 전망하는 데 큰 통찰을 주었습니다. 그날 토론 자리에서 18-19세기 영국의 종교 상황에 관한 이야기를 설명하신 서양사학자 이영석 교수님이 또 얼떨결에 두 번째 강의를 맡으셨습니다. 진화론을 비롯한 지성계의 혁명적 변화에 대한 당시 영국 교회의 대응은 현재 한국 교회의 모습과 많은 부분 겹쳐 보였습니다. 자타 공인 한국의 대표적인 교회사학자와 서양사학자 두 분이 판을 깔아 놓으니, 뭔가 그림이 그려질 것 같았습니다.

그렇게 온라인 미팅에 참여했던 분들에게 강의 발제를 요청하여 여덟 차례 강의를 더 이어 갔습니다. 2주씩 묶어 강의를 섭외했습니다. 3-4주 차는 당시 한국 사회에서 가장 뜨거운 이슈였던 N번방 사건과 언론 문제를 다루었습니다. 참석자의 연령대가 주로 중년(!)이라서 관심이 있어도 제대로 접근하기 어려운 주제였는데, 청어람ARMC 오수경 대표님이 N번방 사건에 대해 매우 적절하고 친절하게 알려 주셨습니다. 현직 기자인 김지방 쿠키뉴스 대표님의 강의는 언론을 대하는 우리의 태도를 또 다른 관점에서 점검할 수 있게 해주었습니다.

5-6주 차에는 코로나19로 인해 드러난 이 사회의 세계화와 자본화에 대해 고민할 지점을 사회과학적 분석을 통해 살펴보았습니다. 치과의사이자 현재 공중보건학을 공부하고 있는 이희제 원장님은 질병을 사회적 차원에서 바라보는 관점을 새롭게 제시해 주셨습니다. 캐나다 통계청에서 근무하며 대학에서도 강의하는 통계학자 박정위 교수님의 강의는 인구통계학 자료를 기반으로 현시대 종교성의 흐름을 분석하는 흥미로운 시간이었습니다.

그즈음 서서히 한국 교회가 코로나19와 관련한 여러 이슈로 뉴스의 중심에 서기 시작했습니다. 그래서 다음 두 차례 강의는 현대 사회에서 종교의 역할이 무엇인지에 대한 고민을 나누었습니다. 종교철학을 공부하며 본회퍼에 대한 강의와 연구를 활발하게 하고 있는 김광현 선생님을 통해 '비종교적 그리스도인'이라는 흥미로운 강의를 들었습니다. 또한, 한국에서 다양하게 논의되는 '공공신학' 담론을 공부하고 책을 내기도 한 최경환 선생님을 통해 공공신학 담론의 흐름을 공부하는 시간을 가졌습니다.

코로나19는 기존의 시스템을 강제적으로 멈춰 세우고, 가정과 직장생활을 병행하는 많은 이들에게 큰 짐을 안겼습니다. 현실적으로 그 짐은 여성들이 더 많이 짊어져야 했습니다. 9주 차에는 경영학자 송수진 교수님이 이중 소명에 관해서 교회에서 흔히 듣는 뻔한 질문과 답이 아닌, 새로운 시사점을 제시해 주셨습니다. 마지막 10주 차 강의는 유일하게 현직 목회자가 맡았습니다. 당시 온라인 예배와 온라인 성찬 같은 전에 없는 혼란을 경험하고 있어서 최주훈 목사님이 담임하는 중앙루터교회가 뚜렷한 신학적 기준을 가지고 슬기롭게 대처해 나가는 모습이 인상적이었습니다. 장감성(장로교, 감리교, 성결교)이 다수인 한국에서 루터교 목사로서 산다는 것에 대해 매우 실제적이면서도 흥미진진한 강의를 해주셨습니다.

처음부터 의도한 것이 아니라 어쩌다 보니 이렇게까지 온 것이지만, 이렇게 꿰맞춰 설명하니 그럴듯해 보입니다. "꿈보다 해몽"이긴 합니다.

대개 이런 종류의 기획은 시의성이 핵심입니다. 코로나19 관련 서적은 지난해 쏟아져 나왔습니다. 이 책은 지난해 3-5월까지 10주간 진행된 강의와 질의응답을 바탕으로 한 것이므로 1년이 지난 셈입니다. 초고를 정리하면서 살펴보니, 작년에는 그저 시의적절하고 좋은 강의였다고만 생각했는데, 모든 주제가 코로나19 이후 우리 사회와 교회가 풀어 가야 할 숙제를 여러 층위에서 제시하는 것으로 생생하게 다가왔습니다. 백신의 등장으로 팬데믹이 끝나리라는 기대가 높아지는 시점에, 코로나19의 시작점에서 제기했던 문제들이 과연 적절했는지, 또 여전히 의미 있는 이슈인지 돌아보는 것 역시도 독자들이 흥미롭게 살펴볼 만한 지점인 듯합니다.

정말 우연히 탄생한 책이지만, 제가 존경하고 좋아하고, 여러 가르침을 주시는 분들의 목소리를 생생하게 담아냈다는 점에서 제게는 더할 나위 없는 행운입니다. 매주 빠짐없이 모임에 참석하셔서 좋은 질문으로 모임의 격을 높여 주신 분들에게 이 기획이 끝까지 열매를 맺는 데 절반 이상의 공이 있습니다. 그분들이 없었다면, 여느 좋은 강의를 듣는 것과 큰 차이가 없었을 것입니다. 제가 개인 사정으로 진행할 수 없었던 두 번의 모임을 대신 이끌어 주신 전성민 교수님께도 고마움을 전합니다.

강연에 기반한 글이라 거칠 수밖에 없던 원고가 편집자의 손에 들어가니 마법처럼 매끄러워지고 정밀하게 다듬어졌습니다. 그 수고를 해 주신 박동욱 편집장님께 감사드립니다. 책의 의도를 잘 담아 멋지게 책을 꾸며 주신 박은실 디자이너님도 고맙습니다. 이 책의 출판이 구체화되던 지난해 6월, 『신데카메론』에 참여한 발제자들이 기독교 아카데미 토양의 다양화와 활성화를 위해 청어람ARMC와 인문학&신학연구소 에라스무스에 인세를 기부하기로 흔쾌히 마음을 모아 주셨습니다. 이에 복 있는 사람 출판사에서 통상보다 높은 인세를 책정해 그 뜻에 화답해 주셨습니다. 진심으로 감사드립니다.

보카치오의 『데카메론』은 14세기 유럽 흑사병의 내습을 피해 모여든 사람들이 털어놓은 서로 다른 이야기를 담고 있습니다. 그간 들리지 않았던 사람들의 이야기를 들을 기회가 생긴 것입니다. 르네상스 유럽이라는 새로운 세계와 새로운 인간관이 펼쳐지는 데, 낯설고 새로운 목소리들의 등장은 작지 않은 역할을 했습니다. 우리 앞에 전개될 팬데믹 이후의 세상은 익숙함을 넘어서는 다른 관점으로 사회현상을 꼼꼼히 들여다보는 수고를 더 많이 요구할 것입니다. 이 책이 모든 이슈를 담지도 않았고 그럴 의도도 능력도 없지만, 우리 사회가 돌아볼 여러 유의미한 지점을 공들여 안내했습니다. 팬데믹 이후 사회에 대한 자그마한 성찰이라도 전할 수 있었다면 이 책의 역할은 다했다고 믿습니다. 이 책에서 제기한 이슈들이 다양한 논의로 더욱 확장되기를 기대합니다.

2021년 8월
저자들을 대신하여
최종원

이야기를 닫으며

첫째 날 · 한국 교회

1 Charles D. Stokes, "History of Methodist Missions in Korea, 1885~1930," (Ph, D. Yale University, 1947).

2 Charles A. Clark, *Korean Church and Nevius Methods* (New York: Revell, 1930); *The Nevius Plan for Mission Work* (Seoul: Christian Literature Society, 1937).

3 金宅榮, "數字로 본 朝鮮敎會 5 & 6,"「基督申報」, 1934년 3월 14일, 28일.

둘째 날 · 과학과 기독교

1 케네스 O. 모건 엮음, 영국사학회 옮김,『옥스퍼드 영국사』(한울, 1997), 531~32.

2 이영석,『영국 제국의 초상』(푸른역사, 2009).

3 앞의 책, 7-8장.

셋째 날 · N번방

1 '웹하드 카르텔'은 2018년 국내 웹하드 업계 1위와 2위를 차지하는 '위디스크'와 '파일노리'의 실소유주인 양진호 회장(한국미래기술)의 엽기적 폭력 행위가 세간에 알려지며 공론화되었다. '웹하드 카르텔'에 관한 문제의식은 2021년에 SBS에서 방영된 드라마「모범택시」에서도 재현되어 다시 주목을 받았다.

2 'N번방 사건'을 중심으로 한 성착취 연대기는 2020년 4월 한국일보에서 기획한 "23년 전에도 존재한 N번방…'성착취' 악의 연대기"를 참고했다. https://www.hankookilbo.com/News/Read/202003311009371314

3 오수경. "나는 범죄자의 서사가 궁금하지 않다."『복음과상황』354(2020년 5월).

4 이에 관한 논의는 김주희의 책『레이디 크레딧』(현실문화, 2020)에 자세하게 서술되어 있다.

5 자세한 이야기는 이 과정을 기록한『우리가 우리를 우리라고 부를 때: N번방

추적기와 우리의 이야기』(이봄, 2020)를 참고할 것을 권한다.

넷째 날·저널리즘

1 주진형 씨의 인터뷰 내용을 대략적으로 옮긴 내용이다. 주진형 씨는 2020년 4
월 13일 유튜브 김용민TV 채널에 출연해 언론 문제를 이렇게 언급했다. "(경
제계가) 총선에 미치는 가장 큰 즉각적인 영향의 수단은 언론이죠. 언론의 사주
자체가 재벌에 가까운 사람들이고, 두 번째로는 그들의 수입 대부분이 광고이
고, 광고주는 대부분이 우리나라 대기업이고, 한국의 언론이 전 세계에서 가장
신뢰도가 낮은 언론이고 보는 사람이 없는데도 버티는 이상한 현상은 뒤에 숨
은 경제력의 집중을 빼고는 생각하기 어려운 거죠."(10:31~) 다른 내용은 실제
영상에서 확인할 수 있다. '[용터뷰] 주진형 열린민주당 비례대표 후보'(https://
www.youtube.com/watch?v=cD5e7in3evk)

2 데니스 맥퀘일·스벤 윈달, 임상원·유종원 옮김, 『커뮤니케이션 모델』(나남,
1987), 37쪽.

3 데니스 맥퀘일·스벤 윈달, 임상원·유종원 옮김, 『커뮤니케이션 모델』(나남,
1987), 91쪽.

4 전통적인 2단계 모형에서는 매스미디어의 보도를 주변에 전달하는 이를 '의
견지도자'라고 했지만, 현재의 온라인 상황에서는 '뉴스 링커' 또는 '뉴스 평가
자'(commentator)라고 불려야 더 적절할 듯하다.

5 MBC는 2020년 3월31일부터 일련의 보도를 통해 채널A 기자가 검찰총장의
측근 검사장과 결탁, 수감자를 협박해 유시민 노무현재단 이사장 비위 사건을
만들어 내려 했다고 보도했다. 이른바 채널A 검언유착 사건이다. KBS는 후속
보도에서 문제의 검사장과 기자가 통화한 녹취록에 결탁 내용이 있다고 보도
했다. 반면 조선일보와 중앙일보는 검사가 결탁했다는 증거는 없고, MBC 등
이 정치권의 제보를 받아 몰카를 동원해 편파적으로 보도한 권언유착 사건이라
고 보도했다(이후 KBS는 일부 오보를 인정했습니다). 이 사건은 추미애 당시 법무

부 장관이 수사지휘권을 발동하고 윤석열 검찰총장의 직무를 정지시키는 사태까지 이어졌다. 방송통신위원회가 의견 청취에 나서고 채널A의 허가까지 맞물려 큰 사건이 되었다. 법무부 감찰과 검찰 수사 결과 채널A 기자(사건 직후 해고)는 강요미수 혐의로 기소되었으나 검사 쪽에는 기소된 이가 없다. 즉 채널A 기자가 검사 이름을 빌려 취재윤리를 심각하게 위배한 사건으로 정리되고 있다. 검언유착이든 권언유착이든 언론인으로선 부끄러움을 피할 수 없는 사건이다.

다섯째 날 · 공중보건

1 이혜린·오경원, "구강건강실태조사에 따른 우리나라 아동·청소년 치아우식증 결과 비교" 「주간 건강과 질병-질병관리본부」 8.5(2015): 98-101.

2 Kenneth J. Rothman, "Causes," *American Journal of Epidemiology* 104.6 (December, 1976): 587-92

여섯째 날 · 탈종교

1 이 점에서 응답자 편향(bias)이 개입할 여지가 있다. 예를 들어, 미성년 자녀의 종교는 부모의 종교를 그대로 반영하는 경향이 발생한다.

2 Robert P. Jones and Daniel Cox. *America's Changing Religious Identity: Findings from the 2016 American Values Atlas* (PRRI, 2017)

3 1996년 이후에 출생한 'Z 세대'(밀레니얼 세대의 다음 세대)는 성인의 비율이 낮아서 정확히 파악하기에는 아직 이르지만, 탈종교 비율이 밀레니얼 세대에 비해 급증하지 않는다는 논의가 진행 중이다. Paul A. Djupe and Ryan P. Burge. "The decline of religion may be slowing." *Religion in Public* (February 10, 2010).

일곱째 날 · 본회퍼

1 디트리히 본회퍼, 『성도의 교제』(대한기독교서회, 2010), 250.

2 디트리히 본회퍼, 『행위와 존재』(대한기독교서회, 2010), 31.

3 디트리히 본회퍼, 『그리스도론』(복 있는 사람, 2019), 53.

4 앞의 책, 123.

5 디트리히 본회퍼, 『성도의 공동생활』(복 있는 사람, 2016), 44.

6 앞의 책, 31.

7 디트리히 본회퍼, 『윤리학』(대한기독교서회, 2010), 52.

8 디트리히 본회퍼, 『옥중서신-저항과 복종』(복 있는 사람, 2016), 249.

9 앞의 책, 249.

10 앞의 책, 251.

11 앞의 책, 291.

12 앞의 책, 291.

13 앞의 책, 340.

14 앞의 책, 280.

15 앞의 책, 341-343.

16 앞의 책, 345.

17 앞의 책, 347.

18 에버하르트 베트게, 『디트리히 본회퍼』(복 있는 사람, 2014), 926.

여덟째 날 · 공공신학

1 Dirk J. Smit, "The Paradigm of Public Theology? Origins and Development," in *Contextuality and Intercontextuality in Public Theology*, eds. H. Bedford-Strohm, F. Höhne and T. Reitmeier (Münster: Lit Verlag, 2013), 11-23.

2 위르겐 하버마스, 박영도 옮김, 『공론장의 구조변동』(나남, 2001).

3 미로슬라브 볼프, 양혜원 옮김, 『인간의 번영』(IVP, 2017).

4 짐 월리스, 박세혁 옮김, 『하나님 편에 서라: 공동선은 어떻게 형성되며, 우리 사회를 어떻게 치유하는가』(IVP, 2014), 249.

5 Jürgen Moltmann, "European political theology," *The Cambridge companion*

to Christian political theology, ed. Craig Hovey (Cambridge: Cambridge University Press, 2015), 22.

6 Charles Villa-Vicencio, *A Theology of Reconstruction: Nation-building and human rights* (Cambridge: Cambridge University Press, 1992).

7 최장집, 『민중에서 시민으로』(돌베개, 2009), 83-84.

8 강인철, 『한국의 종교, 정치, 국가』(한신대학교출판부, 2013), 27.

9 윌리엄 캐버너, 손민석 옮김, 『신학, 정치를 다시 묻다』(비아, 2019).

10 Etienne de Villiers, "Prophetic witness: An appropriate mode of public discourse in the democratic South Africa?" *HTS Theological Studies* 66.1 (2010): 1-8.

11 파커 J. 파머, 김찬호 옮김, 『비통한 자들을 위한 정치학』(글항아리, 2012).

12 셸던 월린, 강정인 외 옮김, 『정치와 비전 1』(후마니타스, 2007), 6장 참조.

13 Evelyn Brooks Higginbotham, *Righteous Discontent: The Women's Movement in the Black Baptist Church, 1880-1920* (Cambridge: Harvard University Press, 1994).

아홉째 날 · 이중 소명

1 2018년 기준 한국 여성 대학진학률은 73.8%, 남학생 진학률은 65.9%로 여성의 대학진학률이 남성 대비 7.9% 상위한 수준이다(통계청, 2019).

2 그에 비해, 한국의 여성 고용률은 50.5%로, 69.7%에 달하는 남성 고용률과 비교해 19.1% 떨어지며, OECD 여성 평균 고용률인 66.7%와도 큰 차이를 보인다(통계청, 2020).

3 비혼과 비출산이 늘어나는 이유는 일자리, 주거, 교육, 라이프스타일 등을 종합적으로 살펴야 하지만, 그런 현실에 영향을 받는 개인의 심리를 주된 요인으로 언급했다. 사적 영역은 미혼·비혼자의 개인 생활을 포괄하지만, 이 글에서는 돌봄 노동이 발생하는 가정을 중심으로 서술했다.

4 송인규, 양혜원, 백소영, 정재영, 김애희, 정지영,『페미니즘 시대의 그리스도인』
   (IVP, 2018).

5 Dik, Bryan J., and Ryan D. Duffy, "Calling and vocation at work: Definitions
   and prospects for research and practice," *The Counseling Psychologist* 37.3
   (2009): 424-450.

6 이종은, "기독교인 예비보육교사의 소명의식, 진로결정성, 자기효능감, 취업 스
   트레스에 관한 질적 사례연구,"『신앙과 학문』23.1(2018): 121-157.

7 우병훈, "루터의 소명론 및 직업윤리와 그 현대적 의의,"『한국개혁신학』57.0
   (2018): 72-132.

8 막스 베버, 박문재 옮김,『프로테스탄트 윤리와 자본주의 정신』(현대지성, 2018),
   132.

9 김선영, "특집: 젠더-결혼-가족. 루터의 여성관-영·육 이원론적 논법 대(對) 믿
   음과 사랑의 논법,"『한국교회사학회지』38.0(2014): 49-87.

10 헤르만 셀더하위스, 이신열 옮김, "결혼의 개혁: 오늘을 위한 메시지,"『갱신과
   부흥』18.1(2016): 1-22.

11 오스 기니스의『소명』(2019)에 대한 이해를 필자가 그림으로 재구성함.

12 오스 기니스, 홍병룡 옮김,『소명』(IVP, 2013), 1-460.

13 송수진, "이중 소명, 성분리적 소명 인식의 대안 고찰,"『신앙과 학문』25.2
   (2020): 63-88.

14 Sirgy, M. "Self-Concept in Consumer Behavior: A Critical Review," *Journal of
   Consumer Research* 9 (December, 1982): 287-300.

15 Reed, A. "Social identity as a useful perspective for self-concept-based
   consumer research," *Psychology & Marketing* 19.3 (2002): 235-266.

16 송수진, "이중 소명, 성분리적 소명 인식의 대안 고찰,"『신앙과 학문』25.2
   (2020): 63-88.

17 Reed, A. "Social identity as a useful perspective for self-concept-based

consumer research," *Psychology & Marketing* 19.3 (2002): 235-266.

18 낸시 폴브레, 윤자영 옮김,『보이지 않는 가슴-돌봄 경제학』(또하나의문화, 2007).

19 송수진, "이중 소명, 성분리적 소명 인식의 대안 고찰,"『신앙과 학문』25.2 (2020): 63-88.

20 백경흔, "유자녀 여성 고용 성평등을 위한 대안적 담론 모색: 일·가족 양립에서 성평등·아동안녕으로의 변화,"『한국여성학』31.4(2015): 181-216.

21 강동수 외,「저출산에 대응한 통합적 정책방안」(경제·인문사회연구회 연구보고서, 2020).

22 미로슬라브 볼프, 백지윤 옮김,『일과 성령』(IVP, 2019).